Niveau avancé

CIVILISATION

PROGRESSIVE

DU FRANÇAIS

avec 400 activités

Jacques **P**écheur

CLE
INTERNATIONAL
www.cle-inter.com

Direction éditoriale : Michèle Grandmangin
Édition : Christine Grall
Mise en page : A.M.G.
Iconographie : Nathalie Lasserre

AVANT-PROPOS

La *Civilisation progressive du français* niveau avancé se présente à la fois comme un ouvrage de référence et un manuel d'activités de civilisation.

Un ouvrage de référence : il propose de manière synthétique l'ensemble des connaissances historiques, politiques, sociétales et culturelles nécessaires à l'étudiant pour lui permettre de comprendre et d'interpréter le modèle français.

Un manuel d'activités : suivant le principe de la collection, chaque chapitre donne lieu à une exploitation systématique des analyses et des données contenues dans les textes, mais aussi de l'illustration et des compléments d'informations présentés dans les encadrés.

La *Civilisation progressive du français* niveau avancé se veut **un ouvrage simple et facile à consulter** : sa présentation analytique suit l'organisation des connaissances de ses utilisateurs. D'où son découpage en deux grandes séquences, REPÈRES et DOMAINES :

• REPÈRES donne en quelque sorte le substrat et essaie de répondre à la question, « c'est quoi le système France ? » ; et ce à travers quatre grandes entrées où l'on va interroger successivement l'histoire contemporaine, le modèle politique, économique et social, le modèle culturel et la vie des idées ;

• DOMAINES s'intéresse aux réalisations et aux modes d'expression (littérature, arts visuels, arts du spectacle, musiques) qui racontent qui sont les Français et pourquoi ils sont faits culturellement comme ça.

Entre REPÈRES et DOMAINES, un va-et-vient qui permet de faire le lien entre ce qui se manifeste aujourd'hui et le passé, pour dépasser les instantanés fugitifs du présent et mieux être en mesure d'interpréter le temps médiatique, celui de la presse, de la télévision ou d'Internet.

Pour faire cet aller-retour, la *Civilisation progressive du français* niveau avancé dispose d'un outil : **les pages d'activités.** Des pages d'activités structurées là encore à l'aune du bon sens, d'où une démarche en quatre temps, **comprendre, découvrir, interpréter, comparer** :

• **comprendre** : demander à l'étudiant de reconstruire le sens, de réorganiser les savoirs autrement ;

• **découvrir** : faire rechercher (dans un dictionnaire, sur Internet ou dans l'ouvrage lui-même) des informations pour mieux les mettre en relation avec d'autres informations ;

• **interpréter** : faire en sorte qu'au fil des pages d'activités, l'étudiant construise son propre cadre d'interprétation du système France ;

• **comparer** : introduire ici une dimension interculturelle à partir du regard que l'étudiant porte sur sa propre réalité.

Donner à s'informer, donner à comprendre, permettre d'interpréter, la *Civilisation progressive du français* niveau avancé, s'il est d'abord un livre de savoirs et d'apprentissage, espère aussi avoir préservé la part de plaisir du lecteur attaché à découvrir et à connaître.

Jacques Pécheur

SOMMAIRE

Connaissez-vous le sujet
de ces photos ? Sinon,
regardez les pages
suivantes : 10, 41, 48,
76, 100, 102, 152, 160,
172, 201, 218.

1

DES « TRENTE GLORIEUSES » AUX ANNÉES DE DOUTE

1945-1958 : RECONSTRUIRE

Deux guerres en trente ans, plus de deux millions de morts, trois millions de blessés, de nombreuses villes détruites, des réseaux de transport en ruine, une production agricole et industrielle qui représente en 1945 à peine plus de la moitié de celle de 1938, un million de personnes sans logement, un endettement public massif auprès des États-Unis, une inflation démesurée, un pouvoir d'achat effondré et un pays sans institution légale autre que celle discréditée par la collaboration du régime de Vichy avec les Nazis, la France apparaît en 1945 comme un pays complètement ruiné et à reconstruire : à reconstruire tout à la fois politiquement, économiquement et moralement.

• Une reconstruction politique en deux temps

Il faudra deux Républiques, la IVe (1946-1958) et la Ve (depuis 1958) pour que la France trouve le modèle politique qui convient le mieux à son gouvernement. À la IVe République, la France doit la recréation d'un régime parlementaire avec deux chambres, la responsabilité du Premier ministre devant l'Assemblée nationale et la reconstitution des partis politiques. Le général de Gaulle (1958-1969) et la IVe République apporteront un renforcement du pouvoir exécutif avec un président de la République élu au suffrage universel (d'abord pour sept ans et depuis 2000 pour cinq ans) ; il nomme les ministres et il dispose d'un large pouvoir comme chef des armées et chef de l'administration ; il peut recourir à des pouvoirs étendus en cas de crise, peut proposer la révision de la Constitution et dissoudre l'Assemblée nationale. Le choix du mode de scrutin majoritaire à deux tours a rendu à la France une stabilité politique grâce à la constitution de majorités stables et claires autour de grandes forces politiques modérées (Parti gaulliste de centre droit libéral et social et Parti socialiste réformiste). La réforme constitutionnelle proposée par le Président Sarkozy (2008) prend en compte la nécessité d'un nouveau dialogue démocratique entre les différents types de pouvoir (exécutif, législatif et judiciaire), à l'intérieur du pouvoir politique entre majorité et opposition et entre le pouvoir politique et les citoyens (référendum d'initiative populaire).

La souplesse et l'efficacité politiques du régime mis en place a permis la modernisation du pays, la construction européenne, la résolution des crises coloniales, les changements de majorité (arrivée de la gauche au pouvoir en 1981), les périodes de cohabitation (gouvernements de droite Chirac (1986-1988) et Balladur (1993-1995) sous les présidences de gauche de Mitterrand (1981-1995) et gouvernement de gauche Jospin (1997-2002) sous les présidences de droite de Chirac (1995-2007) et la prise en compte des changements et des attentes de la société (droit de vote à 18 ans, rapprochement du pouvoir politique et du citoyen avec la régionalisation, parité homme-femme).

• Une reconstruction économique difficile

La charte du Conseil national de la Résistance de 1944 a établi les grands axes de la reconstruction autour d'un capitalisme modéré par l'intervention de l'État, à savoir :
– une reconstruction planifiée autour de grandes priorités : énergie (électricité et charbon et, à partir de 1954, nucléaire), équipement

A C T I V I T É S

1   **De quelle République dit-on qu'elle est plutôt :**

– présidentielle ? ....

– parlementaire ? ....

2   **Qui était Président entre :**

• 1958 et 1969 : ....

• 1981 et 1995 : ....

• 1995 et 2007 : ....

3   **À quelle République doit-on :**

	IVe	V^e
a. le renforcement du pouvoir exécutif	☐	☐
b. la recréation du régime parlementaire	☐	☐
c. la responsabilité du Premier ministre devant l'Assemblée nationale	☐	☐
d. l'élection du président de la République au suffrage universel	☐	☐

4   **À quel principe obéit la réforme voulue en 2008 par le président de la République, Nicolas Sarkozy ?**

....

....

5   **Dans quelles circonstances la Constitution de la Ve République a-t-elle montré son efficacité politique ?**

....

....

....

....

6   **Quels secteurs économiques ont bénéficié de l'intervention de l'État ?**

....

....

....

Reconstruire et améliorer le confort quotidien des Français.

(acier, ciment), transports (chemin dc fer) et agriculture (matériel agricole) ;

– une nationalisation des grands secteurs stratégiques (énergie, transports et crédit) et la constitution d'un vaste secteur public destiné à fabriquer de futurs champions industriels (Renault, Air France, EDF, GDF, Crédit Agricole, BNP, Crédit Lyonnais) ;

– une volonté de profondes réformes sociales touchant la protection sociale (naissance de la Sécurité sociale en 1945), la représentation syndicale dans l'entreprise (création des comités

Le Havre, ville détruite, a été entièrement reconstruit (1945-1954) sous la direction de l'architecte Auguste Perret.

d'entreprise et rétablissement des droits syndicaux) et l'activité salariale (création du Smig devenu depuis Smic, salaire minimum interprofessionnel de croissance).

Il faut mettre au crédit de la IVe et de la Ve République sous la présidence du général de Gaulle d'avoir mené à son terme cet ambitieux programme d'équipement, de restructuration industrielle et d'amélioration du niveau de vie sans toutefois résoudre, pour la IVe République, le problème de l'inflation, des déficits publics et de la stabilité monétaire, pour la Ve, celui de la redistribution du pouvoir d'achat et de la compétitivité sur les marchés extérieurs.

• **Une reconstruction morale ambiguë**

Au nom d'une France dont l'honneur a été sauvé par la Résistance et contre une collaboration qui n'a jamais eu d'existence légale, priorité est donnée à l'unité de la Nation sur ce qui a pu diviser les Français : cet impératif dicté en 1945 par le général de Gaulle ne sera jamais transgressé par ses successeurs jusqu'à la mort de François Mitterrand en 1996.

Cet impératif explique la liquidation du régime de Vichy au terme d'un rapide procès qui établira qu'au fond le Maréchal Pétain aura été un

bouclier contre le pire. L'épuration ordonnée en mars 1944 par le Conseil national de la Résistance aboutit à l'arrestation des principaux responsables de la collaboration ; elle s'accompagne aussi d'une épuration sauvage qui fait environ 10 000 victimes. Pourtant la moitié des suspects (160 000) ont été acquittés et seulement 10 % des condamnés à mort (7 000) ont été exécutés ; les sanctions touchant l'administration ont été légères.

Il faut attendre la parution de l'ouvrage de l'historien américain Robert Paxton (*La France sous l'Occupation*) pour que les historiens s'accordent à reconnaître le soutien effectif au nazisme du régime de Vichy, son caractère délibérément fasciste et la participation active des administrations françaises à la répression et à la déportation de 25 % des Juifs de France (80 000 morts). La mise en cause du rôle joué par René Bousquet dans la rafle des Juifs, le procès Papon qui a illustré le rôle joué pris par l'administration française et le pardon demandé aux Juifs de France par Jacques Chirac, au nom de la France, mais aussi la mise à l'honneur des « Justes » ont permis d'achever une reconstruction morale restée douloureusement inachevée.

A C T I V I T É S

7 Que signifient les sigles :

a. EDF : ....

b. GDF : ....

c. BNP : ....

8 Qu'entend-on par « épuration » ?

....

....

....

....

9 Quel a été l'apport de l'historien américain Robert Paxton à une nouvelle appréciation de la collaboration du régime de Vichy pendant la Seconde Guerre mondiale ?

....

....

....

....

10 Quels événements sont associés aux personnages suivants :

a. René Bousquet : ....

....

b. Jacques Chirac : ....

....

c. René Papon : ....

....

11 Établissez une chronologie d'ensemble à partir des différentes dates citées dans le texte.

....

....

....

....

....

1958-1975 : MODERNISER

Cinq hommes ont tissé le destin économique de la France dite des «Trente Glorieuses»: Jean Monnet, Antoine Pinay, Pierre Mendès France, le général de Gaulle et Georges Pompidou. L'expression «Trente Glorieuses» désigne la forte croissance (+ 5 % par an en moyenne) des années 1945 à 1975.

• Jean Monnet

L'économie française lui doit l'outil qui va encadrer son développement et le projet qui va donner un objectif à sa modernisation.

L'outil, c'est le plan, celui qui fixe les grands objectifs pour cinq ans. La France en connaîtra cinq qui auront une vraie valeur d'incitation tant pour le secteur public que pour le secteur privé et dont nombre d'objectifs en terme de croissance ou de modernisation ont été atteints. La planification fondée sur des investissements publics touche la modernisation des équipements en matière d'énergie (construction de barrages, de centrales thermiques), des réseaux de transport ferroviaire (électrification), routier et autoroutier (pont de Tancarville, tunnel sous le Mont-Blanc, continuité autoroutière Lille-Marseille), d'acheminement du gaz (découverte du gisement de Lacq), de l'électricité (développement du réseau à haute tension) et de l'eau (confié au secteur privé), et enfin la modernisation de l'équipement agricole (137 000 tracteurs en 1950, plus de 1 million au milieu des années 1960) pour une agriculture que l'agronome René Dumont veut «instruite, équipée, modernisée et productive dans une économie d'abondance».

L'objectif, c'est la construction européenne dont Jean Monnet est un des pères fondateurs. Elle permettra à la France de se mesurer dans un vaste marché commun et donnera une finalité à sa modernisation en même temps qu'elle lui garantira la paix.

• Antoine Pinay

Il a longtemps incarné pour les Français le bon sens économique, la rigueur gestionnaire et les vertus d'une monnaie solide. À deux reprises il remet la France dans le bon sens: entre 1952 et 1954, il pratique une baisse des impôts, soutient l'épargne populaire (le fameux «emprunt Pinay» est resté dans toutes les mémoires d'épargnants), stabilise le franc, maîtrise l'inflation et renfloue les caisses de l'État; de 1958 à 1963, il est le ministre des Finances du général de Gaulle et co-auteur du plan Pinay-Rueff, sur lequel le général de Gaulle a construit sa politique économique et financière. Deux hommes politiques bénéficient du label «Pinay» pour leur gestion rigoureuse, politiquement désintéressée et au seul service des intérêts du Pays: Raymond Barre, Premier ministre (1976-1981) du Président Giscard d'Estaing puis maire de Lyon, et Jacques Delors, ministre de l'Économie et des Finances (1981-1984) du Président Mitterrand et président du Conseil européen; ils ont fait de la lutte contre l'inflation, de la réduction des dépenses publiques et de la libéralisation de l'environnement des entreprises, les bases de la modernisation industrielle d'après les chocs pétroliers et de la compétitivité de l'économie française.

• Pierre Mendès France

Il incarne le renouveau de la culture politique de la Gauche et son espérance réformiste. Au pouvoir de 1954 à 1955, il est en particulier l'auteur d'un vaste plan (plan HLM, habitation à loyer modéré); ce plan vise à résoudre la crise du logement qui voit le développement de ces grands ensembles, symboles de modernité et de confort, qui deviendront «les banlieues» et fera passer la construction du nombre de logements de 300 000 à 800 000 par an.

• Le Général de Gaulle

Président de la République de 1959 à 1969, il souhaite, avec le Plan Pinay-Rueff (1959), qu'«on [lui] propose les mesures les plus audacieuses» pour moderniser l'économie, rétablir les finances publiques et assainir la monnaie. Ce sera chose faite avec le repli progressif de la

1 Qu'est-ce que désigne l'expression « Trente Glorieuses » ?

....

2 À qui associe-t-on :

a. le plan : ....

b. la rigueur budgétaire et monétaire : ....

c. le passage d'une économie de reconstruction à une économie de consommation : ....

....

d. la transformation de la France en un véritable pays industriel : ....

....

3 Attribuez ces différents choix.

a. Le développement de l'investissement public : ....

b. Le recours à l'épargne populaire : ....

c. Le plan HLM : ....

d. L'investissement dans les secteurs de pointe : ....

e. La constitution de grands groupes industriels : ....

Au temps d'une économie de biens d'équipement.

production du charbon, l'accélération des mutations du monde rural, l'aménagement du territoire (réseau autoroutier de la Bretagne et industrialisation de l'ouest de la France), le lancement de grands projets industriels (complexes sidérurgiques de Fos-sur-Mer et Dunkerque) et l'investissement dans les domaines de pointe (aviation, nucléaire, informatique).

C'est aussi à cette époque que la France passe d'une économie de reconstruction à une économie de biens d'équipement (plus de la moitié des Français disposent en 1966 d'un réfrigérateur, d'une télévision, d'une machine à laver et d'une automobile).

• Georges Pompidou

Pendant sa présidence (1969-1974), Georges Pompidou poursuit une politique volontariste dont l'objectif prioritaire est de faire de la France «un véritable pays industriel»: transformer la géographie industrielle de la France, constituer de grands groupes industriels, tourner l'économie française vers la conquête des marchés, transformer de manière accélérée les villes, faire entrer les Français dans l'ère de la consommation de masse et des loisirs. Les «années Pompidou», comme on les appelle aujourd'hui, sont, dans la mémoire collective, le symbole d'une France enfin en paix, modernisée, enrichie, en un mot, heureuse.

Symbole de la modernisation, la maison imaginée par le cinéaste Jacques Tati pour son film Mon oncle.

ACTIVITÉS

4   À quoi correspondent ces chiffres ?

a. 800 000 : ....

b. 1 000 000 : ....

c. plus de 50 % : ....

5   Quelles sont les réalisations liées à ces noms de lieux ?

a. Fos-sur-Mer : ....

b. Lille-Marseille : ....

c. Mont-Blanc : ....

d. Bretagne : ....

e. Tancarville : ....

f. Dunkerque : ....

6   Qu'appelle-t-on « biens d'équipements » ?

....

....

....

7   Quels sont les handicaps dont souffre l'économie française ?

....

....

....

8   Dans quelle perspective globale s'inscrit la modernisation de la France ?

....

....

....

9   Jacques Tati est le cinéaste d'une critique pleine d'humour de la modernité.
Recherchez dans un dictionnaire ou sur Internet les titres de ces films qui illustrent cette critique.

....

....

....

1945-1962 : DÉCOLONISER

En 1931, l'Exposition coloniale internationale et des pays d'outre-mer de Paris accueillait huit millions de visiteurs et l'une des affiches de cette exposition portait comme titre «La plus grande France»: tout indiquait alors que la France avait acquis une conscience impériale; pourtant la France restait incapable de définir une politique acceptée par toutes ses composantes (politique protectionniste d'autosuffisance nationale, libre échangiste en intégrant sa production à l'économie mondiale ou industrielle afin de donner de véritables responsabilités aux élites locales) pour intégrer l'empire colonial à son développement.

À la fin de la Seconde Guerre mondiale, la France considère que son empire colonial de 11 millions de kilomètres carrés constitue pour elle la seule chance de maintenir sa puissance. Le discours de Brazzaville (1946) du général de Gaulle, même s'il n'envisageait pas l'émancipation, est resté pour les élites africaines indépendantistes (Bourguiba, Senghor, Houphouët-Boigny) le premier signal d'une volonté de changement dans un contexte international qui leur est favorable: la Charte des Nations unies (1945) rappelle le droit des peuples à disposer d'eux-mêmes et propose la voie de l'autodétermination; des pays comme l'Inde, les Philippines, l'Indonésie, le Liban, la Syrie, Israël ou la Transjordanie (Jordanie et Palestine), dans des contextes différents, accèdent à l'indépendance.

Deux guerres traumatisantes en Indochine et en Algérie et une décolonisation pacifique en Afrique auront raison du rêve impérial français.

• La guerre d'Indochine

Elle commence en 1945 par la proclamation unilatérale d'indépendance par Hô Chi Minh; elle s'achève en 1954 pour l'armée française par la défaite de Diên Biên Phu. Les accords de Genève (1954) accordent leur indépendance au Laos, au Cambodge et au Vietnam.

• La guerre d'Algérie (1954-1962)

Cette guerre est un véritable drame pour lequel le travail de mémoire n'est pas achevé. Elle donne lieu tout à la fois à un conflit militaire et à une guerre civile.

Le conflit militaire est imposé à la France par les indépendantistes algériens qui choisissent la lutte armée. L'intervention militaire française appelée «pacification», appuyée par la population européenne, recherche à tout prix et par tous les moyens une victoire militaire sur le terrain. L'armée impose ses choix aux gouvernements divisés et impuissants de la fin de la IVe République dont elle précipite la fin, soutient le retour du général de Gaulle au pouvoir (1958). Une minorité de cadres de l'armée entre en conflit avec lui (tentative de putsch par les généraux à Alger en avril 1961) quand ce dernier reconnaît aux Algériens le droit à l'autodétermination puis négocie les accords d'Évian (1962) avec le Front de libération nationale (FLN).

La guerre civile va opposer les Français entre eux: les Français de métropole, hostiles au conflit, dont on envoie les enfants se battre et mourir en Algérie, aux Français d'Algérie, installés souvent depuis plus d'un siècle sur une terre qu'ils ont fait prospérer, où ils ont créé une culture et un mode de vie spécifiques et qu'ils considèrent comme leur première patrie; elle va opposer également les Français de métropole entre eux, ceux favorables à l'indépendance de l'Algérie qui soutiennent effectivement l'action des mouvements indépendantistes et dénoncent la répression dont sont victimes les Algériens en France («ratonnades» d'octobre 1961 à Paris), et ceux qui voient de jeunes Français mourir pour leur pays, même s'il s'agit d'une guerre dont ils souhaiteraient la fin rapide quelle que soit la solution; elle va opposer enfin les Français qui soutiennent l'action du général de Gaulle (qui passe de l'ambigu « Vive l'Algérie française » de 1958 à «l'Algérie algérienne» de 1961) à ceux qui se sont constitués en une Organisation armée

A C T I V I T É S

1 Comment définit-on en 1931 l'Empire colonial de la France ? Qu'est-ce qui justifie cette appellation ?

....

....

....

2 Citez trois noms d'indépendantistes africains ? Faites une recherche sur la biographie de chacun d'eux.

....

....

....

3 Qui était le leader indépendantiste vietnamien ? Que savez-vous de sa biographie ?

....

....

....

....

4 À quoi correspondent ces trois dates pour l'indépendance de l'Afrique ?

a. 1946 : ....

b. 1956 : ....

c. 1960 : ....

5 Pourquoi peut-on parler à propos de la guerre d'Algérie de guerre civile pour la France ?

....

....

....

....

....

6 Associez noms de lieu et événements.

a. Évian : ....

b. Diên Biên Phu : ....

c. Alger : ....

d. Genève : ....

e. Paris : ....

Été 1962 : le départ d'Algérie des pieds-noirs.

secrète (OAS) qui cherche à l'éliminer et surtout à importer le conflit en France en instaurant un climat d'insécurité par la multiplication des attentats et en faisant pression sur les décideurs politiques ou économiques, les intellectuels (Malraux) ou les artistes (Brigitte Bardot). La guerre qui n'a jamais dit son nom (on parle des «événements d'Algérie») s'achève par les accords d'Évian et l'indépendance de l'Algérie le 1er juillet 1962. Elle a fait 400 000 victimes françaises et 500 000 victimes algériennes et se traduira par le retour dramatique de 800 000 «pieds-noirs» au cours de l'été 1962.

• Les décolonisations du Maroc et de la Tunisie

Elles donnent lieu à des conflits sporadiques et de courte durée (1952-1956) qui se résolvent sous la pression des États-Unis par la négociation, l'arrivée au pouvoir des leaders emprisonnés (le sultan Ben Youssef du Maroc,

le futur Président Bourguiba de Tunisie) et la proclamation des indépendances en 1956.

• La décolonisation de l'Afrique

Elle est facilitée par la loi Deferre (1956) qui accorde une autonomie complète à l'ensemble des pays d'Afrique subsaharienne: suffrage universel, collège électoral unique, pouvoirs exécutifs locaux. Le général de Gaulle s'appuie sur cette loi pour promouvoir un accès progressif à l'indépendance dans le cadre d'une communauté à l'intérieur de laquelle la France et l'ensemble des onze pays (Sénégal, Côte d'Ivoire, Togo, Gabon, Mauritanie, République centre-africaine, Madagascar, Burkina Faso, République démocratique du Congo) conserve des liens privilégiés (monnaie, assistance technique et militaire, formation des élites et des cadres politiques. L'indépendance de ces pays devient effective en 1960.

1960 : le temps des indépendances.

7 À partir de l'encadré :
1. Cherchez à l'aide d'un dictionnaire ou sur Internet des informations sur les écrivains suivants :

a. Jean Genet : ....

b. Mouloud Mammeri : ....

c. Rachid Boudjedra : ....

d. Marie Cardinal : ....

2. essayez de trouver un résumé des films suivants :

e. *La Bataille d'Alger* : ....

....

....

f. *Les Centurions* : ....

....

....

g. *Chronique des années de braise* : ....

....

....

h. *Outremer* : ....

....

....

8 Qui appelait-on les « pieds-noirs » ? Quel rôle ont-ils joué ?

....

....

....

■ **Autour de la guerre d'Algérie**

Romans, théâtre et récits
La Question (Henri Alleg, 1958)
Les Paravents (Jean Genet, 1961)
L'Opium et le Bâton (Mouloud Mammeri, 1965)
Tombeau pour cinq cent mille soldats (Pierre Guyotat, 1967)
La Guerre d'Algérie (Yves Courrière, 1968-1971)
Le Retour au désert (Bernard-Marie Koltès, 1988)
Les Pieds-Noirs (Marie Cardinal, 1994)
Hôtel Saint-Georges (Rachid Boudjedra, 2008)

Films
Le Petit Soldat (Jean-Luc Godard, 1960)
La Bataille d'Alger (Gillo Pontecorvo, 1966)
Les Centurions (Mark Robson, 1966)
Avoir 20 ans dans les Aurès (René Vautier, 1972)
Chronique des années de braise (Mohammed Lakhdar-Hammina, 1975)
L'Honneur d'un capitaine (Pierre Schoendorffer, 1982)
Outremer (Brigitte Roüan, 1990)
La Guerre sans nom (Bertrand Tavernier, 1992)

1975-2... : S'ADAPTER A LA MONDIALISATION

La crise et le chômage sont les deux mots que l'on associe généralement en France au mot «mondialisation» et la nécessité de s'adapter est conçue comme un mal nécessaire. De fait, depuis le premier choc pétrolier (1973) jusqu'à aujourd'hui, la préoccupation première des Français, dans tous les sondages et enquêtes, est restée la peur du chômage. Entre le principe politique posé par le Président Giscard d'Estaing (1974-1981), au moment du premier choc pétrolier, «la crise doit être indolore aux Français», et l'aveu du Président Mitterrand (1981-1995) à la fin de son second mandat, «en matière de lutte contre le chômage, tous les gouvernements ont échoué», toutes les politiques jusqu'à ce jour n'ont donc eu qu'une priorité autour de laquelle se sont organisés leurs choix: la lutte contre le chômage.

Cette priorité, tant du pouvoir politique que de la Haute administration formée et habituée depuis 1945 à prendre en charge et à résoudre l'ensemble des problèmes des Français, a donné lieu, successivement ou alternativement, à la mise en œuvre de différentes politiques: des politiques de relance de la consommation et de soutien du pouvoir d'achat, et des politiques de désinflation compétitive, de modernisation industrielle et d'adaptation à la mondialisation.

• Relancer la consommation et soutenir le pouvoir d'achat

Ces politiques ont été menées par les gouvernements Chirac (1974), Mauroy (1981-1983), Rocard (1988-1991) et Jospin (1997-2002); elles s'accompagnent le plus souvent de mesures sociales destinées à avoir un effet sur le marché du travail (réduction de la durée du temps de travail de 39 à 35 heures (1982 puis 2002); retraite à 60 ans (1983)), de mesures d'amortissement de la crise (revenu minimum d'insertion en 1988) et de mesures de solidarité collective (création de la CSG, contribution sociale généralisée, en 1991).

L'obsession politique qui guide l'ensemble de ces choix vise à préserver le modèle français de solidarité collective, mis en place par consensus politique en 1945, dans lequel l'État occupe la place centrale dans la recherche de solutions planifiées. L'ensemble de ces politiques budgétairement très coûteuses aboutissent à une inflation élevée, à une augmentation des déficits publics et des impôts, à un affaiblissement de la monnaie (le franc est dévalué à plusieurs reprises) et se traduisent aujourd'hui par un endettement colossal du pays. Elles n'ont pas réussi, sauf passagèrement à l'occasion de relance mondiale de l'économie, à enrayer la hausse du chômage qui est passé d'un chômage résiduel (300 000 chômeurs au début des années 1970) à un chômage de masse touchant plus de 3 millions de personnes en 1994, soit plus de 10 % de la population active (aujourd'hui 7,5 % et notamment les jeunes, 25 % du total).

• Améliorer la compétitivité et moderniser l'industrie

Ces politiques ont été conduites par les gouvernements Barre (1976-1981), Fabius (1983-1986), Chirac (1986-1988), Balladur (1993-1995), Raffarin (2002-2005). Elles consistent à rompre le lien entre les salaires et les prix, à conduire une politique de monnaie forte (lien d'abord entre le franc et le Deutsche Mark, puis encadrement de la fluctuation de la monnaie à l'intérieur du système européen), à libéraliser l'économie par les privatisations et la déréglementation, et à réformer l'État.

Ces politiques ont permis à la France de se plier plus facilement qu'on ne le croit en général aux contraintes de la mondialisation: l'économie française largement privatisée est aujourd'hui une économie performante dans les services (services marchands (banque, assurance avec BNP, Crédit Agricole, Axa), construction (Bouygues), commerce (Carrefour), transports (Air France-KLM)) ; son industrie se limite à quelques secteurs stratégiques pour lesquels l'État a favorisé l'émergence de champions qui

1 Quelle est la préoccupation principale des gouvernements français depuis 1973 ?

....

....

....

2 Quelles ont été les deux grandes politiques conduites par les gouvernements français pour adopter la France à la mondialisation ?

....

....

3 Associez chacun de ces noms à l'une ou à l'autre de ces politiques.

a. Balladur : ....

b. Barre : ....

c. Chirac : ....

d. Fabius : ....

e. Jospin : ....

f. Mauroy : ....

g. Raffarin : ....

h. Rocard : ....

4 Quelles sont les mesures qui ont visé à préserver le modèle social français ?

....

....

....

Géant mondial : un des symboles de la réussite de la France dans l'économie des services.

5 À quel secteur de l'économie appartient chacune de ces entreprises ?

a. Axa : ....

b. Aérospatiale : ....

c. Air France-KLM ....

d. Areva : ....

e. Bouygues : ....

f. Carrefour : ....

g. Crédit Agricole : ....

i. Danone : ....

j. Peugeot : ....

k. Renault : ....

l. Total : ....

participent à la compétition mondiale (Renault et Peugeot dans l'automobile, Airbus Industrie et Dassault dans l'aviation, Total dans l'industrie pétrochimique et pharmaceutique avec Avantis, Areva dans le nucléaire, Danone dans l'industrie agroalimentaire, France Telecom dans les télécommunications et Aérospatiale dans l'industrie spatiale).

La structure de l'emploi reflète cette évolution : là où l'agriculture représentait 22 % des emplois en 1960, elle n'en représente plus aujourd'hui que 3,5 % ; l'industrie quant à elle est passée de 29 à 17 % et les services marchands de 35 à 49 %.

Restent les services administrés qui représentent aujourd'hui, fonction hospitalière comprise, 28 % des emplois. C'est le dernier grand défi que la France doit affronter pour s'adapter à la mondialisation : moderniser son État de manière à lui permettre d'être le garant de la cohésion sociale et d'une redistribution ajustée ; et faire en sorte que les trois secteurs stratégiques de la santé, l'éducation et la recherche contribuent pleinement au maintien de son rang dans la compétition mondiale.

Ainsi la situation actuelle de la France peut prêter à une double lecture : avec son État omniprésent, son secteur public lourd à manœuvrer, elle apparaît comme une société bloquée difficile à réformer, incapable de répondre aux priorités fortes qui conditionnent son avenir et donc postulent son déclin ; mais si on la considère d'un point de vue économique, on peut considérer qu'elle a parfaitement réussi son passage dans une économie mondialisée en restructurant à marche forcée et continue son appareil industriel et marchand autour de champions indiscutés et performants. Cette double lecture tient à ce qu'elle ne fait rien comme les autres : il lui reste à finir par là où les autres ont commencé comme si l'État avait toujours fait ce qui est en France sa raison d'être : s'occuper de faire changer la France et les Français avant de se changer lui-même.

A C T I V I T É S

6 À quoi correspondent ces pourcentages ?

a. 28% : ....

b. 10% : ....

c. 25% : ....

d. 3,5% : ....

e. 17% : ....

f. 49% : ....

7 La France et la mondialisation. Faites la liste :

a. des handicaps : ....

....

....

b. des atouts : ....

....

....

8 Faites une présentation de cinq grands groupes industriels français.

a. Air France-KLM : ....

....

....

b. Total : ....

....

....

c. Renault : ....

....

....

d. Carrefour : ....

....

....

e. Crédit Agricole : ....

....

....

DÉFINIR UN NOUVEAU RAPPORT À L'ÉTAT

En France, la formation de l'État, qui remonte au Moyen Âge, a précédé celle de la Nation jusqu'à définir un État absolu incarné dans un principe supérieur, «la raison d'État». La Révolution française de 1789 a établi l'idée d'un contrat qui lie l'État à la Nation. Au terme de ce contrat la Nation adhère volontairement à l'autorité supérieure de l'État qui est le gardien de la souveraineté indivisible, protège la liberté et l'égalité, et incarne l'intérêt général.

• La place centrale de l'État : une donnée historique

Tout manifeste la place centrale de l'État comme gardien de la cohésion nationale : l'école, le principe de laïcité, la langue unique, le modelage uniforme du territoire avec les départements, l'armée expression de la Nation, la police et la gendarmerie comme gardien de l'ordre et la justice rendue par l'État au nom du peuple souverain.

À cette mission de cohésion s'en ajoutent d'autres : l'État joue aussi le rôle de «médecin du corps social» en tant qu'organe de réinsertion (il rééduque, il reloge), de protecteur de la santé publique (il organise l'ensemble du système de soins), mais aussi d'acteur social primordial (il fait voter les lois qui fixent la durée du travail, l'âge de la retraite, la durée des vacances, la place des syndicats dans l'entreprise ; il arbitre les négociations entre les partenaires sociaux) et enfin d'organisateur et de garant d'une protection sociale généralisée (à travers la fameuse Sécurité sociale dont il faut prendre l'intitulé au pied de la lettre parce qu'elle traduit un mode d'intervention de l'État comme État-Providence).

Au nom de l'intérêt général, il gère donc directement la relation entre l'individu et la société : d'où l'impossibilité de penser l'intérêt général comme un compromis entre des intérêts particuliers ; le recours systématique à l'État dès que des intérêts particuliers entrent en conflit avec la société ; la confiance aveugle dans la loi plutôt que dans le compromis obtenu au terme de la négociation.

• L'État envahissant : une critique constante

Des croquants qui, sous la Royauté, refusaient l'impôt aux agriculteurs qui vont manifester contre les technocrates européens, la méfiance

L'État centralisateur laisse de plus en plus la place à un État décentralisateur dont la régionalisation est le symbole.

A C T I V I T É S

1   Que signifie :

a. la raison d'État : ....

....

b. l'intérêt général : ....

....

c. l'État-Providence : ....

....

MAIRIE DE TOULOUSE

FINANCEMENT

Mairie de Toulouse	Conseil Régional	Conseil Général
85%	15%	NEANT

L'ASTRALIA, le 6ème continent
des étoiles plein les yeux

Une nouvelle répartition des financements publics.

2   Quelle est la différence entre l'État et la Nation ?

....

....

....

3   Quelle est la nature du contrat qui lie l'État et la Nation ?

....

....

4   Pour caractériser l'État on utilise les mots « protecteur », « acteur » ou « organisateur ».
À quels domaines renvoie chacune de ces caractérisations ?

a. protecteur : ....

b. acteur : ....

c. organisateur : ....

5   Sur quoi porte la critique de l'État ?

....

....

6   À quel type de critique est associée chacune des catégories socio-professionnelles suivantes ?

	Critique de la fiscalité	Critique de la bureaucratie
a. percepteur		
b. énarque		
c. technocrate		

à l'égard de l'État est une constante aussi forte que la demande d'État. Elle se manifeste de différentes manières :

– par une révolte contre l'impôt ou pour le moins une résistance à l'impôt jugé trop lourd, injustement réparti, mal utilisé ou redistribué. Les Français veulent en avoir pour leur argent, comme dit l'expression populaire, et il ne faut pas oublier que la question fiscale fut une des causes immédiates de la Révolution française. Avec un montant des prélèvements obligatoires proche de 45 % des revenus, l'un des plus élevés du monde, une fiscalité directe injustement répartie et qui fait peser le poids de l'impôt pour l'essentiel sur les classes moyennes, une redistribution trop généreuse pour les uns, toujours insuffisante pour les autres, le sentiment prévaut que l'État, dans tous les cas, gère mal l'intérêt général comme le montre entre autres l'échec des politiques publiques en matière de lutte contre le chômage et la pauvreté ;

– par un réflexe antibureaucratique qui n'est pas nouveau : sous la Royauté, il visait les percepteurs de l'impôt, puis vint Courteline et sa mise en scène du bureaucrate inoccupé, rêveur ou qui prend plaisir à ennuyer le citoyen par ses demandes jugées inutiles. Depuis quelques années, ce sont les technocrates et tout particulièrement les énarques qui sont l'objet de cette hostilité récurrente : soit que les Français les jugent trop loin de leurs réalités et de leurs soucis, soit, plus grave, qu'ils ne rendent plus à la Nation le service pour lequel ils ont été choisis et que leur intérêt particulier de carrière passe avant l'intérêt général qu'ils sont censés servir.

• Redéfinir les missions de l'État

« Il ne faut pas tout attendre de l'État. » Cette déclaration du Premier ministre d'un gouvernement de gauche, Lionel Jospin, également énarque, aujourd'hui régulièrement reprise, a été ressentie comme l'aveu que le modèle dans lequel les Français se reconnaissent avait atteint ses limites et que le temps sans doute était venu de le redéfinir.

L'incapacité de l'État à résoudre la question du chômage, la dégradation du système de protection sociale dont le financement reste massivement déficitaire, l'endettement vertigineux de l'État au point que le remboursement de la dette devienne le deuxième poste budgétaire après l'éducation, le désengagement massif de l'État de l'ensemble des secteurs de l'économie et l'adaptation rapide du capitalisme français à la mondialisation appelle un changement de format de l'État : le format nécessaire à un État reconstructeur, modernisateur et gestionnaire est de plus en plus considéré par les Français comme sans rapport avec celui aujourd'hui d'un État auquel il est surtout demandé une expertise, un rôle d'impulsion et une capacité à évaluer. La révision générale des politiques publiques (RGPP) voulue par le Président Sarkozy voudrait répondre à cette préoccupation.

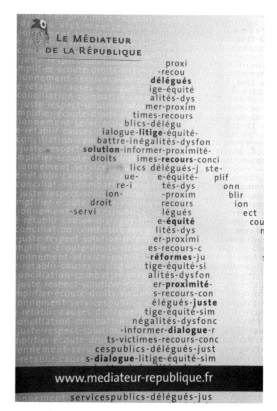

Un État médiateur au nom de l'intérêt général

7 « Il ne faut pas tout attendre de l'État. » Quels sont aujourd'hui les signes des limites de l'intervention de l'État ?

....

....

....

8 Par quelle expression désigne-t-on aujourd'hui la réforme de l'État ?

....

9 Retrouvez dans l'encadré à quoi sont associés les noms suivants :

a. David : ....

b. Rouget de Lisle : ....

10 Associez dates et événements.

a. 1790 : ....

b. 1792 : ....

c. 1794 : ....

d. 1879 : ....

e. 1942 : ....

11 Faites une présentation de la région Pays de la Loire.

....

....

....

....

....

....

12 Recherchez les femmes célèbres qui ont servi de modèle pour Marianne.

....

....

....

....

....

....

> ### ■ Les symboles de la Nation
>
> **Le drapeau tricolore :** il est inscrit comme emblème national dans la Constitution ; c'est après consultation du peintre David que la Convention (1794) définit le pavillon national : bleu, blanc, rouge, en bandes disposées verticalement ; il sera définitivement adopté par la IIIe République.
>
> **La _Marseillaise_ :** inscrite dans la Constitution seulement depuis 1958, elle a été promue hymne national en 1879. Écrite par Rouget de Lisle en 1792, on n'en connaît et ne reprend souvent que le premier couplet et le refrain. La mémoire nationale est également attachée à un autre hymne, _Le Chant du départ_ (1794) qui chante le lien entre le citoyen et la République, à une chanson, _Le Temps des cerises_ (1867), nostalgie d'une République sociale et égalitaire, et, plus récemment, au _Chant des partisans_ (1942), symbole de la Résistance.
>
> **La devise :** « Liberté, Égalité, Fraternité » apparaît en 1790, elle deviendra définitive sous la IIIe République et sera inscrite en 1958 dans la Constitution de la Ve République.
>
> **Marianne :** les bustes de femmes qui symbolisent, avec ou sans bonnet phrygien, la liberté ou la République se multiplient à partir de 1830 et ornent les mairies à partir de 1870 sans qu'il y ait une quelconque obligation.

2 VIE POLITIQUE ET INSTITUTIONS

LA RÉPUBLIQUE DES PARTIS POLITIQUES

Le choix des institutions (IVᵉ puis Vᵉ République) a largement orienté la vie politique française. C'est ainsi que la IVᵉ République reste aujourd'hui comme la République des partis politiques.

La Constitution de la IVᵉ République (1946-1958) crée un régime parlementaire qui place l'Assemblée nationale au centre du pouvoir à côté d'un Conseil de la République, deuxième chambre aux fonctions dérisoires, et d'un président de la République aux fonctions uniquement représentatives. C'est le président du Conseil des ministres, nommé après consultation de l'Assemblée, qui détient le pouvoir exécutif. Mais un pouvoir strictement contrôlé par l'Assemblée nationale qui a le pouvoir de le censurer et devant laquelle il est collectivement responsable.

Autant dire que, dans un pareil régime, ce sont les ententes entre les partis qui font et défont les gouvernements et qu'à côté des grands partis, ce sont les petits partis au gré des alliances de circonstance ou de conviction, en fonction des avantages ministériels promis ou négociés, qui décident du sort des gouvernements.

La vie politique de la IVᵉ République s'organise autour de trois grandes forces : une force d'opposition, le Parti communiste (P.C.), et deux forces de gouvernement, l'une de gauche, le Parti socialiste de la SFIO (Section française de l'Internationale ouvrière), et l'autre chrétien-démocrate, le MRP (Mouvement républicain populaire), autour desquelles tournent un grand nombre de petits partis, le Parti radical, l'UDSR (Union démocratique et socialiste de la Résistance dont le leader est François Mitterrand) et le RPF (Rassemblement du peuple français, parti du général de Gaulle).

Au gré des alliances, ces partis forment des gouvernements dits de « Troisième Force »

(1947-1951) autour de la SFIO et du MRP qui imposent l'adhésion française au plan Marshall (1948) et à l'Alliance Atlantique (1949), s'accordent sur la construction européenne (plan Schuman en 1950 et CECA, Communauté européenne du charbon et de l'acier, 1951) ; des gouvernements de droite incluant le RPF autour d'Antoine Pinay (1952-1954) pour stabiliser une situation économique très détériorée ; une coalition de centre gauche (1954-1955), présidée par Pierre Mendès France, qui met fin à la guerre d'Indochine, prépare l'autodétermination en Tunisie et au Maroc et accepte l'adhésion de l'Allemagne à l'OTAN, Organisation du Traité de l'Atlantique Nord ; un Front républicain autour de la SFIO incluant les gaullistes et bénéficiant du soutien du PC qui signe le Traité de Rome (1957), engage un processus de déco-

Pierre Mendès France reste le symbole d'une autre manière de gouverner sous la IVᵉ République.

1 Pourquoi la IVᵉ République a-t-elle été désignée par le général de Gaulle comme « le régime des partis » ?

....

....

2 Quels sont les pouvoirs de l'Assemblée nationale sous la IVᵉ République ?

....

....

....

3 Sous la IVᵉ République, quels partis peuvent être considérés :

a. comme des forces d'opposition : ....

....

b. comme des forces de gouvernement : ....

....

....

....

4 Que désigne-t-on quand on parle :

a. d'un gouvernement de « Troisième Force » : ....

....

b. d'un gouvernement de « Front républicain » : ....

....

5 Attribuez ces réalisations aux différents types de gouvernement.

a. adhésion de la France à l'Alliance Atlantique : ....

....

b. signature du Traité de Rome : ....

....

c. adhésion au plan Marshall : ....

....

d. adhésion de l'Allemagne à l'Alliance Atlantique : ....

....

Au bonheur des épargnants : la rente Pinay.

Indochine : le commencement de la fin de l'empire colonial français.

lonisation négociée en Afrique mais tombe sur la question algérienne qu'il se montre incapable de traiter.

Faute de pouvoir s'entendre sur une solution globale du problème algérien, les partis font et défont des gouvernements de circonstance (certains ne passent pas le cap de la journée!) qui discréditent le régime, paralysent le pays et font peser sur lui des menaces de guerre civile avec le 13 mai 1958, la révolte des «pieds-noirs»

en Algérie. C'est alors que le Président René Coty décide de faire appel au général de Gaulle, «le plus illustre des Français», qui de son côté se dit prêt à assumer les pouvoirs de la République à deux conditions : l'acceptation de la préparation d'un nouveau texte constitutionnel et le vote des pleins pouvoirs pour résoudre la crise algérienne. De Gaulle sera le dernier président du Conseil de la IVe République qui meurt avec son investiture le 1er juin 1958.

6   **Qui fait quoi ?**

a. François Mitterrand : ....

b. Antoine Pinay : ....

c. Pierre Mendès France : ....

d. René Coty : ....

f. Général de Gaulle : ....

....

7   **Observez l'affiche page 29.**

a. Qu'est-ce qui est représenté sur la photo ?

....

b. Que tricote-t-elle ?

....

c. Quelle apparence a la laine qu'elle tricote ?

....

d. Qu'est-ce que cette affiche veut flatter du caractère des Français ?

....

8   **Retrouvez le sens de ces sigles.**

a. PC : ....

b. SFIO : ....

c. RPR : ....

d. MRP : ....

e. UDSR : ....

9   **Trouvez les sigles de ces deux organisations.**

a. Organisation du traité de l'Atlantique Nord : ....

b. Communauté européenne du charbon et de l'acier : ....

10   **Quels sont les événements importants de la construction européenne qui sont liés à la IVe République ?**

....

....

....

LA RÉPUBLIQUE DES PRÉSIDENTS

La Vᵉ République place le pouvoir exécutif (Président et Premier ministre) au centre du pouvoir : le Président est le chef des armées et de l'administration, il dispose d'importants pouvoirs en cas de crise, il a un pouvoir de nomination étendu, il peut réviser la Constitution et dissoudre l'Assemblée nationale ; le Premier ministre conduit la politique fixée avec le Président, il fixe l'ordre du jour de l'Assemblée nationale et a l'initiative de la loi, et il peut gouverner par ordonnances.

Adoptée en septembre 1958 à l'initiative du général de Gaulle et surtout modifiée en novembre 1962 avec l'élection du président de la République au suffrage universel, la Constitution de la Vᵉ République a fait du Président l'axe autour duquel s'organise l'ensemble de la vie politique.

L'élection présidentielle au suffrage universel va bouleverser la vie et le rôle des partis : finis les partis parlementaires petits ou grands, place à des partis rénovés qui font de la conquête du pouvoir présidentiel l'axe de leur stratégie ; subsisteront les deux grandes forces capables de rassembler, le parti issu du gaullisme et le parti socialiste ; ils fourniront en 50 ans l'essentiel des responsables politiques du pays : le général de Gaulle (1958-1969), Georges Pompidou (1969-1974), Jacques Chirac (1995-2007), Nicolas Sarkozy (2007-...) à droite ; François Mitterrand (1981-1995) à gauche ; seul Valéry Giscard d'Estaing (1974-1981), sans parti puissant mais fort de sa culture anglo-saxonne et qui a compris les nouvelles règles du jeu avant tout le monde, réussira à s'imposer par l'évidence d'une candidature préparée bien en amont.

Le style régalien du général de Gaulle va fixer un mode de pratique du pouvoir et instaurer une relation particulière entre lui et les Français dont aucun de ses successeurs ne se départira. C'est le Président qui fixe le cap et qui rend compte.

• Le général de Gaulle (1958-1969)

On porte à son crédit d'avoir légué des institutions stables et efficaces et suffisamment souples pour se plier à toutes les configurations (alternance, cohabitation, hyperprésidence), réglé le problème algérien, impulsé une rigueur financière et budgétaire, source d'une croissance économique spectaculaire, opéré le rapprochement avec l'Allemagne pour faire du couple franco-allemand le moteur de la construction européenne et conduit une politique extérieure d'ouverture (reconnaissance de la Chine en 1964, condamnation de la guerre au Vietnam, développement des relations avec les pays de l'Est (Pologne, Roumanie) et rapprochement avec l'URSS (voyage en 1966) ; ouverture vers les pays arabes, (qui met fin à la relation privilégiée de la France avec Israël) et politique d'indépendance (développement avec l'appui politique des États-Unis de la force nucléaire française).

Général de Gaulle
(1958-1969)

Georges Pompidou
(1968-1974)

Valéry Giscard d'Estaing
(1974-1981)

ACTIVITÉS

1 Qui est le fondateur de la Vᵉ République ? Faites une recherche sur sa biographie.

....

....

....

2 Que veut-on dire quand on parle de « régime présidentiel » ?

....

....

....

3 Pourquoi certains dénoncent-ils dans le régime présidentiel un « régime du pouvoir personnel » ?

....

....

....

« Ensemble tout devient possible » : Nicolas Sarkozy a gagné en 2007 la bataille présidentielle avec une image de rassembleur pour relever les défis du changement qu'imposent à la France la mondialisation et, depuis 2008, la crise financière et économique mondiale.

François Mitterrand (1981-1995)

Jacques Chirac (1995-2007)

Nicolas Sarkozy (2007-)

• Georges Pompidou (1969-1974)

C'est le Président des années heureuses d'une France qui prospère, développe son industrie, transforme son paysage urbain et s'enrichit. Homme de culture, épris d'art moderne, il renoue avec la tradition des souverains bâtisseurs et entreprend la construction du Centre qui porte son nom : le Centre Pompidou. En politique extérieure, il favorise l'entrée du Royaume-Uni dans le Marché commun.

• Valéry Giscard d'Estaing (1974-1981)

Il reste l'homme des grandes réformes de société (droit de vote à 18 ans, légalisation de la contraception ; autorisation de l'interruption volontaire de grossesse) et de l'accélération (grâce à sa bonne entente avec Helmut Schmidt) de l'intégration européenne (mise en place du système monétaire européen ; élection du Parlement européen au suffrage universel.)

• François Mitterrand (1981-1995)

Il a fait passer la gauche de la culture d'opposition à la culture de gouvernement et fait la preuve de la souplesse (alternance politique droite gauche ; cohabitation avec des gouvernements de droite) des institutions de la Ve République. Président de gauche, il met en œuvre des réformes institutionnelles, sociales et de société importantes : abolition de la peine de mort (1981), retraite à 60 ans, cinquième semaine de congés payés (1982) ; revenu minimum d'insertion (1988) ; organisation de la régionalisation (1983) ; avancée législative sur la place des femmes dans la société.

Président bâtisseur, on doit notamment à ce provincial amoureux de Paris, le Grand Louvre et sa pyramide, la Bibliothèque de France, l'Opéra Bastille, la Cité de la musique, le Musée des sciences de la Villette.

Européen convaincu et de la première heure, avec la complicité d'Helmut Kohl et sous la présidence du Conseil européen de Jacques Delors, il accélère la construction européenne jusqu'à l'adoption du traité de Maastricht (1992) qui fonde l'Union européenne et accompagne la redéfinition du Monde occidental avec la chute du Mur de Berlin (1989) et la réunification de l'Allemagne (1990).

• Jacques Chirac (1995-2007)

Alors qu'il s'est engagé à réduire «la fracture sociale», il subit de plein fouet les conséquences de la crise économique et doit laisser à la gauche et à Lionel Jospin le soin de profiter de la reprise économique pour le faire. Soucieux de ne pas bousculer les Français, qu'il juge trop préoccupés par la peur du chômage, il accomplit avec précaution les grandes réformes de structure nécessaires : passage à une armée de métier et fin du service militaire obligatoire ; réforme du financement des régimes de retraite ; réforme partielle du financement de la Sécurité sociale. Sur le terrain européen, il accompagne la mise en place de l'euro, l'intégration des pays de l'Est, mais échoue à faire voter l'adoption de la Constitution européenne.

A C T I V I T É S

4 En quoi les institutions de la Ve République ont-elles modifié la place et le rôle des partis ?

....

....

....

5 À quels présidents sont associés les mots suivants :

a. hyperprésidence : ....

b. cohabitation : ....

c. alternance : ....

6 Attribuez ces différentes mesures.

a. le droit de vote à 18 ans : ....

b. la rigueur budgétaire et financière : ....

c. la construction du Centre d'art qui porte son nom : ....

d. la réforme des financements sociaux : ....

e. la fin du service militaire obligatoire : ....

f. le règlement de la guerre d'Algérie : ....

g. la construction de la Pyramide du Louvre : ....

h. la légalisation de la contraception : ....

i. la mise en place de l'Euro : ....

j. la régionalisation : ....

7 Notez l'apport de chaque président à la construction européenne.

....

....

8 Regardez la photo page 33.

a. Quel était le slogan de la campagne présidentielle de 2007 de Nicolas Sarkozy ? Quel message souhaitait-il faire passer ?

....

....

b. Comment comprenez-vous le slogan de Ségolène Royal : « La France présidente » ?

....

....

LE CHOIX DE L'EUROPE

Depuis 1945, la construction européenne est au cœur de la politique intérieure et étrangère française. Trois raisons expliquent cette priorité: la volonté de mettre fin aux conflits qui ont déchiré et affaibli l'Europe; la nécessité, dans le contexte de l'opposition Est-Ouest, de créer un espace démocratique sécurisé à l'Ouest du rideau de fer; l'ambition de faire de l'Europe un pôle de prospérité et de paix en construisant un ensemble économique, social, politique et de sécurité intégré.

• De la CECA (1951) à l'« Acte unique » (1986)

Deux Français, Robert Schuman et Jean Monnet, sont convaincus de la nécessité de réunir dans une même organisation les États du continent européen avec l'objectif d'organiser entre eux des solidarités. Ils choisissent en premier lieu le terrain de l'économie et proposent à six pays dont l'Allemagne avec la Belgique, les Pays-Bas, le Luxembourg, l'Italie et la France de créer la Communauté européenne du charbon et de l'acier (CECA); cette première expérience oriente durablement le processus de construction européenne: un nombre limité de pays, ce qu'on appellera longtemps (jusqu'en 1973) l'Europe des Six, un unique domaine de compétences, les questions économiques, une stratégie, des transferts limités de souveraineté. C'est sur cette base qu'est négocié puis signé, le 25 mars 1957, le traité de Rome. Il institue une Communauté économique européenne (CEE) dans laquelle les pays s'engagent à lier leur destin économique, à abolir toute barrière douanière et à organiser une politique agricole commune.

Ce processus commencé en 1957 trouvera son aboutissement en février 1986 avec l'adoption de l'Acte unique, qui crée un véritable grand marché européen où sont garanties la libre circulation des personnes, des marchandises et des capitaux, ainsi que la libre prestation des services, sur le territoire de la Communauté.

Entre-temps, l'Europe des Six sera devenue en 1973 l'Europe des Neuf avec l'entrée du Royaume-Uni, du Danemark et de l'Irlande avant de s'élargir au Sud avec l'entrée de trois jeunes démocraties, la Grèce en 1981, L'Espagne et le Portugal en 1986. Au même moment, l'Europe se dote d'institutions politiques: création du Conseil européen réunissant les chefs d'État et de gouvernement; élection du Parlement européen au suffrage universel; élaboration du système monétaire européen.

• Du traité de Maastricht (1992) à l'élargissement à l'Europe centrale et orientale

Le traité sur l'Union européenne signé à Maastricht (février 1992) élargit les compétences de la Communauté à de nombreux domaines (environnement, protection des consommateurs, politique sociale), institue une coopération étroite dans les secteurs de la justice et des affaires intérieures, accroît le contrôle du Parlement européen, pose le principe de subsidiarité qui réserve à l'Union les seules questions qui ne peuvent pas être réglées à l'échelon national, prévoit la possibilité pour les citoyens européens de voter aux élections locales et européennes là où ils se trouvent. Le traité de Maastricht pose les bases d'une politique étrangère et de sécurité commune qui prévoit le lancement d'une politique européenne de sécurité et de défense dont le Royaume-Uni et la France constituent le moteur.

Dans la foulée de Maastricht sera adoptée en 1999 la monnaie unique, l'euro, qui impose une coordination des politiques économiques aux partenaires européens de la zone euro et sera créé un espace unifié de circulation intérieure, l'espace Schengen.

Dans le même temps, l'Europe poursuit son élargissement: en 1995, elle accueille l'Autriche, la Finlande et la Suède; tirant les conséquences de la chute du Mur de Berlin et de l'effondrement du bloc communiste en 1989,

ACTIVITÉS

1 À quels objectifs obéit l'idée de la construction européenne ?

....

....

....

2 Quelle stratégie proposée par Jean Monnet et Robert Schuman va orienter le processus de la construction européenne ?

....

....

....

3 De quels Pays parle-t-on quand on parle de :

a. L'Europe des Six : ....

b. l'Europe des Neuf : ....

c. l'Europe des Douze : ....

d. l'Europe des Quinze : ....

Et aujourd'hui, combien sont-ils ? Complétez la liste. ....

Strasbourg : siège du Parlement européen qui compte 750 députés élus au suffrage universel. Ils représentent 27 pays, 500 millions d'habitants répartis sur un espace de 4,3 millions de kilomètres carrés.

elle met en œuvre un processus d'intégration des pays d'Europe centrale et orientale qui trouvera son aboutissement le 1er mai 2004 avec l'arrivée de dix nouveaux pays (Pologne, Hongrie, République tchèque, Slovaquie, Lettonie, Estonie, Lituanie, Malte et Chypre).

• Le moteur franco-allemand

Sans la réconciliation entre Français et Allemands, l'édifice européen ne pouvait être bâti. Le général de Gaulle et le chancelier Konrad Adenauer vont lui donner une forme symbolique avec la signature du Traité d'amitié franco-allemand appelé traité de l'Elysée (1963). Ils seront aussi le premier d'une longue lignée de «couples» qui vont marquer et la relation franco-allemande et la construction européenne : Valéry Giscard d'Estaing-Helmut Schmidt pour les années 1970; François Mitterrand-Helmut Kohl pour les années 1980-1990; Jacques Chirac-Gehrard Schröder pour les années 1990-2000.

Les gestes symboliques n'ont également pas manqué: de l'accueil de Konrad Adenauer à Colombey-les-Deux-Églises, résidence privée du général de Gaulle, au voyage du général de Gaulle en Allemagne et à son «Vive l'Allemagne! Vive le peuple allemand!»; des mains jointes de François Mitterrand et d'Helmut Kohl au mémorial de Verdun à l'invitation faite par Jacques Chirac à Gehrard Schröder d'assister au défilé de l'armée allemande le 14 juillet sur les Champs-Élysées et jusqu'à la visite à Berlin du Président Sarkozy le jour de sa prise de fonction.

Pour faire fonctionner ce moteur, des instruments de consultation ont été mis en place: sommets biannuels franco-allemands, réunions d'harmonisation, de préparation en commun des dossiers européens, multiplication des relations à tous les échelons des deux administrations favorisent cette convergence à partir de laquelle s'élaborent les consensus européens.

• Des années de doute au Traité de Lisbonne

Aujourd'hui l'essentiel des potentialités du traité de Rome est réalisé. Une nouvelle étape s'ouvre. L'Europe doit d'abord digérer l'élargissement: économiquement à cause de la disparité de développement des nouveaux entrants; politiquement parce que les pays entrants n'ont pas la même culture de la négociation et du compromis dans l'abandon d'une souveraineté tout juste reconquise que les pays fondateurs qui ont fait ce choix au nom de la paix du continent. L'Europe doit ensuite adapter ses fonctionnements pour éviter la paralysie: fonctionnement de ses organes de décision (Commission européenne) et fonctionnement de ses organes de représentation démocratique (compétence du Parlement européen) si elle veut que les peuples de l'Europe continuent d'adhérer à l'aventure.

Par ailleurs, elle a du mal à se doter d'une nouvelle visibilité et d'une nouvelle ambition : difficulté à trouver la juste forme institutionnelle masquée par le rejet du traité constitutionnel, difficultés à faire adopter le traité simplifié; difficulté du citoyen européen en manque de repères à se situer dans un ensemble aussi vaste jugé par beaucoup trop ouvert et pas assez préoccupé de consolider une identité qui soit un référent commun dans lequel se reconnaître. Pourtant, à la suite des «non» français et néerlandais au référendum sur le traité constitutionnel en 2005, à l'initiative du Président Sarkozy, avec l'appui de la Chancelière allemande, Angela Merkel, naît en juin 2007 l'idée de rédiger un traité simplifié qui sera adopté et signé en décembre 2007 à Lisbonne. Le traité de Lisbonne est entré en vigueur le 1er décembre 2009 après ratification des 27 États.

Le traité de Lisbonne donne une personnalité juridique à l'Union européenne, simplifie le processus de décision, institue une présidence permanente, clarifie la répartition des compétences entre l'Union et les États, donne une force juridique à la Charte des droits fondamentaux et fait de la Banque centrale européenne une véritable institution.

4 Quels sont les apports des différents traités :

a. Traité de Rome (1957) : ....

b. Acte unique (1986) : ....

c. Traité de l'Union européenne (1992) : ....

d. Traité de Lisbonne (2009) ....

5 À quoi correspond :

a. l'espace Schengen : ....

b. la zone euro : ....

6 Comment les différents « couples » nés du Traité d'amitié franco-allemand (1963) ont-ils marqué la construction européenne ?

a. De Gaulle-Adenauer : ....

b. Giscard d'Estaing-Schmidt : ....

c. Mitterrand-Kohl : ....

d. Chirac-Schröder : ....

7 Quels sont les défis que l'Europe doit affronter aujourd'hui ?

....

....

....

■ Les lieux de l'Europe

Bruxelles : siège de la Commission et du Conseil européens

Créé en décembre 1974, le **Conseil européen** réunit les chefs d'État ou de gouvernement des pays membres de l'Union européenne (UE) et le président de la Commission européenne, assistés de leur ministre des Affaires étrangères et d'un commissaire européen. Véritable centre de décision politique, le Conseil donne les impulsions nécessaires au développement de l'Union et en définit les orientations politiques générales. **La Commission européenne** a pour fonction de proposer et de mettre en œuvre les politiques communautaires. « Gardienne des traités », elle veille à leur application et elle est garante de l'intérêt général. La Commission est responsable devant le Parlement européen qui peut la censurer. Son mandat est de cinq ans. Les commissaires sont assistés par une administration d'environ 25 000 personnes.

Luxembourg : siège de la Cour de justice des Communautés européennes

Son rôle est de trancher tous les contentieux juridiques entre les institutions, les États membres et les citoyens, en vertu des règles contenues dans les traités de l'Union européenne. Sa juridiction est obligatoire et ses décisions s'imposent à tous dans l'Union européenne.

Strasbourg : siège du Parlement européen

C'est le principal organe parlementaire de l'Union européenne (UE) et le seul élu au suffrage direct.

Schengen

La **convention de Schengen** prévoit la création de l'espace communément appelé **espace Schengen** (du nom du village luxembourgeois de Schengen, tripoint frontalier entre l'Allemagne, le Luxembourg (le Benelux) et la France, au bord de la Moselle.

3

LA CITOYENNETÉ

LE MODÈLE RÉPUBLICAIN

C'est la Révolution qui a choisi la République comme «modèle de vertu civique»: une République liée au suffrage universel, ce qui fait de son choix un acte libre, le fruit d'un consentement guidé par la raison.

• Un principe d'universalité

Être républicain, c'est adhérer au principe d'universalité des droits de l'homme, un principe qui pose que les droits de l'homme sont des droits «naturels et imprescriptibles». C'est en ce sens aussi que la déclaration française diffère de l'américaine ou de l'anglaise qui l'ont précédée: l'américaine fonde la liberté en Amérique et énumère des droits garantis par des tribunaux; l'anglaise pose une conception individuelle des droits qui garantissent la liberté de chacun face à l'État jugé dangereux.

• Un postulat d'unité et d'indivisibilité

Être républicain, c'est aussi accepter un postulat: «la République est une et indivisible», ce qui signifie que l'État qui l'organise et la personnifie doit l'être tout autant. D'où le modèle français de centralisation pyramidale qui concerne autant le pouvoir gouvernemental que l'administration de l'État ou les administrations territoriales: le pouvoir gouvernemental structuré en ministères, directions puis services à l'intérieur des ministères qui ont la charge de l'application de la loi au travers des décrets et directives; l'administration de l'État structurée autour de circonscriptions administratives déconcentrées (région avec le préfet de région, département avec le préfet de département, arrondissement avec le sous-préfet); ces instances déconcentrées se juxtaposent aux instances élues des collectivités territoriales décentralisées (région avec le président du conseil régional, département avec le président du conseil général, commune avec le maire).

Cet édifice est aujourd'hui considéré par certains comme menacé, ce qu'on appelle «le complexe de Pénélope», la peur de voir se défaire la tapisserie France: de l'intérieur, à la fois par la régionalisation qui, depuis 1983, organise d'importants transferts de souveraineté et par la multiplication des autorités indépendantes (médiateur, Conseil de la concurrence, Conseil supérieur de l'audiovisuel, indépendance de la Banque de France, Agence de régulation des télécommunications, etc.); de l'extérieur par la prééminence reconnue du droit communautaire sur le droit national, les transferts de souveraineté (monnaie, contrôle aux frontières) opérés au fil du processus d'intégration européenne.

Juillet 1998 : à l'occasion de la victoire de l'équipe de France à la Coupe du monde de football, l'image de Zinedine Zidane, fils d'immigré, est projetée sur l'Arc de Triomphe.

1 Voici des définitions. Retrouvez ce qu'elles définissent.

a. « une et indivisible » : ....

b. « modèle de vertu civique » : ....

c. « dévolue à l'Universel » : ....

2 Qu'est-ce qui caractérise les droits de l'homme dans la déclaration française et quelles sont les différences avec la déclaration américaine et la déclaration anglaise ?

....

....

....

3 Expliquez ce que l'on entend par « centralisation pyramidale ».

....

....

....

4 À quel type de structures appartiennent :

a. les régions : ....

b. les directions : ....

c. les communes : ....

5 Qu'est-ce que le « complexe de Pénélope » ? Qui était Pénélope ?

Entre les murs : *l'école, lieu d'intégration.*

....

....

6 Citez deux transferts de souveraineté de l'État vers l'Union européenne.

....

....

7 À quelles idées se rattachent les définitions suivantes :

a. Expression de la volonté générale : ....

b. Droit inviolable et sacré : ....

c. Dette sacrée : ....

• Une devise : « Liberté, égalité, fraternité »

Être républicain, c'est également adhérer à la devise de la République, elle-même issue de la Déclaration des droits : « Liberté, Égalité, Fraternité ».

Inspirée par Rousseau, la conception de la liberté postule que l'individu n'est libre que dans et par la cité, que la liberté, c'est l'obéissance aux lois, la possibilité de « faire tout ce qui ne nuit pas à autrui » dans les limites de la loi, « expression de la volonté générale ». D'où l'État qui apparaît comme une garantie de la liberté des citoyens.

À la liberté est associée l'égalité : « les hommes naissent et demeurent libres et égaux en droits », même si cette dimension égalitaire est modérée par cet autre article de la Déclaration : « la liberté est un droit inviolable et sacré ». Il y a chez les Français une passion égalitaire : d'où l'idée d'une « dette sacrée », d'une « garantie sociale » de la société envers les « citoyens malheureux » dont l'État-Providence, intervenant pour corriger les inégalités, est la traduction et l'illustration.

La fraternité apparaît d'abord comme un rappel à l'ordre contre la tentation permanente de la violence et de la guerre civile : cinq révolutions, deux coups d'État, six guerres d'invasion, cinq guerres civiles intérieures ont menacé l'unité du pays. Si l'on excepte la Première guerre mondiale (1914-1918), moment d'unité nationale, toutes les guerres, toutes les révolutions ont été des moments qui, au-delà des conflits extérieurs, ont opposé les Français entre eux (guerre de Vendée (1793-1796), journées de 1848, Commune de 1871, combats entre la Résistance et la milice du régime collaborationniste de Vichy (1940-1944), luttes entre l'OAS et le pouvoir gaulliste pendant la guerre d'Algérie (1954-1962)…

Les moments de célébration de l'unité nationale sont là pour rappeler l'idéal unitaire de la République : elles ont leur matrice dans la Fête de la Fédération du 14 juillet 1790, célébration de la Prise de la Bastille mais surtout illustration du renoncement à tout particularisme pour se fondre dans une entité plus grande où se trouvent confondus la Nation, l'État et la République. L'institution de la Fête nationale le 14 juillet en 1880, les obsèques de Victor Hugo (1885), le banquet des 36 000 maires de France en 1900, la descente des Champs-Élysées par le général de Gaulle en 1944, la victoire « black, blanc, beur » de l'équipe de France de football en 1998 forment les lieux de mémoire de cette unité nationale.

• Une valeur : la laïcité

Être républicain, c'est enfin respecter une valeur : la laïcité. La laïcité est une valeur reconnue par la Constitution dans son article 2. La laïcité vise à dépasser les clivages religieux, tout en respectant la liberté religieuse de chacun ; elle se veut un idéal de concorde. La loi de séparation des Églises et de l'État (1905) stipule que « la République ne reconnaît, ne salarie ni ne subventionne aucun culte ».

La question de la laïcité a ressurgi à l'occasion des affaires du voile islamique et de certaines revendications communautaristes touchant les interdits religieux. Certains estiment que le temps est venu d'évoluer vers une laïcité plurielle, que le pouvoir politique doit accorder une place légitime à toutes les identités spirituelles. Ces perspectives conduisent à des rappels à « l'ordre républicain » qui s'est construit contre les communautés, sur le cantonnement des croyances à la sphère privée.

Bal des pompiers le 14 Juillet.

8 Dites si ces événements sont des moments d'unité nationale ou de division et datez-les.

	Unité	Division	Date
a. Première Guerre mondiale			
b. Commune			
c. Banquet des 36 000 maires de France			
d. Combat Résistance / régime de Vichy			
e. Descente des Champs-Élysées par le général de Gaulle			
f. Fête de la Fédération			

9 À quelle loi appartient cette disposition :
« La République ne reconnaît, ne salarie ni ne subventionne aucun culte. »

....

....

....

10 Définissez la laïcité.

....

....

....

11 Classez les événements du tableau ci-contre :

a. Symboles de résistance :

b. Rapports de l'État et de la religion

c. Rêve européen :

d. Symboles républicains :

e. Construction de la Nation :

f. Combats entre Français :

g. Construction de la République :

12 Faites la liste des événements qui constituent des dates symboliques pour votre pays.

....

....

....

■ **Mythes et symboles : chronologie**

52 av. J.-C.	Vercingétorix : victoire à Gergovie, défaite à Alésia
496	baptême de Clovis
800	Charlemagne, empereur d'Occident
1214	Bouvines : victoire de Philippe Auguste sur les grands seigneurs
1429-1431	Jeanne d'Arc délivre Orléans ; elle est brûlée vive à Rouen
1598	édit de Nantes (fin des guerres de religion)
1651-1715	règne de Louis XIV et construction de Versailles
1789	prise de la Bastille (14 juillet) ; Déclaration des droits de l'homme et du citoyen (26 août)
1790	Fête de la Fédération (14 juillet) : célébration de l'unité nationale
1792	Valmy (20 septembre)
1793	la Terreur (septembre)
1794	la Convention institue le drapeau tricolore (15 février)
1805	victoire de Napoléon à Austerlitz (2 décembre)
1848	conquête du suffrage universel
1870	proclamation de la IIIᵉ République ; naissance de la République moderne (4 septembre)
1871	Commune de Paris et perte de l'Alsace-Lorraine
1880	le 14 juillet devient Fête nationale
1882	lois scolaires de Jules Ferry
1889	tour Eiffel
1898	affaire Dreyfus : « J'accuse » de Zola
1905	loi de séparation des Églises et de l'État
1914-1918	Première Guerre mondiale
1940	débâcle et appel à la résistance du 18 juin (général de Gaulle)
1944	débarquement de Normandie (6 juin) et libération de Paris (25 août)
1954	défaite de Diên Biên Phu
1958	retour du général de Gaulle au pouvoir et naissance de la Vᵉ République
1957-1999	du traité de Rome à l'euro, la construction européenne
1981	arrivée de la gauche au pouvoir

L'HISTOIRE ET LA MÉMOIRE

C'est en 1980 qu'a lieu la première journée célébrant le patrimoine et c'est en 1992 que le Salon du Livre de Paris choisit pour thème la mémoire. Auparavant, en 1992, le chiffre record de 2946 ouvrages dits historiques avaient été publiés, soit le huitième de la production totale d'ouvrages cette année-là.

L'histoire connaît depuis les années 1970 un succès public fabuleux jamais démenti. Histoire de la vie quotidienne, histoire de la vie et de la mort, du sexe et du corps, histoire des élans du cœur, histoire urbaine, sociale ou rurale, histoire locale ou lointaine, histoire politique, histoire des partis ou des élections, histoire des guerres ou des grands hommes, tous les genres et toutes les formes (fresque, biographie, synthèse, études savantes) sont appréciées et plébiscitées par le public.

Les historiens, généralistes, vulgarisateurs ou spécialistes, connaissent la consécration publique jusque-là réservée aux romanciers: les noms de Fernand Braudel (*La Méditerranée*), Emmanuel Le Roy Ladurie (*Montaillou, village occitan*), Jean Favier (*Louis XI*), Georges Duby (*Le Temps des cathédrales*), Philippe Ariès (*L'homme devant la mort*), Jean Delumeau (*La Peur en Occident*), Jacques Le Goff (*La Civilisation de l'Occident médiéval*), Pierre Goubert (*Louis XIV*), Daniel Roche (*Le Peuple de Paris, la culture populaire au XVIIIᵉ siècle*), Michel Vovelle (*La Révolution française*), Maurice Aghulon (*La République*) donnent non seulement leurs lettres de noblesse à l'école historique française mais connaissent des succès d'édition, pour certains, extraordinaires. Sans compter l'œuvre des vulgarisateurs, historien maître du récit comme Alain Decaux, le plus médiatique et le plus populaire d'entre tous (40 volumes), aujourd'hui académicien, journaliste comme Jean Lacouture (*De Gaulle*) ou romancier comme Max Gallo (*Napoléon*).

Sur le plan médiatique, les historiens sont partout: dans les hebdomadaires (*Le Nouvel Observateur*, *L'Express*, *Le Point*), dans les quotidiens (*Le Figaro*, *Le Monde*, *Libération*); la revue *L'Histoire*, créée en 1978, connaît un vrai succès.

Cet engouement pour l'histoire se révèle être une nostalgie du «grand récit historique» liée à l'idée d'un progrès continu, traduit un refuge dans le passé, l'incapacité à envisager le futur, marque, comme le suggère le philosophe de Jacques Rancière, une incapacité: plutôt, «faire de l'histoire» que «faire l'histoire».

• Les lieux de mémoire

L'histoire hésite: elle hésite entre la longue durée et l'événement, qui n'est que «simple ride, écume des choses». En France, l'école des *Annales*, du nom de la revue du même nom fondée en 1929 par Lucien Febvre et Marc Bloch et dont Fernand Braudel, Jacques Le Goff, François Furet, Marc Augé seront des éminents représentants à la tête de l'École des hautes études en sciences sociales (EHESS), va privilégier la synthèse des savoirs sur la société en pratiquant une mesure des phénomènes sociaux à partir d'indicateurs simples, en donnant la primauté aux régularités sur l'accident, au répétitif sur l'incident, en utilisant une grille de lecture socio-économique. À l'opposé la micro-histoire, née en Italie des travaux de Levi, Guinzburg et Poni, se tourne vers le quotidien et s'efforce de mettre «un peu d'ordre dans le désordre du vécu quotidien», de valoriser l'incertain, l'exceptionnel, tant elle se méfie des analyses en terme de régularité.

Jeanne d'Arc : symbole de résistance.

1 Associez à ces dates les événements qui correspondent.

a. 1978 : ....

b. 1980 : ....

c. 1992 : ....

2 Classez les titres des livres cités suivant qu'ils rendent compte de :

a. une attitude : ....

b. un personnage : ....

c. un lieu : ....

d. une période : ....

e. une forme de gouvernement : ....

f. un phénomène social : ....

3 Quels sont les signes médiatiques de cet engouement pour l'histoire ?

....

4 Quelle explication le philosophe Jacques Rancière donne-t-il de cet engouement ?

....

5 Qu'est-ce qui caractérise le travail de l'école des *Annales* ?

....

6 Qu'entend-on par micro-histoire ?

....

7 Qu'est-ce qui différencie l'école des Annales et l'école italienne de la micro-histoire ?

....

....

8 Qu'est-ce qui justifie l'entreprise de Pierre Nora dans Les Lieux de Mémoire ?

....

....

Là où l'école des *Annales* valorise le «roman national» au travers de l'étude du temps long, l'école italienne ne peut que témoigner de la fragmentation historique d'une société en mal d'État.

L'entreprise de Pierre Nora, commencée au milieu des années 1970 et parue sous le titre *Les Lieux de Mémoire*, part du constat fait par l'école historique française d'un éclatement progressif de l'histoire nationale, d'une fragmentation de la conscience historique et de la dissolution du «roman national». Elle met en scène une représentation fragmentée de l'espace territorial et de l'unité nationale. Pierre Nora part du constat que «la nation de Renan est morte et ne reviendra pas. Elle ne reviendra pas parce que la dissolution du mythe national qui liait étroitement l'avenir au passé a eu pour effet mécanique l'autonomisation des deux instances: celle de l'avenir, rendu tout entier à son imprévisibilité; celle du passé, devenu tout entier patrimonial. Le passé n'est plus la garantie de l'avenir: là est la raison principale de la promotion de la mémoire comme agent dynamique et seule promesse de continuité». Le temps n'est plus ainsi vécu comme un temps historique, c'est-à-dire mettant en relation passé, présent et avenir. «À la solidarité du passé et de l'avenir s'est substituée la solidarité du présent et de la mémoire… La France comme "personne" appelait son histoire. La France comme identité ne se prépare un avenir que dans le déchiffrement de sa mémoire.» La France vit désormais à l'heure du patrimoine. «Il y avait autrefois "une" histoire nationale et "des" mémoires particulières; il y a aujourd'hui une mémoire nationale dont l'unité est faite d'une revendication patrimoniale divisée, en permanente démultiplication et recherche de cohésion.» La France «une» d'hier est aujourd'hui plurielle. La nation a laissé place au patrimoine. Le culte muséal qui tend à transformer tout lieu en musée et dont les plus symboliques sont le Centre Pompidou, simulacre de construction industrielle, et la transformation prochaine des usines Renault sur l'île Seguin en musée, l'enfer-

■ **Les Lieux de Mémoire**

La disparition rapide de la mémoire nationale appelle aujourd'hui un inventaire des lieux où elle s'est électivement incarnée et qui, par la volonté des hommes ou le travail des siècles, en sont restés comme les plus éclatants symboles: fêtes, emblèmes, monuments et commémorations, mais aussi éloges, archives, dictionnaires et musées.

Du haut lieu à sacralité institutionnelle, Reims ou le Panthéon, à l'humble manuel des enfances républicaines. Depuis les chroniques de Saint-Denis, au XIIIᵉ siècle, jusqu'au *Trésor de la langue française*; en passant par le Louvre, la *Marseillaise*, et l'*Encyclopédie Larousse*.

Le premier volume s'intitule *La République*: il en présente les symboles (les trois couleurs), les monuments (la mairie, les monuments aux morts), la pédagogie (*Le Tour de France par deux enfants*), les commémorations (le 14-juillet; les funérailles de Victor Hugo) et les lieux exemplaires de sa contre-mémoire (la Vendée; le mur des Fédérés).

La Nation (3 volumes) est articulée autour des principaux thèmes dont est chargée sa propre représentation: l'héritage lointain (chancelleries et monastères; sanctuaires royaux); l'historiographie (Grandes Chroniques, recherches de la France; Histoire de France de Lavisse); la manière dont en artiste, en savant, en voyageur (les guides Joanne) on a déchiffré ses paysages; la perception de son territoire (l'Hexagone), la constitution de son patrimoine (Viollet-le-Duc et la restauration), les images de l'État (Versailles; le Code civil), les lieux auxquels elle a confié l'expression de sa gloire (les statues de Paris; le nom des rues) et le rayonnement de sa culture et de ses mots (La Coupole; le Collège de France; les classiques scolaires).

Dans *Les France* apparaissent les France politique, sociale, religieuse et régionale.

mement dans de «très grandes bibliothèques» sont autant de témoignages de l'accumulation de capital patrimonial, comme si le présent n'était plus devant mais derrière nous.

9 Comment faut-il comprendre les expressions suivantes :

a. « le passé n'est plus la garantie de l'avenir » : ....

....

b. « À la solidarité du passé et de l'avenir s'est substituée la solidarité du présent et de

la mémoire » : ....

....

c. « La nation a laissé la place au patrimoine » : ....

....

10 À quels lieux de mémoire renvoient les éléments suivants :

a. *Le Tour de France par deux enfants* : ....

b. l'Hexagone : ....

c. le Code civil : ....

d. les statues de Paris : ....

e. le Panthéon : ....

f. le Collège de France : ....

g. la mairie : ....

h. la Vendée : ....

i. les funérailles de Victor Hugo : ....

*Lieu de mémoire de la défense de
la Nation menacée.*

LA PLACE DES FEMMES

1936, trois femmes sous-secrétaires d'État alors que les femmes ne sont pas électrices; 1945, 35 femmes élues députés; 1949, publication du *Deuxième Sexe* de Simone de Beauvoir; parution du magazine féminin *Elle*; 1956, *Et Dieu créa la femme* révèle Brigitte Bardot; 1956, parution de *Bonjour Tristesse* de Françoise Sagan, autant de dates, de livres, de mythes, symboles aujourd'hui, marqueurs à leur époque de l'évolution de la place de la femme dans la société française.

• Une lente conquête législative des libertés

C'est en 1944 que, par une ordonnance prise à Alger, le général de Gaulle, s'appuyant sur un vote de l'Assemblée du Front populaire en 1936, accorde le droit de vote aux femmes, faisant de la France, l'un des derniers pays à reconnaître l'égalité politique. Cette égalité politique se traduit peu dans la représentation des femmes à l'Assemblée nationale où en 1981, elles sont moins nombreuses qu'en 1945. Sans parler de leur représentation au gouvernement: il faut attendre 1974 pour que soit créé par le Président Giscard d'Estaing le secrétariat d'État à la Condition féminine, chargé de «promouvoir toutes mesures destinées à favoriser l'accès des femmes aux différents niveaux de responsabilité dans la société française et à éliminer les discriminations dont elle peut faire l'objet». Françoise Giroud, rédactrice en chef à ses débuts de *Elle* et cofondatrice de *L'Express*, sera la première à occuper ce poste; après 1981 et sous la présidence Mitterrand, il reviendra à Yvette Roudy, venue du militantisme féminin, de poursuivre l'œuvre législa-

tive entreprise. Signe des temps, le premier gouvernement du Président Sarkozy ne compte pas de ministère dédié à la Condition féminine mais autant de ministres hommes que femmes dont trois occupent les ministères régaliens de l'Intérieur, de la Justice et des Finances.

L'œuvre législative est marquée en 1965 par la reconnaissance pour l'épouse de la possibilité de gérer ses biens propres et de travailler sans l'autorisation de son époux; en 1967 par la loi Neuwirth qui autorise la contraception; en 1970 par la substitution de la notion d'autorité parentale à celle d'autorité paternelle; en 1975 par la possibilité pour la femme de participer au libre choix du domicile conjugal; en 1975 par la Loi Veil sur l'interruption volontaire de grossesse et par la loi sur le divorce par consentement mutuel.

Cette conquête des libertés spécifiques acquise, le débat s'est déplacé sur les questions liées à la vie professionnelle. Le congé de maternité indemnisé (1971), la première loi sur l'égalité professionnelle (1983), la loi sur la féminisation des noms de métier (1986), la loi sur le harcèlement (1992) ont constitué des avancées significatives. Le Manifeste pour la parité signée en 1996 par dix femmes de sensibilités politiques différentes et ayant occupé de hau-

Quand l'Assemblée nationale célèbre l'égalité homme-femme.

1 À quels événements correspondent ces dates ?

a. 1944 : ....

b. 1967 : ....

c. 1974 : ....

d. 1975 : ....

e. 1983 : ....

f. 1986 : ....

g. 1996 : ....

2 Quels sont les événements qui ont fait avancer la cause des femmes associés à ces personnalités ?

a. Simone de Beauvoir : ....

b. Françoise Giroud : ....

c. Brigitte Bardot : ....

d. Simone Veil : ....

e. Yvette Roudy : ....

f. Françoise Sagan : ....

g. Gisèle Halimi : ....

3 À quoi correspond le sigle MLF ?

....

....

4 Qu'est-ce que le Manifeste des 343 ?

....

5 Quel est l'objectif du mouvement Choisir ?

....

Planning Familial

Pilules

Préservatif masculin et féminin

Plaisirs et désirs

Retard de règles

Pilule du lendemain

Avortement

Sida

La contraception c'est un droit, c'est un choix

Campagne de sensibilisation par le principal organisme d'information sur la sexualité et les relations amoureuses.

6 À quoi correspondent ces pourcentages ?

a. 60 % : ....

b. 46% : ....

c. 20% : ....

d. 10% : ....

e. 25% : ....

tes fonctions publiques constitue depuis plus de dix ans le nouvel enjeu de l'égalité de traitement et de reconnaissance des femmes.

• Une action militante diversifiée

De nombreuses associations féministes, souvent très anciennes, avaient mis l'accent sur l'aliénation féminine dans la société. La parution en 1949 du *Deuxième Sexe* de Simone de Beauvoir, le succès et le retentissement au niveau international du livre, son fameux axiome existentiel, «on ne naît pas femme, on le devient», permettent une prise de conscience de la question féminine par de nombreuses intellectuelles et donne un nouvel essor au mouvement féministe français qui va emprunter deux voies: celle de la lutte des femmes et celui de l'information.

La lutte des femmes va trouver dans le mouvement de mai 1968 l'occasion de donner une nouvelle expression militante à leur combat: de multiples chapelles vont alors naître, du séparatisme lesbien au féminisme radical. Deux mouvements dominent cependant la scène militante: le MLF (Mouvement de libération des femmes) et l'association Choisir. Le MLF reprend à son compte l'essentiel de la revendication féminine et accompagne certaines actions spectaculaires comme le Manifeste des 343, où 343 personnalités en vue défiaient la loi en affirmant avoir avorté. L'association Choisir, créée par Gisèle Halimi en 1970, n'aura qu'un seul objectif: faire annuler la loi de 1920 sur l'avortement.

L'information des femmes va surtout être l'affaire des médias. Radio, télévision, presse, chacun de ces médias va contribuer à l'évolution de la culture féminine de masse: la radio avec l'émission quotidienne (1967-1981) de Ménie Grégoire, la télévision avec la série télévisée d'Éliane Victor, «Les femmes aussi» (1964-1973) et la presse écrite avec la naissance d'une presse féminine dont *Elle* sera le titre majeur.

• Une recherche de la parité dans le monde du travail

Tout commence à l'école: si la mixité est généralisée dans les années 1960, le taux de scolarisation des filles rejoint celui des garçons en 1965. Aujourd'hui, elles sont plus nombreuses (60%) que les garçons à obtenir le baccalauréat et elles réussissent mieux à l'université. Ces réalités cachent cependant des disparités: on déplore toujours qu'elles soient trop nombreuses dans les séries littéraires, surreprésentées dans les séries qui conduisent à des emplois tertiaires et que l'enseignement professionnel leur réserve les séries qui débouchent sur des emplois postés à faible valeur ajoutée.

Ce qui est sûr c'est qu'elles sont de plus en plus nombreuses à travailler: on est passé de 36% en 1968 à 46% en 2005 de la population active au point que neuf femmes sur dix âgées de 25 à 49 ans sont aujourd'hui actives et que l'écart entre le taux d'emploi masculin et le taux d'emploi féminin (11,5 points) est le plus faible d'Europe (15,5 en moyenne).

Cependant elles n'ont pas les mêmes carrières que les hommes: majoritaires (77%) parmi les employés, elles ne représentent que 36% des cadres et 24% des professions intellectuelles. Et puis elles n'occupent que 17% des postes de direction et ne sont que 20% à diriger une entreprise de plus de dix salariés. Dans la fonction publique, elles représentent un tiers du nombre d'enseignants-chercheurs et leur proportion se réduit quand il s'agit des préfets (5%) ou des ambassadeurs (10%).

S'agissant des salaires, on estime que le salaire des femmes est inférieur de 25% à celui des hommes; cet écart s'explique notamment par les différences dans les fonctions, les responsabilités exercées et l'ancienneté. Il devrait cependant se réduire sous l'effet du niveau d'éducation féminin toujours plus élevé et en moyenne supérieur à celui des hommes.

7 Retrouvez les pourcentages qui donnent une image de l'emploi féminin. Comparez avec votre pays.

a. Employés : ....   **d.** Postes de direction : ....

b. Cadres : ....   **e.** Préfet : ....

c. Professions intellectuelles : ....

8 Recherchez les informations et faites en cinq lignes le portrait des personnalités suivantes :

a. Simone de Beauvoir : ....

....

....

....

b. Françoise Giroud : ....

....

....

....

c. Simone Veil : ....

....

....

....

9 Comparez la situation et les droits de la femme en France et dans votre pays.

....

....

....

10 Faites une recherche sur le mouvement du Planning familial.

....

....

....

11 Expliquez le slogan de l'affiche du Planning familial.

....

....

....

LES ÉTRANGERS EN FRANCE

La France est une terre ancienne d'immigration et la population française s'est également construite par intégration successive de vagues d'immigrants. On estime en général que plus d'un tiers de la population française actuelle est d'origine étrangère à la première, deuxième ou troisième génération. Aujourd'hui, la population française compte 3,6 millions d'étrangers et 4,9 millions d'immigrés, hors immigrés clandestins (entre 350 000 et 500 000).

• Une immigration maîtrisée

Après les vagues polonaise et italienne des années 1930, c'est dans les années 1950-1960 que l'appel à la main-d'œuvre étrangère pour participer à la reconstruction puis à l'expansion du pays va prendre une dimension spectaculaire. Cette immigration a alors une double origine, ibérique et maghrébine : c'est parfois par villages entiers que Portugais, Marocains ou Algériens sont venus travailler en France,

Les amours difficiles et dangereuses d'une femme engagée et d'un militant algérien.

directement recrutés par des firmes françaises. Si l'immigration d'origine européenne reste majoritaire jusque dans les années 1970, avec un fort contingent de Portugais (760 000), à partir de 1982, les Européens représentent moins de la moitié du total des étrangers (48 % en 1982, 41 % en 2004).

La répartition des nationalités s'est donc largement modifiée au cours de ces 25 dernières années : si les Maghrébins ont fourni l'essentiel des nouveaux arrivants (1,4 million), 500 000 viennent d'Afrique subsaharienne et on compte 630 000 immigrés originaires d'Asie (Turquie et Chine), soit une augmentation de plus d'un quart en cinq ans.

Interrompue en 1974, la politique officielle d'immigration n'enregistre plus que des flux dérisoires (4 000 par an, hors immigration clandestine) ; ils traduisent les politiques successives mises en place qui vont du renforcement du contrôle aux frontières à la politique d'immigration choisie, qui tient compte des besoins en main-d'œuvre et des capacités d'accueil et d'intégration de la société. De fait, le solde migratoire de la France est l'un des plus faibles de l'Union européenne (62 000 personnes en 2008), ce qui ne contribue qu'à 25 % de l'augmentation de la population contre 80 % pour l'ensemble des 25 autres pays de l'Union européenne.

La proportion d'étrangers dans l'ensemble de la population est aujourd'hui de 5,3 %, un chiffre en baisse par rapport à 1982, son taux le plus haut. Cette baisse s'explique par l'accroissement du nombre d'acquisitions de la nationalité française par naturalisation, 108 000 en 2008, chiffre qui varie selon l'ancienneté de la présence, le pays d'origine et le motif de l'immigration : 40 à 60 % pour les Polonais, Espagnols et Italiens mais seulement 10 à 15 % pour les Turcs et les Marocains.

• Une intégration problématique

La France a une nostalgie des immigrations réussies qu'ont été dans des périodes de forte

1 Notez les populations qui ont participé à l'immigration organisée du travail et datez leur arrivée en France.

....

....

....

....

....

....

2 À quelles appartenances géographiques correspondent ces chiffres de population immigrée ?

a. 760 000 : ....

....

b. 1 400 000 : ....

....

c. 500 000 : ....

....

d. 600 000 : ....

....

Travail de mémoire : réhabilitation des soldats originaires du Maghreb qui ont combattu pour la France pendant la Seconde Guerre mondiale.

3 Quel est le nombre d'immigrés clandestins ? ....

4 À quels événements correspondent ces dates ?

a. 1974 : ....

b. 1982 : ....

c. 2005 : ....

5 Associez des pourcentages à ces données.

a. Pourcentage d'Européens par rapport au total des étrangers en 2004 : ....

b. Comparaison du taux de contribution du solde migratoire de la France à l'augmentation de la population

par rapport à la moyenne européenne : ....

c. Pourcentage de naturalisation :

– pour l'immigration ancienne : ....

– pour l'immigration récente : ....

croissance et de reconstruction les immigrations italiennes, polonaises, espagnoles ou portugaises : là le creuset républicain a fonctionné à plein : l'école, la communauté de travail, le milieu syndical et associatif, le sport ont joué leur rôle au mieux sans parler des mariages mixtes, des réussites professionnelles ou sportives et de l'adoption par les Français eux-mêmes d'habitudes alimentaires, voire d'expression des populations hôtes. À la deuxième génération, l'intégration était achevée.

Aujourd'hui, force est de constater que l'intégration est en panne.

Elle est en panne parce que l'intégration économique et sociale des immigrés est devenue plus difficile : trop cantonnés dans des emplois ouvriers, artisans et commerçants et sous-représentés dans les catégories d'employés, de cadres ou des professions intermédiaires sans parler des professions intellectuelles supérieures ; peu nombreux à accéder aux études supérieures ; à diplôme égal, moins bien accueillis dans la recherche d'emploi et bénéficiant de promotions moins importantes. À l'arrivée, le sentiment d'être, chez ceux de la seconde génération, ces citoyens de seconde zone qui ont motivé en 1982 la marche des «beurs» et le mouvement de solidarité «Touche pas à mon pote» ou ces citoyens «ghettoïsés» qui sont à l'origine des banlieues en flammes de 2005.

Elle est en panne pour des raisons culturelles : les Français ont le sentiment d'avoir à faire à des populations qui refusent de s'adapter aux modes de vie et aux valeurs du pays d'accueil et de voir se diffuser un communautarisme fondé sur l'appartenance ethnique ou religieuse dont le débat sur le port du voile islamique à l'école a été l'un des révélateurs.

• Un problème politique

La question de l'immigration pèse fortement sur le débat politique en France : elle a fait le succès du Front national, parti d'extrême droite, et elle est à l'origine, mêlée au thème de l'insécurité, de la défaite de la gauche en 2002. Elle a obligé l'ensemble des partis politiques traditionnels à se situer par rapport aux thèses du Front national. À droite, le candidat Sarkozy a réussi à traduire cette question dans le langage qu'une majorité de Français souhaitaient voir réaffirmer, à savoir le langage de l'autorité, des valeurs républicaines, du contrat d'intégration. La gauche entend continuer à cultiver la générosité de l'accueil, en phase avec le discours des droits de l'homme, prône une intégration par le dialogue, l'écoute, la mixité sociale et fait confiance aux mécanismes de redistribution traditionnels de la République (école, promotion sociale). Toutes les études montrent que l'Europe aura besoin d'une nouvelle vague d'immigration pour relever les nouveaux défis économiques et pallier le vieillissement de sa population : réussir et achever l'intégration des populations déjà présentes, choisir celles qu'à l'avenir on souhaite accueillir, maintenir le modèle républicain en l'état ou lui intégrer une dose de communautarisme, le débat politique sur l'immigration a de beaux jours devant lui.

Touche pas à mon pote : symbole de l'intégration créé à l'occasion de la marche des beurs.

6 Le débat sur l'immigration divise droite et gauche. Retrouvez les stratégies de chaque camp.

a. Droite : ....
....

b. Gauche : ....
....

7 Que révèle le débat sur le port du voile islamique ?

....
....
....
....

8 Qu'entend-on par « valeurs républicaines » et « modèle républicain » ?

....
....
....
....

9 Faites une recherche sur Claire Etcherelli, l'auteur d'*Élise ou la vraie vie*.

....
....
....
....

10 Comparez la politique de l'immigration conduite dans votre pays avec celle de la France.

....
....
....
....
....

4 LES GRANDES STRUCTURES

LES NOUVELLES FRONTIÈRES DES PARTIS POLITIQUES

La Constitution de la Ve République (1958) est la première à reconnaître l'existence et le rôle des partis politiques, même si elle ne leur accorde pas le monopole de l'expression de la volonté nationale. Mais ce n'est qu'en 1988 qu'une loi sur la transparence financière de la vie politique a précisé leur statut juridique et leur accordé un financement public (67 partis bénéficient de l'aide publique dont 28 dans les départements d'outre-mer) en rapport avec le nombre de voix obtenu aux élections nationales et avec le nombre de parlementaires qui se réclament d'eux.

La vie politique s'organise aujourd'hui autour d'un double clivage : le clivage traditionnel entre la droite et la gauche qui structure le débat politique et le clivage entre les partis de gouvernement (UMP, Union pour un mouvement populaire (à droite) et PS, parti socialiste (à gauche) et leurs alliés), « responsables » et « réalistes », et la nébuleuse des petits partis ou mouvements autocentrés sur un enjeu unique (l'écologie), protestataires (les partis d'extrême gauche) ou extrémistes (le Front national à l'extrême droite).

• L'opposition traditionnelle droite-gauche

Autant qu'à des positions idéologiques, l'appellation droite-gauche renvoie à une expression parlementaire liée à la disposition dans l'espace à l'Assemblée nationale où les partis (socialiste, communiste, radical, écologiste) sont placés à gauche pendant que les partis (gaulliste, indépendant, centriste) occupent la droite de l'hémicycle.

Cependant la formation de cette opposition remonte à la Révolution française (1789-1799) où l'on peut repérer l'émergence et la concurrence tant à droite qu'à gauche entre trois familles : à droite, on distingue les légitimistes (traditionalistes et réactionnaires), les orléanistes (libéraux et modérés) et les bonapartistes (centralisateurs et populaires) ; à gauche se font face trois gauches, girondine (décentralisatrice et modérée), jacobine (centralisatrice, étatiste et autoritaire) et sans-culotte (dissidente).

Aujourd'hui, cette opposition est visible formellement :

– dans le regroupement des votes qui sont opérés après chaque élection où l'on distingue, à gauche, l'extrême gauche, le Parti communiste, le Parti socialiste, les Verts et les radicaux de gauche et, à droite, le Nouveau Centre, l'UMP, les divers droites (Centre national des indépendants, souverainistes) et l'extrême droite ;

– dans les regroupements en alliances que les modes de scrutin imposent et qui conduisent à parler de « deux camps » autour des deux partis majeurs qui, depuis la fin des années 1970, structurent la vie politique française : l'UMP et le PS. Ces alliances ont eu chacune à surmonter deux interdits majeurs : pour la gauche, dans les années 1970, jusqu'à l'élection en 1981

1 À quoi correspondent ces deux dates :

a. 1958 : ....

b. 1988 : ....

2 À quels partis correspondent ces caractérisations ?

a. Responsable : ....

b. Protestataire : ....

c. Extrémiste : ....

d. Autocentré : ....

3 Faites correspondre les partis politiques d'aujourd'hui aux familles politiques apparues pendant la Révolution.

a. Légitimiste : ....

b. Orléaniste : ....

c. Bonapartiste : ....

d. Girondin : ....

e. Jacobin : ....

f. Sans-culotte : ....

4 Quelles sont les deux formations politiques autour desquelles se nouent les alliances de gouvernement ?

....

5 Quels sont les interdits d'alliances qui ont pesé sur la droite et la gauche ?

....

6 Ces choix politiques sont-ils de droite ou de gauche ?

	Droite	Gauche
a. Autorité de l'État :		
b. Défense de l'impôt :		
c. Décentralisation :		
d. Responsabilité individuelle :		
e. Pro-européen :		
f. Indépendance nationale :		
g. Libéral :		
f. État-Providence :		

de François Mitterrand, l'interdiction d'alliance avec le PC considéré comme «prenant ses ordres à Moscou»; pour la droite, l'interdiction d'alliance avec l'extrême droite du Front National (FN) considérée comme ne se réclamant pas des valeurs démocratiques liées aux droits de l'homme. Ces deux alliances ont surmonté cet interdit toutes les deux de la même manière, en «cannibalisant» leur adversaire, le PS en captant les électeurs modérés du PC passés des emplois ouvriers aux emplois de services, l'UMP en reprenant à son compte, mais dans un langage recevable et dégagé de références extrémistes, le discours sur l'ordre, la sécurité et la maîtrise des flux migratoires.

Mais elle reste également visible idéologiquement:

– la droite se réclame économiquement du libéralisme et entend que l'individu puisse jouir des fruits de sa réussite, revendique administrativement l'autorité de l'État, défend socialement un rééquilibrage entre responsabilité individuelle et prise en charge collective; elle est pro-européenne et prône une politique d'indépendance nationale à l'intérieur des alliances auxquelles la France appartient;

– la gauche se veut économiquement davantage interventionniste et défend l'impôt comme moyen égalitaire de redistribution, croit à une régulation du marché par l'État, prône administrativement une diffusion de la responsabilité par la décentralisation et la régionalisation, défend socialement l'extension de l'État-Providence; elle est également pro-européenne et défend le droit à la diversité culturelle dans la mondialisation.

• **Courants, mouvements, clubs et tendances…**

Cette ligne de partage commode pendant les périodes électorales est souvent niée par les partis eux-mêmes: les gaullistes évoquent souvent le «rassemblement» au-delà des partis, l'extrême droite se dit «Français d'abord», les écologistes militent pour les valeurs post-matérialistes, l'extrême gauche entend se

situer du côté de la lutte des classes, sans parler des centristes qui veulent «faire de la politique autrement».

Quant aux partis, ils sont eux-mêmes traversés de courants, tendances, clubs ou mouvements: libéralisme «culturel», rigorisme, atlantisme, question sociale, place du marché, questions militaires font qu'être à droite ou à gauche ne prend son sens que de manière contextualisée, et que cette manière peut aboutir à des convergences surprenantes comme l'a montré le référendum de 2005 sur le traité constitutionnel européen où l'on a vu se rejoindre des souverainistes de droite, des républicains nationaux de gauche et les deux extrêmes droites et gauches qui n'ont pas hésité pour les deux premiers à transgresser les choix démocratiquement faits par leur parti.

Cette tendance à la fragmentation reflète la nécessité pour les partis de promouvoir le débat interne jusqu'au choix démocratique de leur champion, comme l'a montré la dernière campagne présidentielle avec le choix plébiscité de Nicolas Sarkozy à droite et le choix surprise pour certains de Ségolène Royal par les militants à gauche.

■ **Comment on parle des partis, tendances et mouvements politiques…**

• La droite peut être: gaulliste, néo-gaulliste, bonapartiste, libérale, néo-libérale, ultra-libérale, réactionnaire, conservatrice, réformatrice, classique, républicaine, nationaliste, modérée.

• La gauche peut être: sociale-démocrate, sociale-libérale, américaine, réformiste, «caviar», morale, radicale, marxiste, républicaine, internationaliste; on peut parler de deuxième, troisième, nouvelle gauche, de gauche de gouvernement.

• L'extrême gauche peut être révolutionnaire, gauchiste, trotskyste, stalinienne, protestataire, paléo-marxiste, archéo.

• L'extrême droite peut être fasciste, populiste, poujadiste, nationale-populiste, provocatrice, radicale, dure.

• Le centre (gauche ou droit) peut-être mou, modéré, réformateur, rassembleur.

7 Attribuez ces expressions aux courants et tendances auxquels ils appartiennent.

a. Rassemblement : ....

b. Français d'abord : ....

c. Faire de la politique autrement : ....

8 Citez un cas d'« alliance contradictoire » et expliquez pourquoi.

....

9 À partir de l'encadré (Comment on parle des partis…), classez les adjectifs selon qu'ils se rattachent à :

a. un personnage : ....

b. une idéologie : ....

c. une référence institutionnelle : ....

d. une attitude : ....

e. un événement historique : ....

10 Comparez le vocabulaire pour caractériser les partis politiques utilisés dans votre pays avec celui utilisé en France.

....

Les attributs des représentants politiques : écharpe, cocarde ou plaque.

LES SYNDICATS ET LES CONFLITS SOCIAUX

Depuis la IVᵉ République (1946-1958), le droit de grève, la liberté syndicale sont inscrits dans la Constitution. La représentation du personnel dans l'entreprise, légalisée en 1936, sera confirmée en 1945 en même temps que celle dans les comités d'entreprise, et la présence de délégués syndicaux est un acquis de 1968.

• La représentation et l'image des syndicats

Avec 6,8 % de la population active, la France possède le plus faible taux de syndicalisation de toute l'Europe ; ce taux a été divisé par six depuis le début des années 1950 ; il ne dépasse pas 5 % dans le secteur privé et approche les 15 % dans le secteur public, soit en nombre de syndiqués autour de 2,5 millions dont une majorité a plus de 40 ans, même si un certain renouvellement est en cours.

À cela s'ajoute que les Français sont sceptiques sur le rôle joué par les syndicats : en 2006, ils n'étaient que 26 % à leur faire confiance pour défendre leurs intérêts contre 69 % à préférer une solution individuelle ou coordonnée avec d'autres salariés. Cette crise de confiance s'explique par la perception que les Français ont des syndicats qu'ils jugent avoir « une approche trop idéologique » (67 %) ou dont ils ont le sentiment que « les syndicats ne comprennent pas bien leurs préoccupations » (36 %).

• Les organisations

Le syndicalisme français reproduit les lignes du partage idéologique dont il est issu : utopie collectiviste du XIXᵉ siècle, doctrine sociale de l'Église (1891), leçon de la Révolution russe communiste (1917) ou solidarité professionnelle. On distinguera donc entre les organisations contestataires et les organisations réformistes, auxquelles il faut adjoindre aujourd'hui un nouveau type d'organisation, les coordinations.

Parmi les organisations contestataires, on trouve aujourd'hui :

– la CGT (Confédération générale du travail), fondée en 1895, longtemps liée étroitement au PC, compte environ 900 000 adhérents ; elle est très présente dans les grandes entreprises publiques ou ex-publiques (EDF, SNCF, Renault, Sociétés portuaires) et continue à exercer le contrôle de l'embauche dans certains secteurs (presse, activités portuaires) ; longtemps considérée comme la « courroie de transmission du PC », la CGT représente souvent des positions maximalistes en lien avec une idéologie du changement de société ; sa posture contestataire ne la porte pas à la signature de compromis ;

– SUD (Solidaires, Unitaires, Démocratiques), jeune syndicat fondé en 1981 par des exclus de la CFDT, est un syndicat de lutte (90 000 adhérents) très présent à la SNCF qui se distingue par des actions spectaculaires et surtout stratégiques liées à une bonne connaissance des dispositifs industriels et de la manière de les bloquer :

– FO (Force ouvrière), avec ses 300 000 à 400 000 adhérents, née de la scission d'avec la CGT (1948) et soutenue à l'origine par le syndicalisme américain ; il constitue une mosaïque anarcho-syndicaliste allant de tendances trotskystes à de multiples obédiences maçonniques en passant par le vieux militantisme socialiste. Bien implanté dans la fonction publique, il est passé d'une stratégie réformiste qui en faisait le partenaire privilégié de l'État et des entreprises à une stratégie revendicative qui préfère la lutte et la défense des avantages acquis ;

– la FSU (Fédération unitaire de l'enseignement, de l'éducation, de la recherche et de la culture), fondée en 1993 par les exclus de la FEN (Fédération de l'éducation nationale), regroupe 200 000 adhérents ; elle représente un syndicalisme professionnel enseignant dont les positions sont idéologiquement fortement marquées par une gauche contestataire.

Les organisations réformistes comprennent :

– la CFDT (Confédération française démocratique du travail), créée en 1964 par abandon de

1 **À quels droits syndicaux sont associées ces dates ?**

a. 1883 : ....

b. 1946-1958 : ....

c. 1936 : ....

d. 1945 : ....

e. 1968 : ....

2 **À quoi correspondent ces pourcentages ?**

a. 6,8 % : ....

b. 5% : ....

c. 15% : ....

d. 26% : ....

e. 67% : ....

f. 36% : ....

3 **Que signifient ces sigles ?**

a. CGT : ....

b. FO : ....

c. CFDT : ....

d. SUD : ....

e. FSU : ....

f. FEN : ....

g. CFTC : ....

h. UNSA : ....

Le 1ᵉʳ Mai reste une fête symbolique pour l'ensemble des syndicats.

4 **Attribuez ces expressions aux syndicats concernés.**

a. « courroie de transmission du PC » : ....

b. « mosaïque anarcho-syndicaliste » : ....

c. « syndicalisme réformiste à la française » : ....

d. « co-gestionnaire » : ....

e. « syndicalisme confessionnel » : ....

sa référence à la doctrine sociale de l'Église, regroupc 815000 adhérents (2008); elle est surtout soucieuse d'asseoir le renforcement du pouvoir syndical dans l'entreprise; ses positions vont largement inspirer les législations des gouvernements socialistes après 1981 qui cherchent à socialiser les conflits par l'obligation annuelle de négociation dans l'entreprise. Dotée d'une forte expertise, soucieuse de préserver les acquis du modèle social français, elle privilégie sa rénovation par la négociation et la recherche du consensus. Devenue dans les années 1990 le centre de l'espace syndical, elle bénéficie dans l'opinion d'une excellente image de syndicat responsable qui cherche à inventer un syndicalisme réformiste à la française;

– la FEN (Fédération de l'éducation nationale) (1947), syndicat catégoriel des enseignants, fort de taux de syndicalisation exceptionnel chez les instituteurs, a longtemps été considérée comme co-gestionnaire du ministère de l'Éducation. Connectée aux mouvements laïcs d'éducation populaire, elle dispose de relais mutualistes puissants dans l'assurance et la vente de biens de consommation. Aujourd'hui, elle est une des principales composantes de l'UNSA (Union nationale des syndicats autonomes);

– la CFTC (Confédération française des travailleurs chrétiens) (1919) maintient un syndicalisme confessionnel résiduel depuis la laïcisation et la scission d'avec la CFDT; elle revendique un peu moins de 100000 adhérents et s'inscrit dans une tradition réformiste de la doctrine sociale de l'Église.

• Les modalités d'action

Le syndicalisme ouvrier, légalisé en 1883, a eu du mal à s'imposer. Le patronat refusera longtemps à l'État le droit d'intervenir dans le fonctionnement de l'entreprise et déniera aux salariés tout droit à la représentation collective. D'où cette méfiance et ce rejet entre syndicats et entreprises qui va marquer les rapports sociaux jusqu'à aujourd'hui.

D'où un répertoire d'actions qui ignore la négociation et privilégie l'affrontement symbolisé par la grève (corporative, sectorielle ou générale) et la manifestation mais qui a peu recours au boycott ou au sabotage. Des choix stratégiques antagonistes conduisent les syndicats soit à accompagner les réformes et les politiques gouvernementales (FO jusqu'en 1978 et la CFDT depuis 1995), soit à se montrer hostiles (CGT).

Syndicalisme de militants plus que syndicalisme d'adhérents, ce syndicalisme majoritaire (CGT, CFDT, FO) a tendance à ne défendre que les acquis sociaux et les conquêtes ouvrières et donc à peu prendre en compte les nouvelles revendications. Elles sont désormais portées par des syndicats comme SUD favorables à des actions multiformes, au recours aux occupations d'usine et aux menaces de destruction dans les conflits sur l'emploi. Peu portés à la cogestion et à la codécision, les syndicats apparaissent à la fois comme les organisations les plus nombreuses mais aussi comme les plus décriées pour leur corporatisme, leur anti-économisme et leur propension à ne défendre que les nantis protégés par leurs statuts.

Les syndicats sont massivement implantés dans les services publics.

5 Qu'est-ce qui caractérise les relations entre syndicats et entreprises ?

....
....
....
....

6 À partir de la lecture des choix stratégiques de chaque candidat, caractérisez et donnez des exemples de ce qu'on nomme :

a. une action réformiste : ....
....
....

b. une action contestataire ....
....
....

7 Comment l'opinion publique juge-t-elle les choix et les modalités d'action des syndicats ?

....
....
....

8 Sur le modèle du slogan « Le 1er Mai j'y vais » de la CGT, fabriquez un slogan d'incitation à la mobilisation qui reflète la tendance de chacun des syndicats suivants :

a. SUD : ....
....

b. CFDT : ....
....

c. FO : ....
....

d. FEN : ....
....

LES RELIGIONS

La France est un pays de tradition catholique où les valeurs judéo-chrétiennes continuent à structurer la société. Cependant depuis 1905, il existe une loi de séparation des Églises et de l'État. L'appartenance religieuse des Français se répartit comme suit : 62 % se disent de religion catholique, 6 % musulmane, 2 % protestante, 1 % juive.

• La crise de l'Église catholique

Diminution du nombre de catholiques (62 % contre 80 % dans les années 1950), crise des pratiques (la confession est marginale et la messe ne concerne que 5 % des pratiquants), l'Église catholique est la grande perdante de la sécularisation de la société française.

Au-delà du calendrier religieux qui structure encore la vie sociale, l'Église reste surtout pour les Français le témoin associé aux trois grands moments de leur existence : la naissance avec le baptême, le passage à l'âge adulte avec le mariage et la mort avec les funérailles. Sur le plan moral, ses prises de position (chasteté, contraception, protection sexuelle) exercent peu d'influence. À s'être désengagée de la vie sociale (activités sportives, de loisirs et culturelles pour les jeunes, soins apportés aux personnes âgées, participation au mouvement syndical et étudiant), l'Église catholique a perdu son rôle et sa visibilité dans la structuration de l'ordre social.

• L'islam, deuxième religion de France

Avec cinq millions de musulmans (90 % de sunnites), l'islam est devenu la deuxième religion de France. Elle le doit aux différentes vagues d'immigration du Maghreb, de Turquie, d'Afrique noire et d'Asie. 900 imams, la plupart d'origine étrangère, 2000 lieux de prière, la construction de mosquées dans de nombreuses villes traduisent la place qu'occupe l'islam de France, un islam désormais structuré autour du Conseil national du culte musulman. L'islam

Le clocher rythme et structure le paysage français.

rencontre cependant une certaine hostilité liée à la place de la femme et au refus de certains de se plier au principe républicain de laïcité.

• Le protestantisme

La Fédération protestante, qui regroupe 1,3 million de pratiquants, comprend seize Églises dont les plus importantes sont les calvinistes, les luthériens et la mouvance évangélique. Le protestantisme conserve ses zones de présence à l'Est et dans le Sud. Minorité active, ses valeurs d'individualisme et de libéralisme, son ouverture quant à la morale personnelle imprègnent désormais la société française bien au-delà du cercle des pratiquants.

• Le judaïsme

La communauté religieuse juive compte un peu moins d'un million de membres ; c'est la plus

1 À quoi correspondent ces chiffres ?

a. 62 % : ....

b. 6% : ....

c. 2% : ....

d. 1% : ....

e. 100 : ....

f. 5% : ....

2 À quels moments de l'existence des Français la religion catholique est-elle encore associée ?

....

....

3 Jusque dans les années 1960, par quels moyens l'Église catholique assurait-elle sa visibilité ?

....

....

4 À quelle réalité de la religion islamique correspondent ces données ?

a. 5 millions : ....

b. 900 : ....

c. 2 000 : ....

5 Quels sont les signes d'intégration et de rejet de l'islam par la société française ?

....

....

....

6 Par quoi le protestantisme imprègne-t-il la société française ?

....

....

7 Quels sont les signes du renouveau du judaïsme ?

....

....

POUR L'ÉGLISE NON PLUS, L'ARGENT NE TOMBE PAS DU CIEL !!!

denier de l'Église catholique

Donner, pour continuer à recevoir.
Diocèse de Sens-Auxerre

Les Églises doivent trouver leur propre financement dans un État laïc comme la France.

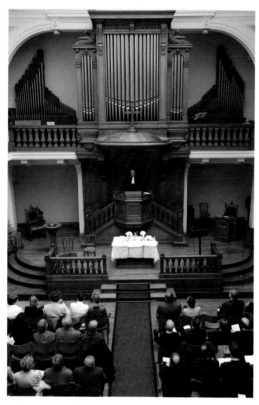

Communauté protestante : une influence au-delà du cercle des pratiquants.

L'islam de France : entre intégration et intégrisme.

importante d'Europe. Elle se répartit entre ashkénazes (40 %) venus d'Europe centrale et sépharades (60 %) venus d'Afrique du Nord après la décolonisation. Elle est surtout présente dans les grandes villes dont Paris, Marseille, Strasbourg et Lyon. Le renouveau du judaïsme se traduit par un retour aux pratiques religieuses traditionnelles.

• La nouvelle religiosité

L'attention portée aux sagesses venues d'Asie (bouddhisme tibétain, hindouisme), le succès des sectes venues d'Amérique du Nord après 1968 (Témoins de Jéhovah, Enfants de Dieu, secte Moon, Méditation transcendantale, Église de scientologie) concernent aujourd'hui environ 800 000 Français. Cela témoigne d'une tendance à se bricoler de manière individuelle des croyances et une morale soustraite aux influences des Églises.

■ À savoir

• 55 % des Français croient en Jésus.

• 53 % des musulmans de France pensent qu'il ne faut pas interdire les signes et tenues qui marquent une apparence religieuse.

• 84 % des catholiques pratiquants et des musulmans sont pour le maintien de la loi de 1905 de séparation des Église et de l'État.

• 79 % des Français considèrent qu'un Français musulman est aussi français qu'un autre Français.

• 92 % des Français estiment qu'un Français juif est aussi français qu'un autre Français.

8 À quelles religions appartiennent ces mouvements et dites s'ils renvoient à :

	Religion	Un personnage historique	Un courant	Une ethnie
a. luthérien :				
b. calviniste :				
c. Moon :				
d. sunnite :				
e. sépharade :				
f. ashkénaze :				
g. bouddhiste tibétain :				

9 Quelles réflexions vous inspirent les pourcentages figurant dans l'encadré ?

a. Sur la volonté d'intégration des musulmans dans la société française : ....

....

b. Sur la perception que les Français ont des musulmans et des juifs : ....

....

c. Sur le lien entre société civile et religion : ....

....

Synagogue : le judaïsme en plein renouveau.

LES CONTRE-POUVOIRS

Le militantisme politique et le taux de syndicalisation ne placent pas vraiment la France parmi les champions en Europe.

• Faiblesse de la représentation syndicale et politique

Le militantisme politique concerne peu de Français : on estime que le taux d'appartenance à un parti n'a jamais dépassé plus de 2,7 % de la population de plus de 18 ans. Et encore ce taux a-t-il fortement varié, de 1,5 % à 2,7 %, les deux périodes de pointe correspondant l'une à l'arrivée de la gauche au pouvoir en 1981, l'autre au retour de la droite au pouvoir au milieu des années 1990. L'apparition de nouvelles formations (écologistes, Front national) compense les pertes des partis traditionnels (notamment du Parti communiste).

Le taux de syndicalisation a toujours été l'un des plus bas d'Europe, tombé aujourd'hui à environ 6,8 % de la population active au point qu'on ait pu parler d'un «syndicalisme sans syndiqués». Cette chute est à rapporter à la diminution constante du nombre de jours de grève (3,5 millions de journées en 1970, 335 000 dans les années 2000) et à l'augmentation constante de l'abstention à l'occasion des élections professionnelles (65 %).

• Renouveau de l'action associative

Les Français sont souvent membres d'une association. Depuis les années 1970, le nombre d'associations créées a été multiplié par deux. À côté des associations traditionnelles (type associations de parents d'élèves) qui déclinent, apparaissent des associations souvent liées à une cause morale comme l'environnement, l'antiracisme, le respect des droits de l'homme, l'altermondialisme, l'action humanitaire (les Restos du cœur) ou liées à certains groupes minoritaires (les immigrés, les homosexuels).

De la même manière, l'incapacité syndicale à prendre en charge certaines revendications conduit à la création de nouvelles formes d'action collective avec notamment le rôle des coordinations : coordination chez les étudiants, les infirmières, les chauffeurs routiers, les agriculteurs mais aussi les employés de la SNCF.

Le répertoire des actions tend lui aussi à s'élargir comme l'ont montré les initiatives d'associations (Droit au logement (DAL), Droits Devant !, AC (Action citoyenne), Act Up) en faveur des locataires expulsés, des immigrés en situation irrégulière, de l'intégration des immigrés, de la lutte contre le sida ou comme les actions des collectifs dans les occupations d'usines menacées de délocalisation.

• Importance de la manifestation

Les Français trouvent dans l'affrontement un mode de relation et d'expression qui correspond à leur nature et à leur culture.

D'où la place particulière qu'occupe la manifestation dans cette culture de l'affrontement. Elle est un indicateur d'engagement politique et le moyen d'action privilégié en cas de crise. Elle tient lieu de révélateur du rapport de force : c'est ainsi qu'en 1995, le Premier ministre d'alors, Alain Juppé, avait fixé à un million le nombre de manifestants contre son projet de réforme de la Sécurité sociale et des retraites nécessaire pour entraîner la chute de son gouvernement. La manifestation a souvent un objet unique (le rejet d'un projet de loi) et oblige à une prise de position simplifiée (pour ou contre) : la répression policière en 1968 a été le déclencheur des manifestations monstres de mai 1968, le projet d'unification du système éducatif en 1984, la défense de l'école publique en 1994 ont conduit des groupes très différents à se retrouver sur la défense de ces principes avec lesquels les Français ne transigent pas.

1 Relevez les chiffres qui traduisent la faiblesse de la représentation syndicale et politique en France.

....

2 Quelles sont les causes pour lesquelles les Français s'engagent volontiers dans une association ?

....

3 Qu'est-ce qu'un collectif ?

....

4 Retrouvez de quel type de problème s'occupent les associations suivantes :

a. Droit au logement : ....

b. Act Up : ....

c. Les Restos du Cœur : ....

5 Où reconnaît-on la culture de l'affrontement chère aux Français ?

....

6 À quelles grandes manifestations correspondent les dates suivantes :

a. 1968 : ....

b. 1984 : ....

c. 1994 : ....

d. 1995 : ....

7 À quels principes constitutifs de l'identité française revoient chacune de ces grandes manifestations ?

....
....
....
....
....

Rituel de la manifestation.

5 L'INDIVIDUALISME

LA SOCIÉTÉ DE CONSOMMATION

À partir des années 1950, passé le temps des restrictions de l'après-guerre, la France va connaître un développement spectaculaire de la consommation qui progresse de plus de 4 % par an. Au fil du temps, elle va traduire des changements profonds, passant de la satisfaction des besoins collectifs primaires à une consommation de plus en plus individualisée.

• De l'équipement pour tous…

Le développement de la consommation touche d'abord l'équipement de la maison: l'amélioration du bien-être passe par les équipements en appareils ménagers (réfrigérateur, machine à laver, aspirateur, cuisinière à gaz) mais aussi par l'amélioration de l'habitat (équipement en chauffage central et généralisation des salles de bains). Il passe aussi par une nouvelle distribution des espaces: la salle de séjour, équipée d'un mobilier contemporain autour de l'objet culte, le téléviseur, dont la diffusion se développe à partir de 1958, devient le lieu de vie de la famille, l'espace-repas se réduit à un coin avec une table, la cuisine devient uniquement un espace fonctionnel où l'on ne reste pas et les chambres définissent un nouveau rapport à l'intimité, les enfants bénéficiant désormais d'espaces indépendants qu'ils aménagent à leur goût.

Dans le même temps, on observe une modification profonde de la structure de la consommation: entre les années 1950 et la fin des années 1980, la part de l'alimentation sera divisée par deux tandis que celle de l'équipement de l'habitat sera multipliée par deux, celle des moyens de transport multipliée par trois et que la part consacrée à la santé et aux loisirs ne cessera de progresser.

Deux phénomènes marquent la période: l'accession à la propriété qui voit passer le nombre

L'hypermarché, symbole d'un mode de consommation des Français.

de propriétaires âgés de 40 ans de 20 % en 1955 à plus de 50 % aujourd'hui. La maison individuelle, symbole d'autonomie, se développe beaucoup plus vite que le logement collectif; elle va engendrer un développement du bricolage (et un essor des magasins qui vont avec) et du jardinage (on plante jusqu'à 15 millions de rosiers chaque année et on compte jusqu'à 12 millions d'espaces clos jardinés).

Second phénomène, la croissance du parc automobile qui touche toutes les classes et qui passe de 21 % des ménages équipés en 1953 à 75 % en 1988. Des modèles devenus mythiques symbolisent cette époque: les classes populaires plébiscitent la 2 CV Citroën (1948), la 4 CV de Renault (1947) puis la 4 L en 1961 et la R5 en 1972. Les classes moyennes trouvent leurs modèles de référence chez Peugeot (403) et les cadres chez Citroën avec la DS qui, en 1954, révolutionne le design et le confort automobiles. Désormais le travail, les modes de vie et les loisirs seront intimement liés à l'automobile: services à domicile, départs en week-end, vacances loin du domicile ou à l'étranger sont rendus possible par ce développement de l'automobile.

1   **Relevez les signes qui marquent :**

a. l'accession au confort : ....

....

....

b. les changements d'affectation de l'espace : ....

....

....

2   **Indiquez quels secteurs de consommation montent (↗) ou chutent (↘).**

a. équipement de la maison : ....   **c.** budget transport : ....

b. alimentation : ....   **d.** santé et loisirs : ....

3   **Comparez avec ce qui se passe dans votre pays.**

4   **À quoi correspondent ces chiffres ?**

a. 20 % ➔ 55 % ....   **b.** 21 % ➔ 75 % ....

5   **. Qu'est-ce qu'ont permis :**

a. le crédit : ....

....

b. La publicité : ....

....

6   **Retrouvez les innovations technologiques qui apparaissent dans les années :**

a. 1970 : ....

b. 1980 : ....

c. 1990 : ....

7   **À quels signes voit-on le passage d'une société de satisfaction des besoins collectifs à une société de satisfaction des besoins individuels ?**

....

....

....

Mais cet avènement d'une société de consommation n'aurait pas été possible sans l'émergence de nouveaux modèles de consommation:
– la possibilité d'avoir tout et tout de suite par le recours au crédit et donc à l'endettement par l'intermédiaire des grands groupes de crédit à la consommation et des banques qui se transforment d'organisme de dépôt en organisme de crédit;
– la possibilité d'avoir un accès garanti et selon ses moyens aux biens de consommation avec l'apparition des hypermarchés (le premier hypermarché Carrefour ouvre en 1963) qui vont être un incontestable facteur de démocratisation de la consommation.

Le recours massif à la publicité va être un puissant moteur d'unification des goûts du corps social et de diffusion d'un modèle social que chacun, selon ses moyens, tente de reproduire ou duquel il tend à se rapprocher: le livre de Georges Perec, *Les Choses* (1965), peint de manière ironique cette tentative et cette aspiration.

• ...à la consommation individuelle

Le début des années 1970 est marqué par une saturation des besoins premiers en équipement; ce sont, dans les décennies qui suivent, les innovations technologiques qui soutiennent la consommation, surtout la consommation liée aux loisirs: la télévision couleur dans les années 1970, le magnétoscope et le magnétophone à cassettes dans les années 1980, le multimédia à partir du milieu des années 1990 accompagnent ce changement dans les modes de consommation.

À partir des années 1980, ce que cherche le consommateur, c'est à satisfaire des besoins individuels. Et le marché va lui en offrir les moyens au nom de l'usage individualisé que chacun fait de ces objets, liés pour l'essentiel aux activités de loisirs et de culture. À chacun son usage de la chaîne hi-fi, de la télévision, du baladeur et aujourd'hui du téléphone portable, de l'iphone et bien sûr de l'ordinateur. D'où la multiplication de ces objets au sein d'une même famille.

De la même manière, le nombre de véhicules se multiplie qui correspondent à des usages différenciés et reflètent aussi des différences de moyens: les constructeurs segmentent leur offre de plus en plus finement: voitures familiales multifonctions (type Espace) ou monospaces (Scenic, Picasso), coupés individuels (type Peugeot 207 ou 307), voitures de ville (type Twingo ou C2) voisinent avec les adeptes de la moto pour la route, de la Vespa ou du vélo pour la ville.

À partir du milieu des années 1990, sous l'effet de la crise, les cibles de la consommation changent: la santé et tout ce qui a trait au corps, son apparence et son maintien, l'écologie et ses appels à une consommation raisonnée et responsable, l'authenticité sous la forme de produits du terroir, la solidarité avec la montée en puissance du commerce solidaire témoignent d'une consommation dominée par l'éthique.

À partir des années 2000, la consommation va s'adresser à plusieurs individus en un seul; c'est le rôle et le succès des produits plurifonctionnels: vêtements (sportswear), santé (santé et beauté), déplacement (véhicules multifonctionnels), multimédia (triple play ADSL, téléphonie, télévision), alimentation (plaisir et bien-être). Tout se passe comme si consommer aujourd'hui ce n'était plus simplement *vivre* et *avoir* mais *être*, comme si la consommation contribuait à se sentir bien dans sa peau.

La culture a aussi ses hypermarchés.

8 Quelles sont les fonctions de chacun de ces produits :

a. Sweatshirt : ....

b. Yaourt : ....

c. Wifi : ....

d. Monospace : ....

9 À partir des informations de l'encadré, dites quels sont les groupes qui :

a. ont un pouvoir d'achat élevé : ....

....

....

b. sont prescripteurs : ....

....

....

c. ont un fort taux d'équipement : ....

....

....

d. ont un mode de vie de citadin à la campagne : ....

....

....

■ **Les consommateurs cibles**

On classe les consommateurs selon leur âge ou leur situation familiale.

• L'âge – La consommation privilégie deux cibles : les jeunes, parce qu'ils sont autant consommateurs que prescripteurs ; les « seniors », parce qu'ils ont le pouvoir d'achat le plus élevé et qu'ils sont disponibles.

• La situation familiale – À côté du couple biactif avec deux enfants, on compte une diversité croissante de situations : veufs ou divorcés remariés ; familles monoparentales ; familles recomposées ; couples non cohabitants et ceux qu'on appelle les solos : 8 millions de personnes au fort taux d'équipement et gros acheteurs, à qui on réserve une offre spécifique : plats cuisinés ; clubs de vacances ; séries télé ; sites de communautés et de rencontres sur Internet. À côté de ce groupe émerge un nouveau groupe, les rurbains, qui ont choisi de vivre à la campagne pour la qualité de la vie et qui conservent leurs habitudes de consommation d'ex-urbains.

Développement massif des achats sur Internet dont les sites de vente par correspondance concurrencent les hypermarchés.

Temps du loisir… temps du bricolage.

LA RÉVOLUTION DU TEMPS LIBRE

L'accroissement régulier du temps libre est lié à la réduction du temps de travail. Depuis le milieu des années 1980, le temps disponible pour soi est plus important que le temps passé au travail. En moyenne, les Français disposent d'un temps libre équivalent au temps de travail: soit environ 7 heures par jour. Leur temps libre comprend le temps pour les loisirs (télévision, lecture, sport, promenade, jeux, soit 3 h 35), le temps de sociabilité (téléphone, conversations, visites, soit 1 heure), le temps passé à table (2 h 15), le bricolage, jardinage, soin aux animaux (18 minutes), le transport lié aux loisirs (20 minutes).

• Temps et budget

Trois grands événements ont marqué en France l'avènement de la société du temps libre: les congés payés sont rendus obligatoires en 1936 et leur durée va passer de quinze jours en 1936 à trois semaines en 1956, puis quatre en 1969 et enfin à cinq en 1982; la durée de travail qui va diminuer pour passer de 46 heures après la Seconde Guerre mondiale à 39 heures en 1982 et finalement à 35 heures en 1997; la généralisation de la retraite pour tous à partir des années 1970 et l'abaissement de l'âge de départ à la retraite de 65 ans à 60 ans en 1982.

On considère aujourd'hui que les loisirs constituent le premier poste de dépenses des familles (25 % du budget mensuel). Les Français dépensent environ 100 euros par mois pour la culture qui se répartissent comme suit: 20 % pour l'image et le son, 19 % pour les services de télévision (abonnements), 18 % pour les journaux et magazines. L'acquisition de biens technologiques (lecteurs de DVD, baladeurs, ipod, téléphones portables multifonctions), les dépenses de communication (téléphonie fixe ou mobile, Internet, ordinateurs) connaissent une croissance spectaculaire de l'ordre 9 % à 12 % par an: on estime que le budget multimédia moyen s'élève aujourd'hui à 700 euros.

• Temps et valeurs

La révolution du temps libre s'est accompagnée d'un changement dans l'échelle des valeurs: dans les années 1950, les loisirs, fortement encadrés par les mouvements d'éducation populaire, religieux ou laïcs, sont conçus comme un temps social d'épanouissement personnel marqué par le délassement (sports collectifs, vacances aérées), le divertissement (cinéma, radio) et l'épanouissement (activités culturelles comme le théâtre ou la musique).

La société de consommation va bouleverser ce modèle en valorisant le plaisir et la satisfaction individuelle. Aujourd'hui les Français privilégient leurs passions et leurs envies, au point que les loisirs constituent maintenant un temps sacré et plus que le travail dont beaucoup sont privés, un droit essentiel. Ce droit est issu d'une conjonction inattendue entre l'idéologie de la répartition du travail disponible, qui a abouti aux lois sur la durée du travail fixée à 35 heures et à une extension spectaculaire du temps libre, et l'idéologie de la satisfaction immédiate de ses envies liées à la société de l'hyperconsommation, marquée par l'explosion de l'offre de produits ou de services de loisirs.

• Temps et pratiques

La maison est devenue un centre de loisirs individuels qui prennent une place de plus en plus importante grâce à l'Internet et les possibilités de téléchargement et de consommation à la demande, la télévision câblée ou satellitaire et la multiplication des chaînes thématiques, le home cinéma avec le son et l'image haute définition. C'est ainsi que la radio et la télévision occupent 5 heures par jour et Internet 3 h 30 du temps de loisirs. 59 % des Français citent la télévision comme leur loisir préféré; elle devance l'écoute de la musique (57 %), la lecture des livres et des journaux ou revues (49 %), la navigation sur Internet (29 %). Mais ce dernier chiffre progresse avec l'équipement des foyers;

1 Retrouvez les évolutions concernant :

	Au commencement	Aujourd'hui
a. les congés payés :		
b. la durée du travail :		
c. l'âge de la retraite :		

2 À quoi correspondent ces données ?

a. 25 % : ....

b. 20% : ....

c. 19% : ....

d. 18% : ....

e. 11% : ....

3 Dépenses : à quoi correspondent ces chiffres ?

a. 100 euros : ....

b. 700 euros : ....

4 Quelles étaient les valeurs attachées au temps libre dans les années 1950 ?

....

25 % de ceux qui partent à l'étranger choisissent le soleil.

5 Comment explique-t-on que le temps libre soit devenu pour les Français un droit essentiel ?

....

6 Retrouvez les pourcentages attachés à chacun de ces loisirs.

a. télévision : ....

b. navigation Internet : ....

c. écoute de la musique : ....

d. lecture : ....

38 millions sont aujourd'hui équipés dont les deux tiers avec une connexion Internet haut débit.

Ce repli sur l'espace privé, où les Français passent en moyenne 17h50 par jour, explique la diminution de la fréquentation des loisirs extérieurs. Si le cinéma résiste et si sa fréquentation augmente, c'est surtout grâce aux 15-29 ans ; en revanche la fréquentation des concerts, théâtres, expositions connaît une certaine baisse. De nouvelles formes de loisirs extérieurs rencontrent toujours plus de succès auprès des Français : ce sont les loisirs événementiels comme les fêtes (fêtes de la musique, du cinéma, Technoparade, Nuit Blanche, Journées du patrimoine), les festivals innombrables organisés un peu partout dans le pays ou les rassemblements festifs autour de la musique (rave parties, free parties).

39 journées de congés payées par an, soit sept semaines, les Français sont en la matière les champions des pays développés. 65 % d'entre eux partent donc en vacances mais ce sont d'abord les cadres, les professions libérales et les fonctionnaires (85 %) qui en profitent, puis les commerçants et artisans (67 %), ensuite les ouvriers (48 %) et toujours en dernier les agriculteurs (38 %). La Méditerranée, la campagne, le terroir d'origine sont les principales destinations estivales toujours concentrées sur juillet-

■ Tourisme en couleurs

La communication et le tourisme industriel ont donné une couleur à chaque type de vacances :

• le tourisme bleu désigne d'abord le tourisme de mer auquel on rattache les lacs, les rivières, ou les torrents ;

• le tourisme vert ou tourisme rural, de campagne ou agrotourisme est synonyme de recherche de la nature et de calme ;

• le tourisme blanc désigne le tourisme hivernal de montagne ; il correspond à un désir de ressourcement, de recherche de la pureté ;

• le tourisme jaune évoque enfin le sable et le désert et la recherche de la pureté.

août et pour ceux (25 %) qui partent à l'étranger, ils choisissent l'Espagne (15 %), l'Italie (10 %) puis le Maroc et la Tunisie (5 %). À côté des vacances de soleil, se développent les vacances de nature et les vacances à thème (randonnées à cheval, canotage, stages d'artisanat…). Enfin les Français, pour 66 % d'entre eux, passent leurs vacances gratuitement dans des résidences familiales ou chez des amis ; les autres louent des maisons (9 %), vont à l'hôtel (15 %), au camping (6 %) ou louent des gîtes (45 000 disponibles) ou des chambres d'hôtes (30 000).

Paris Plages : la plage comme si vous y étiez, mais au bord de la Seine.

7 Fréquentation des loisirs extérieurs : quels sont ceux dont la fréquentation augmente (+) ou baisse (–) ?

a. Cinéma : ....

c. Théâtre : ....

b. Concert : ....

d. Exposition : ....

8 Dites si les loisirs suivants sont événementiels ?

a. Nuit Blanche : ....

b. *Carmen* à l'Opéra de Paris : ....

c. Fête du cinéma : ....

d. *Cyrano de Bergerac* à la Comédie-Française : ....

e. Technoparade : ....

9 Retrouvez les données suivantes :

a. Pourcentage des Français qui partent en vacances : ....

b. Pourcentage des Français qui partent à l'étranger : ....

c. Pourcentage des Français qui passent des vacances gratuitement : ....

10 D'après l'encadré ci-contre, dites de quel type de tourisme se rapprochent ces activités ?

a. Planche à voile ; canoë : ....

b. Tour du Mont-Blanc à pied : ....

c. Ski de randonnée : ....

d. Trekking sur les traces de Lawrence d'Arabie : ....

11 Comparez les modes d'occupation du temps libre en France et dans votre pays.

....

....

....

....

....

LA PASSION ÉGALITAIRE ET LA FRACTURE SOCIALE

De la *Déclaration des droits de l'homme et du citoyen* sur la liberté et l'égalité aux exclus et aux nouveaux pauvres, la société française fait le grand écart entre des principes auxquels elle est violemment attachée et une réalité économique et sociale qui les contredit.

• Une passion pour l'égalité et la propriété

L'article premier de la *Déclaration des droits de l'homme et du citoyen* de 1789 stipule: «Les hommes naissent et demeurent libres et égaux en droit: les distinctions sociales ne peuvent être fondées que sur l'utilité commune.» Ce principe de l'égalité civile, à ne pas confondre avec l'égalité économique, va profondément marquer les mentalités françaises. Il sera précisé en 1793 où seront introduites les notions de «dette sacrée» et de «garanti social» de la société envers les «citoyens malheureux». De cette époque date l'idée de la nécessaire intervention de l'État pour corriger les inégalités, idée qui ne cessera de progresser jusqu'à la mise en place après 1945 du modèle de l'État-Providence qui est celui qui gouverne encore aujourd'hui la société française. Un modèle caractérisé par la solidarité collective en matière de protection sociale (chômage, invalidité, retraite), de santé publique (Sécurité sociale), d'éducation (gratuité du système éducatif) et de politique familiale (allocations familiales, accueil garanti à l'école maternelle). C'est cet attachement à l'État-Providence, vécu comme constitutif de la citoyenneté, qui explique la difficulté actuelle à le réformer, qui constitue aujourd'hui la véritable ligne de partage politique et idéologique entre conservateur et réformateur et brouille les repères classiques entre droite et gauche.

Cette passion pour l'égalité se double d'une passion pour la propriété. Passion qu'enregistre elle aussi la *Déclaration des droits de l'homme et du citoyen* qui stipule: «La propriété étant un droit inviolable et sacré, nul ne peut en être privé, si ce n'est lorsque la nécessité publi-que, légalement constatée, l'exige évidemment, et sous la condition d'une juste et préalable indemnité.» L'idéal paysan du petit-propriétaire foncier combiné à la passion immobilière de la grande ou petite bourgeoisie vont se diffuser à l'ensemble du corps social: d'abord aux travailleurs indépendants (artisans et commerçants) puis à la classe ouvrière. L'État, par l'intermédiaire de nombreux dispositifs d'aide à la construction et à l'accession à la propriété (aujourd'hui le prêt à taux zéro) et par une fiscalité sur les héritages très favorable, va accompagner ce rêve du désir d'être propriétaire dont le petit pavillon reste le symbole.

• L'égalité au miroir des revenus

Les revenus ont connu une évolution majeure liée, d'une part, à la place prise par les revenus du salaire dans l'ensemble de la population et au rôle grandissant de la redistribution sociale et, d'autre part, à la hausse générale du niveau de vie. Pourtant, en matière de revenu, c'est une très grande disparité qui domine, à la fois salariale et patrimoniale.

Une grande disparité salariale: le revenu salarial est devenu la principale forme de revenu en France, passant de 37% en 1949 à 83% aujourd'hui. Dans le même temps, le revenu de l'entreprise individuelle passait de 37% en 1949 à 12% aujourd'hui. Quant aux prestations sociales (couverture médicale, retraite, indemnités journalières de maladie ou de chômage, allocations familiales, allocations logement), elles constituent une part importante des revenus, passant de 11,5% en 1949 à 37% aujourd'hui.

La hausse générale du niveau de vie a vu le revenu réel par habitant doubler entre les années 1960 et les années de crise à partir de 1983. Depuis cette date, il continue à progresser de manière plus lente et surtout grâce aux revenus sociaux. Aujourd'hui, le salaire moyen dans le secteur privé s'établit à 1 850 euros et dans le secteur public à 2 100 euros. À cela il faut ajouter les différentes primes (intéressement et participation; treizième mois; ancienneté; perfor-

1 À quoi est associée l'idée d'intervention de l'État ?

....

....

....

2 Qu'est-ce qui caractérise en France le modèle de l'État-Providence ?

....

....

....

....

3 Qu'est-ce qui légitime la passion des Français pour la propriété ?

....

....

....

....

4 Retrouvez les données.

a. Pourcentage de salariés : ....

....

b. Pourcentage des prestations sociales dans les

revenus : ....

....

c. Salaire moyen mensuel :

– Du secteur privé : ....

– Du secteur public : ....

d. Détention du patrimoine : ....

....

Le travail temporaire s'est fortement développé.

5 Quand on parle d'« exclus », à quels groupes de la population fait-on allusion ?

....

....

....

....

mance) qui représentent 15 % en moyenne du salaire brut.

Le smig (salaire minimum interprofessionnel garanti) créé en 1950, devenu smic (salaire minimum interprofessionnel de croissance) en 1970, destiné à garantir un revenu minimum, joue le rôle d'accélérateur pour les bas salaires et entraîne à partir des années 1980 un resserrement vers le bas de l'éventail des salaires.

Une grande disparité patrimoniale: consommation en hausse, accession à la propriété, sécurité face aux difficultés de la vie traduisent certes un mieux-être pour la population salariée, mais qui est sans comparaison avec l'évolution des revenus tirés du patrimoine immobilier ou de la spéculation boursière. D'où une concentration toujours plus grande du patrimoine, 10 % des plus fortunés possédant aujourd'hui 54 % du patrimoine. L'impôt sur la fortune instaurée en 1982 concerne aujourd'hui entre 100 000 et 200 000 personnes.

• La fracture sociale

Depuis le début des années 1990, le développement de la précarité et d'un chômage de masse, la difficulté pour certains à entrer sur le marché du travail liés aux mutations qui affectent la société post-industrielle entraînent l'exclusion d'individus et de groupes sociaux appelés aujourd'hui «nouveaux pauvres»: sans domicile fixe (SDF), jeunes sans diplômes, ménages surendettés, familles (surtout femmes et enfants) monoparentales en situation de détresse économique, immigrés sans travail en mal d'intégration, chômeurs de plus de 50 ans en fin de droits, travailleurs à temps partiel ou travailleurs intérimaires constituent une population d'exclus qu'on chiffre entre 2 et 5 millions d'individus.

L'État n'a pas attendu que la fracture sociale devienne depuis 1995 un thème politique majeur pour apporter une réponse massive en terme d'assistance et de protection sociales: la création en 1988 du RMI (revenu minimum d'insertion), la multiplication des prestations sociales (elles sont passées de 158 milliards à 2 000 milliards), les initiatives privées (création de la Fédération des banques alimentaires en 1984 et des Restos du Cœur en 1985 à l'initiative du comique provocateur et comédien Coluche) cherchent à préserver la cohésion nationale (nouveau nom de l'égalité) par une prise en charge des plus démunis.

Cette stratégie de prise en charge de la pauvreté par la solidarité nationale, financée pour l'essentiel par les revenus du travail (salariés et entreprises), connaît aujourd'hui ses limites avec des dépenses de retraite, de santé et d'emploi qui augmentent plus vite que les recettes. Elle est au cœur des débats sur le modèle social que la France veut voir prévaloir, sachant qu'aucune catégorie sociale n'entend renoncer à ses droits ou avantages: État-Providence ou État-Assistance, à quel prix, financé comment et par qui, avec quelle mesure de son efficacité, ce qui est sûr que ce débat touche à la perception que la France a d'elle-même.

Une crèche, structure d'accueil pour les enfants.

6   **Quelles actions sont mises en œuvre en faveur des exclus ?**

a. Par l'initiative publique : ....

....

....

b. Par l'initiative privée : ....

....

....

7   **Quels sont les termes du débat autour du maintien de l'État-Providence ?**

....

....

....

8   **À partir de l'encadré ci-contre, dites à quelle prestation vous avez droit :**

a. vous avez mal aux dents : ....

....

....

b. vous ou votre femme venez d'accoucher : ....

....

....

c. vous venez de perdre votre travail : ....

....

....

d. vous avez cotisé assez d'années pour prendre votre retraite : ....

....

> ■ **Les prestations sociales**
>
> Les prestations sociales sont de quatre types :
> • les prestations de santé (maladie, invalidité-infirmité, accidents du travail) ;
> • les prestations familiales (allocations selon le nombre d'enfants, congé de maternité, congé parental, allocation logement) ;
> • les prestations d'emploi (allocations chômage, allocations préretraite) ;
> • les prestations de vieillesse (retraites et pensions).

6 LA CULTURE : ÉTAT ET MARCHÉ

LES FIGURES DE LA POLITIQUE CULTURELLE

L'héritage culturel de la France, aussi prestigieux que varié, s'est construit au fil du temps. Et la France tire de cet héritage une grande part de son prestige. Il tient à la puissance de sa production artistique (de la Renaissance aux avant-gardes du dernier XXᵉ siècle comme la Nouvelle Vague ou le Nouveau Roman et jusqu'au rayonnement actuel de ses architectes); il tient aussi au rôle de Paris, la plus ancienne ville-monde de l'Occident, son développement continu et sans éclipse, son pouvoir d'attraction et son cosmopolitisme, sa concentration unique d'institutions culturelles, intellectuelles et médiatiques et sa capacité à inventer un art de vivre souvent imité; il tient enfin à l'implication de l'État dans les affaires culturelles.

• L'État, acteur de la culture

La France est passée très tôt, dès la Renaissance avec François Iᵉʳ, du mécénat princier à une institutionnalisation du rôle de l'État dans les affaires culturelles. C'est ainsi que la Royauté a créé et légué des institutions aussi importantes que le Collège de France, les académies dont l'Académie française, la Comédie-Française et les grandes manufactures royales (Aubusson pour la tapisserie, Sèvres pour la porcelaine) et le dépôt légal. En légiférant sur la langue (édit de Villers-Cotterêts), en en généralisant l'usage dans les actes administratifs mais aussi pour la production intellectuelle, scientifique et culturelle, elle a contribué à forger un puissant outil de diffusion culturelle, le premier à bénéficier d'un rayonnement universel.

La Révolution française et l'Empire napoléonien ont conforté cette institutionnalisation en regroupant les académies dans l'Institut de France, transformant le Louvre en musée, créant le Conservatoire national de musique.

Le XIXᵉ siècle sera marqué par l'apparition d'une administration de la culture : mise en place de la Commission des monuments historiques sous la Monarchie de Juillet; d'un sous-secrétariat aux Beaux-Arts rattaché à l'instruction publique sous la IIIᵉ République (1871-1945), d'un secrétariat aux Arts et Lettres toujours rattaché à l'École et à ce qui est devenu l'Éducation nationale sous la IVᵉ République (1946-1958). Au cours de cette période sont créés, en 1920, le Théâtre national populaire (TNP) et, en 1946, le Centre national de la cinématographie.

• La culture, une affaire d'État

La Vᵉ République (1958), avec le retour du général de Gaulle au pouvoir, va donner une nouvelle dimension aux «affaires culturelles». Le général de Gaulle fait d'André Malraux son ministre d'État chargé des Affaires culturelles et crée en 1959 le ministère des Affaires culturelles; il lui confie trois missions : «rendre les œuvres accessibles au plus grand nombre possible de Français», «assurer la plus vaste audience à notre patrimoine» et «favoriser la

André Malraux, premier ministre de la Culture

1 À quelle période politique doit-on :

	Royauté	Révolution/Empire	République
a. le Collège de France			
b. le musée du Louvre			
c. l'Académie française			
d. la Comédie-Française			
e. le Théâtre national populaire			
f. le Centre national de la Cinématographie			

2 Retrouvez le nom des institutions politiques créées par les différents régimes pour intervenir dans le domaine de la culture.

a. 1871-1945 : ....

b. 1946-1958 : ....

c. 1959-... : ....

3 Quelles sont les trois missions confiées par le général de Gaulle à André Malraux ?

....

....

....

....

4 Comment ont été surnommées les Maisons de la culture ? Dans quelles villes ont-elles été construites ?

....

....

....

5 Qui était Georges Pompidou qui a donné son nom au Centre ?

....

....

6 Qu'appelle-t-on grands travaux ?

....

....

....

Jack Lang décorant Pina Bausch.

Centre Beaubourg, du nom du quartier où il se trouve), ouvert en 1975, une nouvelle cathédrale pluridisciplinaire à l'image de l'époque et une signature qui indiquait pour Paris la voie à suivre en matière de modernité.

Mais il faudra attendre l'arrivée de la gauche avec François Mitterrand pour que, avec Jack Lang (1981-1986 et 1988-1993), la politique culturelle connaisse une nouvelle impulsion : la promesse d'un budget des affaires culturelles représentant 1 % du budget de l'État est enfin tenue ; c'est l'époque des grands travaux (Musée d'Orsay, Musée des sciences et Parc de la Villette, Institut du Monde arabe, Cité de la musique, Arche de la Défense, Muséum, Grand Louvre, Bibliothèque de France) et de grandes campagnes de restauration du patrimoine ; la politique événementielle est marquée par la création de grands rendez-vous festifs annuels (Fête de la musique, du cinéma, Journées du patrimoine) qui culminent avec la célébration du Bicentenaire de la Révolution française ; l'aide à la création s'appuie sur la mise en place de politiques réglementaires (cinéma, livre) ; cette politique culturelle à l'écoute de la société passe par une libéralisation de l'audiovisuel (multiplication des fréquences des radios), une extension du domaine des pratiques culturelles, qui inclut désormais sous le mot culture aussi bien la mode, la cuisine, la bande dessinée, le rap que le tag, et par une implication des collectivités territoriales.

création ». Le ministère créé sur mesure pour André Malraux regroupe le cinéma, les arts et lettres, l'architecture et les Archives. L'ambition d'André Malraux sera d'illustrer cette promesse de démocratisation culturelle inscrite dans le programme du Front Populaire en 1936, reprise par le programme de la Résistance en 1945 et inscrite dans la Constitution de la Vᵉ République. On doit au ministère Malraux (1958-1969) la création des Maisons de la culture, ces « cathédrales du XXᵉ siècle », l'élargissement recherché de l'audience par l'organisation de grandes expositions temporaires, la décentralisation théâtrale qui va faire émerger une nouvelle génération d'artistes et permettre l'accès à un nouveau répertoire, la restauration du patrimoine (les monuments de Paris, les façades des immeubles perdent leur crasse noirâtre et retrouvent la couleur douce et lumineuse de leur pierre d'origine), le développement de la commande publique (Chagall, Masson, Messiaen…), enfin l'aide à la création notamment pour le cinéma. Après le couple de Gaulle-Malraux, le président Pompidou et son épouse Claude, passionnés d'art contemporain, amis des artistes (Boulez, Vasarely, Bob Wilson), feront entrer la modernité dans les Palais de la République et laisseront avec le Centre Pompidou (souvent appelé

Cette omniprésence de l'État dans la vie culturelle suscite à partir du milieu des années 1990 critiques et réflexions sur la tyrannie de « L'État culturel » (Marc Fumaroli), sur la nécessité d'une « refondation de la politique culturelle » (Jacques Rigaud) et sur la clairvoyance supposée de l'État en matière de choix artistiques (Michel Schneider, Dominique Bozo). Reste qu'aujourd'hui encore, l'intervention de l'État est un facteur essentiel de la vie culturelle de la France.

7 Citez trois fêtes créées par le ministre Jack Lang.

....

....

8 Quelles sont les critiques contre le trop grand rôle de l'État dans la vie culturelle ?

....

....

....

9 À partir du texte et d'une recherche personnelle, faites une présentation de la personnalité politique et artistique d'André Malraux.

....

....

....

....

....

....

....

....

10 Faites une recherche sur le Centre Pompidou : sa construction, ses missions, sa programmation.

....

....

....

....

....

....

L'ÉTAT CULTUREL

Avec 16000 agents, établissements compris, une aide à la culture de 32 euros par habitant, un budget qui représente 1% du budget de l'État, le ministère français de la Culture est sans comparaison dans le monde. Il s'explique par l'attachement de la France à ce que les dépenses culturelles reviennent à l'initiative de l'État. Une initiative à laquelle il faut ajouter celles des régions, des départements mais aussi des villes et d'autres ministères. Ainsi quand l'État investit 1,2 milliard d'euros, les régions investissent 250 millions, les départements 800 millions, les communes 3 milliards et les autres ministères (dont le ministère des Affaires étrangères) également 3 milliards.

• Intervenir

L'État intervient de différentes manières : il réglemente, il subventionne, il encourage.

Il réglemente. L'État considère que la culture n'est pas une activité comme les autres et qu'en matière de prix, de jeu de la concurrence, il a un devoir d'agir. C'est ainsi que dans le domaine du livre, il a imposé en 1981 par la loi Lang, le prix unique du livre. Ce prix unique permet de conserver un réseau important de librairies, de garantir la diversité de la création littéraire et d'assurer un accès au livre à tous sur toute l'étendue du territoire. Dans le domaine de l'audiovisuel, il impose des quotas de diffusion de fictions françaises (40% du total des fictions programmées) aux chaînes de télévision. À la radio, les chaînes ont l'obligation depuis 1996 de diffuser 40% d'œuvres créées ou interprétées par des auteurs et artistes français ou francophones dont la moitié au moins provenant de nouvelles productions : ce dispositif a vu la part de la chanson française et francophone passer de 45% à 60% de part de marché.

Il subventionne. C'est le cas notamment de l'industrie cinématographique largement financée par le biais d'une taxe prélevée à la fois sur le chiffre d'affaires des diffuseurs télévisuels, sur le prix des places de cinéma et sur la vente des DVD. Cette taxe est entièrement redistribuée par le Centre national de la cinématographie à l'ensemble de la profession pour la modernisation des salles (4400 salles) et surtout pour la production (220 films produits chaque année) sous forme d'une avance automatique sur recettes et d'aides sur projet.

Le Centre national des livres redistribue de la

Centre Georges Pompidou : l'État constructeur.

1 Retrouvez à quoi correspondent ces chiffres.

a. 32 euros : ....

b. 1,2 milliard : ....

c. 250 millions : ....

d. 800 millions : ....

e. 3 milliards : ....

2 Citez trois types de réglementation imposés par l'État.

....

....

....

3 À quoi sert la taxe prélevée sur l'achat des places de cinéma et sur le chiffre d'affaires des différentes chaînes de télévision ?

....

....

4 À quoi correspond le chiffre de 3 % pour le livre ?

....

5 Citez quelques grandes manifestations financées par le mécénat privé.

....

....

....

6 Attirer un nouveau public : citez trois institutions qui ont joué un rôle important.

....

....

....

7 Quelles initiatives prend aujourd'hui l'État pour attirer un nouveau public ?

....

....

....

même manière le produit de deux taxes sous forme de bourses, de prêts ou subventions pour l'édition de livres difficiles ou pour des traductions. On estime qu'environ 3 % du nombre des livres édités (environ 800) bénéficient d'une aide.

Le spectacle vivant (théâtre, cirque, spectacle de variétés) bénéficie également d'une taxe qui ouvre droit à des aides : garantie d'un nombre de représentations pour le théâtre privé ; aide à la formation et à la diffusion pour le cirque, qui a largement contribué au renouveau et au succès international de l'art circassien ; aide à la diffusion pour les nouveaux lieux de la chanson qui a facilité l'émergence d'une nouvelle génération talentueuse.

Il encourage. Le mécénat d'origine princière (avant la Révolution), industrielle ou privée a longtemps constitué en France un système parallèle à celui de l'action publique. Ce n'est véritablement que très récemment (1995, 2003) que l'État, face à la crise de financement des institutions publiques, a intégré le mécénat dans sa stratégie de financement de la culture. Il le fait par le biais de dispositions fiscales (200 millions d'euros) qui ont vu les grandes entreprises se doter de structures spécifiques et devenir acteurs d'événements culturels importants (festivals comme celui d'Aix ou d'Avignon, grandes expositions temporaires) ou soutien d'institutions (ensembles musicaux comme Les Arts florissants de William Christie, théâtres comme le Théâtre musical du Châtelet).

• Démocratiser

La question des publics et de la démocratisation de la culture est au centre des politiques culturelles depuis 1945 : rendre accessible, assurer la plus vaste audience sont une préoccupation sans cesse reprise par les décideurs politiques et donner comme mission aux administrations culturelles et aux opérateurs ???.

La question de la démocratisation a été la préoccupation majeure : le poids idéologique du Parti communiste sur la vie culturelle n'y est pas pour rien. Elle s'est traduite, au-delà de l'encouragement de l'État, par une multiplication des initiatives dans lesquelles les mouvements associatifs (associations d'éducation populaire, syndicats, mouvements éducatifs) ont joué un rôle important pour drainer un nouveau public vers la culture. Elle a aussi bénéficié du travail thématique de mouvements, comme les Jeunesses musicales de France ou la Fédération des ciné-clubs, qui partageaient le même objectif tout en cherchant aussi à mettre le public en contact aussi bien avec un patrimoine qu'avec une création en train de se faire. La mémoire culturelle a retenu comme emblématique de cette volonté d'attirer un nouveau public, l'aventure du Théâtre national populaire lancé en 1946 par Jean Vilar avec l'appui de la plus grande star populaire de l'époque, Gérard Philipe, entourée d'une pléiade de jeunes talents qui deviendront Jeanne Moreau, Philippe Noiret, Michel Bouquet ou Agnès Varda. Cette aventure, grâce à la décentralisation théâtrale, aura aussi ses hérauts en province avec Roger Planchon au Théâtre de la Cité à Lyon et Jean Dasté et son chapiteau itinérant à Saint-Étienne.

Le mouvement des ciné-clubs jouera un rôle décisif dans la constitution d'un nouveau public qui fera les beaux jours du cinéma d'auteur dans les années 1970, lui assurera un public curieux et nombreux, et donnera au cinéma un statut d'objet culturel à l'égal du théâtre, de la musique ou du livre.

La démocratisation par la volonté d'attirer les classes populaires aux différentes manifestations de la culture a été un échec relatif puisque ce sont surtout les classes moyennes supérieures, alors émergentes, qui ont largement et continuent de profiter de cette ouverture. Néanmoins, l'État continue à vouloir satisfaire cet objectif d'accès au plus grand nombre : gratuité d'accès sous certaines conditions aux musées, chèques culture, cartes de fidélité ouvrant à réductions et avantages font partie des nouveaux moyens d'incitation, où c'est le consommateur qu'on cherche à atteindre dans le citoyen : on est loin, au nom de l'idéologie, de l'ambition politique des origines.

8 À partir de votre recherche, établissez la carte d'identité (origine, situation, activités) des institutions suivantes :

a. Théâtre musical du Châtelet : ....

....

....

....

....

....

....

b. Ensemble des « Arts Florissants » : ....

....

....

....

....

....

....

9 À partir des éléments du texte et d'une recherche personnelle, faites une présentation du Théâtre national populaire.

....

....

....

....

....

....

....

....

LES LIEUX DE LA CULTURE

La culture s'identifie aussi par ses lieux. Au fil du temps, elle s'est bâti des lieux symboliques qui marquent durablement les représentations que l'on peut se faire de la culture française.

• Rendez-vous au café

La vie littéraire s'est inventé les cafés : café de la Régence cher au Neveu de Rameau et à Diderot, café Procope assidûment fréquenté par les philosophes du XVIIIᵉ siècle dont Voltaire, café des Deux-Magots et au café de Flore, tous deux identifiés aux existentialistes, le café de la Place Blanche où se réunissaient les surréalistes,

Un musée dédié à la culture scientifique et à sa vulgarisation.

le café Certa cher aux dadaïstes. Certains prix littéraires ont également leur café, plutôt leur restaurant, comme le plus célèbre d'entre eux, le prix Goncourt, chez Drouant, où son jury se réunit. Nombre d'écrivains ont également rendu mythiques certains cafés.

Aujourd'hui, on se souvient que les cafés ont été des lieux de débats et c'est ainsi que les années 1990 ont vu naître, place de la Bastille, un café philo qui rassemble chaque semaine sur un thème des néophytes et des passionnés de philosophie.

La recherche de la part du public d'un rapport de proximité avec les écrivains a engendré de nouveaux types de rencontres dans des lieux souvent inhabituels, tels que la Villa Gillet à Lyon ou la Foire du livre à Brive.

• Des « cathédrales » pour la culture

L'État, ses rois et ses présidents ont voulu eux aussi s'identifier à la culture en lui construisant des « cathédrales » : la Révolution a fait du Palais du Louvre un musée ; Napoléon III a laissé l'Opéra de Paris ; le général De Gaulle, avec André Malraux, les Maisons de la culture (Bourges, Amiens, Le Havre, Chalon-sur-Saône,

Chambéry), le Président Pompidou a fait bâtir le Centre qui aujourd'hui porte son nom ; le Président Giscard d'Estaing a voulu le Musée d'Orsay et le Musée des sciences à la Villette ; le Président Mitterrand, la Bibliothèque de France et l'Opéra Bastille ; le Président Chirac, le musée du Quai Branly, dédié à ce que l'on appelle commodément les Arts Premiers.

Pour répondre à la diversification des demandes, la culture adapte son offre comme en témoigne le Parc de la Villette à Paris, où se côtoient découverte de la science au Musée des sciences, arts du cirque, musiques (classique et contemporaine à la Cité de la musique, variété au Zénith) ; les Subsistances à Lyon et le Lieu Unique à Nantes, où le public peut entrer dans le secret du processus de création, les artistes proposant à voir des états de leur travail.

Quant au cinéma, désigné comme septième art, il n'a pas échappé lui non plus à la visibilité officielle : l'État vient de doter la Cinémathèque française d'un espace qui rassemble le musée Henri-Langlois dédié à l'histoire du cinéma, une bibliothèque, un espace d'exposition temporaire et des espaces de projection.

Phénomène initié en France par Ariane Mnouchkine quand elle avait décidé d'installer,

1 Retrouvez les mouvements ou événements liés à certains cafés.

a. Drouant : ....

b. café de Flore : ....

c. café Procope : ....

d. café de la Régence : ....

e. café Certa : ....

2 Associez au moins un monument à ces différentes personnalités.

a. Napoléon III : ....

b. André Malraux : ....

c. Georges Pompidou : ....

d. Valéry Giscard d'Estaing : ....

e. François Mitterrand : ....

f. Jacques Chirac : ....

3 Qu'est-ce que :

a. Le musée Henri-Langlois : ....

b. La Cartoucherie de Vincennes : ....

c. La Halle aux vins : ....

4 Quels événements accueillent chacune de ces villes ?

a. Avignon :...

b. Cannes : ....

c. Vienne : ....

d. Aix-en-Provence : ....

e. Lorient : ....

f. Ambronay : ....

g. La Rochelle : ....

5 À quels événements est associé chacun de ces lieux ?

a. Palais des Papes : ....

b. Palais de l'Archevêché : ....

c. La Croisette : ....

d. Amphithéâtre romain : ....

il y a presque 40 ans, son mythique Théâtre du Soleil dans un ancien dépôt de munitions pour l'armée, la Cartoucherie de Vincennes, la rencontre entre friches industrielles réhabilitées et lieux de production artistique : la Sucrière à Lyon, la Halle aux vins à Bordeaux, la Piscine à Roubaix pour l'art contemporain ; la friche La Belle de Mai à Marseille, la fonderie au Mans, le Cent Quatre à Paris dans les anciens dépôts des pompes funèbres pour le spectacle vivant.

• Une terre de festivals

La France est aussi terre de festivals et chaque année le tourisme culturel dessine une véritable carte des festivals qui conduit les amateurs de bande dessinée à Angoulême en janvier, les amateurs de théâtre à Avignon en juillet, à Aurillac et Chalon-sur-Saône pour les arts de la rue en août, de danse à Montpellier en juillet. Les mélomanes ont, eux, rendez-vous en juillet et août à Aix-en-Provence et Orange pour l'opéra, Montpellier pour la musique de chambre et symphonique, Beaune pour la musique baroque, La Roque d'Anthéron pour le piano, en septembre à Ambronay de nouveau pour la musique baroque et en octobre à Strasbourg

pour la musique contemporaine. Les cinéphiles ont le choix entre 200 festivals mais ils se concentrent à Cannes, en mai, pour le rendez-vous mondial du Septième art, Annecy en juin pour l'animation, Deauville en septembre pour fêter le cinéma américain, Lyon, la ville des Frères Lumière, pour honorer un maître en novembre. Quant aux musiques d'aujourd'hui, elles ont leur «Printemps» à Bourges, leur rendez-vous «francophone» à La Rochelle avec les Francofolies, leurs transes rock aux Vieilles Charrues en Bretagne ou à Belfort, où elles se veulent européennes, leur instant celte à Lorient et leur heure bleue jazz à Vienne. Le livre, lui, se retrouve en novembre à Brive.

Une occasion souvent d'associer un lieu et un festival : le Palais des Papes et le théâtre à Avignon, les amphithéâtres romains à l'opéra à Orange et au jazz à Vienne, les Hospices de Beaune ou l'Abbaye d'Ambronay à la musique baroque, le Palais de l'archevêché à l'opéra à Aix-en-Provence, la Croisette ou les planches à Deauville au cinéma.

L'identification de la culture avec des lieux a ainsi largement contribué en France à sa mythification.

Opéra de Paris : 800 000 spectateurs par saison.

6 Sur cette carte de France, placez tous les lieux évoqués dans le texte.

7 À partir du texte et à l'aide d'Internet ou d'autres supports, constituez votre carnet d'adresses idéal de festivalier.

....

....

....

....

....

....

....

....

....

....

....

....

....

La culture occupe une place toujours plus importante dans une société du temps libre et des loisirs. Le développement des industries culturelles contribue à la mise en place de ce qu'Olivier Donnat a appelé un «minimum culturel», une «culture commune».

• Écarts

Cette «culture commune» n'empêche cependant pas certains écarts de subsister et ce, malgré l'augmentation des taux et des niveaux de scolarisation et les politiques volontaristes menées par l'État et les collectivités territoriales. Écarts entre les catégories socio-professionnelles (anciens agriculteurs âgés ou ouvriers non diplômés n'ont aucun rapport avec le monde des arts et de la culture); écarts entre culture de masse et pratiques distinctives (l'opéra) liées à des positions sociales et à l'héritage ou la constitution d'un capital culturel; écarts entre urbains et ruraux, Parisiens et provinciaux; écarts entre actifs et retraités, les retraités étant devenus de gros consommateurs de loisirs culturels, de sorties et de presse et livres.

• Tendances

La dernière enquête menée en 2008 par le ministère de la Culture sur les pratiques culturelles des Français laisse apparaître trois grandes tendances: un nouveau rapport à l'écran; un effet de génération dans les pratiques culturelles et une diminution du nombre de gros consommateurs.

Un nouveau rapport à l'écran. Là où, jusqu'à une époque récente, la télévision permettait de distinguer ceux qui restent à la maison de ceux qui sortent pour fréquenter cinéma, théâtre ou salle de concerts, les nouveaux écrans, eux, mettent en cause cette observation. Ceux qui aujourd'hui vont tous les jours sur la Toile (85 % des foyers sont équipés d'un ordinateur et la moitié ont une liaison haut débit) sont aussi ceux qui sortent le plus au cinéma ou au théâtre, qui lisent le plus et ce, malgré un temps

moyen passé sur Internet qui varie entre deux heures et quatre heures. Un temps utilisé aussi à se cultiver chez soi: 51 % d'entre eux écoutent de la musique sur ordinateur, 43 % téléchargent musique, films ou regardent des DVD.

Un effet de génération. Finie la coupure entre jeunes et vieux; aujourd'hui, les pratiques culturelles sont affaire de génération: ce qu'on fait à 20 ans, on le fait à 40, voire plus, comme le montre la fréquentation des concerts de rock ou celle des concerts classiques que les jeunes ont abandonnés; c'est vrai aussi pour le cinéma où la génération des seniors plébiscite les films français qui sont ceux qui les ont accompagnés et les jeunes qui optent pour les films américains.

Une diminution du nombre de gros consommateurs. La multiplication des sollicitations et des pratiques culturelles tant à la maison qu'à l'extérieur conduit à un éparpillement de la consommation culturelle; éparpillement qui se

Une pratique événementielle de la culture.

REPÈRES/CULTURE • LA CULTURE : ÉTAT ET MARCHÉ

A C T I V I T É S

1 Les Français et l'ordinateur : retrouvez à quoi correspondent ces chiffres.

a. 85 % : ....

b. 51% : ....

c. 43% : ....

2 Quel est le pourcentage des gros consommateurs de :

a. films : ....

b. livres : ....

c. spectacles vivants : ....

d. expositions : ....

3 À quoi correspondent ces chiffres ?

a. 9 heures : ....

b. 36% : ....

c. 57% : ....

d. 50% : ....

e. 23% : ....

f. 19% : ....

4 Quels sont les usages de l'ordinateur comme outil de loisirs ?

....

....

....

....

5 Qui :

a. lit des mangas : ....

b. va principalement au théâtre : ....

c. écoute de la musique aussi bien chez soi qu'en déplacement : ....

d. lit des romans : ....

e. joue principalement aux jeux vidéo : ....

traduit par une diminution du nombre de gros consommateurs. C'est vrai pour tous les secteurs : le cinéma, où la proportion de ceux qui vont plus de douze fois par an au cinéma passe de 18 % à 15 % chez les 25-34 ans et de 33 % à 29 % chez les 15-24 ans ; la lecture (livre, presse), où le nombre de gros lecteurs passe de 19 % à 17 % ; les bibliothèques et médiathèques, où la fréquentation baisse de 9 % à 7 % ; le spectacle vivant, qui perd deux points de 24 % à 22 % ; les lieux d'exposition, qui tombent de 25 % à 22 % et ceux de patrimoine qui passent de 18 % à 16 %.

• Le règne de l'éclectisme culturel

Culture consacrée, culture scolaire, cultures urbaines, ce qui caractérise aujourd'hui les pratiques culturelles, c'est leur massification, leur diversité et leur intensité. Des pratiques marquées aussi par le multiculturalisme et par un effacement des frontières entre les différentes formes de cultures.

Télévision. C'est la grande perdante. Elle subit de plein fouet la concurrence des autres écrans, ceux des ordinateurs, des jeux vidéo et des téléphones portables. À l'arrivée, deux heures de moins de consommation des programmes chez les jeunes. Et pour la radio, c'est encore pire : on est passé en dix ans de 14,5 heures d'écoute par semaine à 9 heures.

Jeux vidéo. C'est le grand gagnant. 36 % des Français y ont joué au cours de l'année 2008 et la presque totalité des jeunes de 15 à 19 ans. Et les adultes continuent d'y jouer quand 10 % des seniors s'y mettent.

Cinéma. 57 % des Français (toutes classes d'âge et classes sociales confondues) sont allés au moins une fois au cinéma en 2008. À ceux-là, il faut ajouter les 20 % qui ont téléchargé un film et ceux qui ont acheté ou loué un DVD.

Musées. Si la fréquentation globale augmente, le nombre de ceux qui les fréquentent diminue, ne représentant plus que 77 %. Les petits musées souffrent davantage que les grands et les collections permanentes sont moins regardées que les événements artistiques ou les grandes expositions.

Lecture. La baisse de la lecture s'accentue. Le nombre de non-lecteurs augmente et le nombre des gros lecteurs qui appartient surtout à la génération adultes et seniors diminue. D'où un vieillissement du lectorat. Les livres de consultation (livres pratiques) attirent de plus en plus, comme les mangas et les BD chez les moins de 15 ans. Le roman, en perte de vitesse, est sauvé par les femmes qui représentent plus des deux tiers du lectorat. On compte désormais plus de 50 % de non-lecteurs. « Lire est considéré comme une activité de filles alors que les écrans sont masculins. »

Musique. Elle est totalement intégrée dans le quotidien des jeunes de 15 à 24 ans où elle fait partie aussi bien des activités domestiques que des déplacements. Si 23 % de la population consomme de la musique comme « bruit de fond » quotidiennement en rentrant chez soi, 32 % affirment écouter souvent de la musique sans rien faire.

Théâtre. Activité désormais occasionnelle, elle concerne néanmoins 19 % du public, un public composé de seniors de plus de 55 ans mais aussi de couples, de moins de 30 ans et du public scolaire. Les goûts du public évoluent qui privilégient les spectacles comiques et surtout les one-man et woman show qui constituent plus de la moitié des sorties théâtrales.

Pratiques amateurs. Musique, danse, théâtre, arts plastiques connaissent une croissance continue depuis les années 1970. Mais c'est surtout l'ordinateur et la technique numérique qui sont en train de bouleverser ces pratiques : constitution d'album photo (61 %), écriture personnelle (21 %), production de vidéos (19 %), pratique du dessin ou des arts graphiques (15 %) font partie des nouvelles possibilités offertes par l'ordinateur.

Les « colonnes » de Buren.

5 Faites une enquête dans votre pays pour essayer de trouver les chiffres suivants, puis comparez.

• Équipement en ordinateurs : .... %

• Temps passé devant l'ordinateur : ....

• Fréquentation moyenne du cinéma par an : ....

• Nombre d'heures passées devant la télévision : ....

• Pourcentage de la population jouant aux jeux vidéo : ....

• Fréquentation moyenne des musées : ....

• Nombre de livres lus par an : ....

• Pourcentage de la population qui consomme de la musique : ....

• Principales pratiques amateurs : ....

....

....

....

....

....

....

Les arts de la rue donnent lieu à des manifestations festives.

LES INDUSTRIES CULTURELLES

Culture et industrie n'ont longtemps pas fait bon ménage dans la culture française. Entièrement située dans le champ de l'art, l'économie de la culture a ignoré les industries culturelles qui relevaient de l'économie industrielle. Quant à l'économie des médias (presse, radio, télévision), elle a longtemps été considérée comme faisant partie d'un domaine différent avec ses modes de consommation et de distribution spécifiques.

• Livres : une structure industrielle très concentrée

500 millions de livres vendus, 33 000 nouveaux titres disponibles chaque année, l'industrie du livre est dominée par deux groupes d'édition :
– Hachette, fondé en 1826, leader sur le marché du livre scolaire et sur celui des dictionnaires et encyclopédies, qui a introduit les collections de poche en France avec la marque Le Livre de Poche ;

– Editis, fondé en 1946 par les Presses de la Cité, regroupe des maisons de littérature générale, des maisons spécialisées dans l'édition scolaire ou les dictionnaires (Le Robert).

Ces deux groupes représentent à eux deux 50 % du chiffre d'affaires et 75 % de la distribution. Le reste étant partagé de manière inégale entre 250 maisons d'édition.

D'autres éditeurs bénéficient d'une notoriété sans rapport avec leur poids industriel : Gallimard pour la littérature générale, Actes Sud pour les œuvres traduites ou Flammarion pour les beaux-livres.

Enfin, il existe une édition régionale très vivace centrée sur l'histoire locale, le tourisme ou les métiers.

Quant à la diffusion, elle est concentrée entre les grandes surfaces spécialisées (Fnac, Virgin) pour 22 %, les grandes surfaces (super et hypermarchés) pour 20 % et les clubs (18 %). Le prix unique du livre a permis le maintien d'un

Salon du livre : le rendez-vous annuel des lecteurs et des auteurs.

1   À quoi correspondent ces trois chiffres ?

a. 33 000 : ....

b. 100 millions : ....

c. 85 millions : ....

2   Dans quel domaine interviennent ces différents groupes ?

a. Pathé : ....

b. Gaumont : ....

c. Editis : ....

d. Fnac : ....

e. UGC : ....

f. Hachette : ....

g. Virgin : ....

3   Livres – Retrouvez :

a. le nombre de maisons d'édition : ....

b. le nombre de livres vendus : ....

c. le pourcentage de livres vendus dans les grandes surfaces : ....

4   Disques – Qui écoute quoi en pourcentage ?

a. Variété internationale : ....   **d.** Variété française : ....

b. Jazz : ....   **e.** Musique de films : ....

c. Musique classique : ....

5   Cinéma – Remplissez la fiche suivante :

a. Nombre de spectateurs : ....   **c.** Nombre de salles de cinéma : ....

b. Nombre de films produits : ....

6   Qu'appelle-t-on une liseuse ?

....

7   Quel est le nombre de titres sur les plates-formes de téléchargement ?

....

réseau de librairies sur l'ensemble de la France. L'édition du livre va devoir relever le défi de l'édition électronique : le e-book ou liseuse.

• Disques : la concurrence est en ligne !

L'industrie musicale est dominée en France par les grands labels mondiaux (Universal Music, Sony Music, EMI, Warner Music, BMG) qui réalisent 95 % des ventes de disques. Il se vend aujourd'hui en France environ 100 millions de disques, un marché en baisse constante depuis 2005. La variété française reste prédominante (33 %) devant la variété internationale (26 %), les compilations (22 %), le classique (5 %), le jazz (3 %) et les musiques de films (2 %). Les labels indépendants essaient de s'imposer par une politique innovante et des liens de proximité avec les milieux musicaux

Comme partout ailleurs, l'industrie du disque subit les effets du téléchargement gratuit, du piratage, mais attend beaucoup du développement des sites payants de musique en ligne, le nombre de titres disponibles sur les plates-formes dépassant les 800 000. Internet permet aussi aux éditeurs de musique de mieux faire connaître leur production et de découvrir de nouveaux talents. Les jeunes compositeurs et interprètes peuvent aussi trouver là un moyen de se faire connaître directement du public.

• Cinéma : une fréquentation en hausse

La France, avec 1 500 sociétés de production, produit chaque année 220 films qui attirent environ 85 millions de spectateurs (sur 200 millions) en 2009. Les films français réalisent autour de 40 % de parts de marché faisant parfois jeu égal avec la production américaine. 160 sociétés assurent la distribution mais dix réalisent 90 % du chiffre d'affaires dont les trois grandes, Gaumont, Pathé, UGC, présentes tout à la fois dans la production et la distribution.

Gaumont et Pathé, presque nés en même temps que le cinéma, possèdent aujourd'hui, avec Europalaces, le premier réseau de salles en France devant UGC (né en 1971) qui exploite une soixantaine de multisalles représentant 300 écrans. Malgré un total de 4 400 salles, ces trois majors réalisent 50 % des entrées.

Festival de Cannes : le rendez-vous mondial du cinéma le plus médiatisé.

8 **Lisez le tableau des plus grands succès.**

a. Quels sont ceux qui sont des adaptations d'un livre ?

....

....

....

b. Quel titre évoque :

– un caractère : ....

– une profession : ....

– une condition religieuse : ....

c. Quels titres renvoient à une action ?

....

....

....

....

d. Quels sont les titres caractérisés par un article défini dans le titre ? ....

....

....

....

■ **Les dix plus grands succès français de tous les temps (en millions d'entrées)**

- *Bienvenue chez les Ch'tis* (comédie sociale) : 20,2
- *La Grande Vadrouille* (comédie d'aventure) : 17,2
- *Astérix et Obélix : Mission Cléopâtre* (comédie de fantaisie) : 14,3
- *Les Visiteurs* (comédie historique) : 13,7
- *Le Petit Monde de Don Camillo* (comédie satirique) : 12,7
- *Le Corniaud* (comédie de caractère) : 11,7
- *Taxi 2* (comédie d'action) : 10,3
- *Trois Hommes et un couffin* (comédie sociale) : 10,2
- *La Guerre des boutons* (comédie) : 9,9
- *Les Misérables* (drame romanesque) : 9,9

9 **Faites un résumé des films suivants en vous aidant d'Internet ou de dictionnaires des films.**

a. *Bienvenue chez les Ch'tis* : ....

....

....

....

b. *Astérix et Obélix : Mission Cléopâtre* : ....

....

....

....

c. *Taxi 2* : ....

....

....

....

d. *Les Misérables* : ....

....

....

....

UN COMBAT : LA DIVERSITÉ CULTURELLE

La France a mis beaucoup de temps à donner une version positive de ce qui est apparu long-temps comme la peur d'un vieux pays à affron-ter la modernité, accepter la concurrence ou voir son identité remise en cause, peur à laquelle elle avait donné un nom de combat, exception. Un combat qui a aussi son ennemi: l'américanisation.

• Américanophilie et américanisation

Le rapport franco-américain est complexe au point que l'amitié et l'affrontement y font bon ménage. L'un comme l'autre représentent l'un pour l'autre la différence radicale. La fascination tient pour beaucoup à une admiration culturelle et intellectuelle réciproque: la France constitue pour les États-Unis la meilleure porte d'entrée pour la notoriété de ses artistes hors de son ter-ritoire: ils y sont reconnus souvent bien au-delà de ce qu'ils peuvent espérer, y compris dans leur propre pays. Cinéastes (Woody Allen, Clint Eastwood, mais avant eux, Nicholas Ray,

Alfred Hitchcock ou John Huston), écrivains (Melville, Faulkner, Paul Auster ou Philip Roth), jazzmen (Chet Baker, Miles Davis ou Brad Meldhau), chorégraphes (Merce Cunningham, Carolyn Carlson) sont autant de preuves de la curiosité, l'admiration que le public français voue à ce qu'il considère comme le meilleur des États-Unis, leur culture. Et les États-Unis le lui rendent bien: ils se passionnent pour ce qu'en matière de sciences humaines et sociales (de Sartre à Beauvoir et de Foucault à Derrida), la culture française leur apporte comme outil de spéculation ou de recherche; ils sont souvent les meilleurs connaisseurs et défenseurs de la musique française (de Debussy à Poulenc et de Ravel à Boulez); le nouveau cinéma américain (de Scorsese à Soderbergh et Gus van Sant) n'a jamais caché son tribut à la Nouvelle Vague (Truffaut) en matière d'écriture filmique; les écrivains (de Camus à Yourcenar et à Simenon) et surtout les peintres (de l'École de Paris jusqu'à Klein, Dubuffet et Buren) ont longtemps

La langue française appartient à la Francophonie qui la magnifie par ses œuvres.

1   Citez des exemples de l'américanophilie culturelle en France.

....

....

....

....

2   Quels domaines portent la marque d'une francophilie culturelle américaine ?

....

....

....

....

3   Quels sont les traits de l'américanisation ?

....

....

....

....

4   À quoi correspondent ces trois dates ?

a. 1946 : ....

b. 1949 : ....

c. 1990 : ....

5   Quelles mesures liées à ces trois dates ont eu des effets bénéfiques sur la diffusion de la culture française ?

....

....

....

....

6   Le combat pour la diversité. Retrouvez les moments de ce combat.

a. 1993 : ....

b. 1998 : ....

c. 1999 : ....

d. 2003 : ....

été les fers de lance de la francophilie culturelle américaine. L'américanisation est en revanche vécue en France comme une menace majeure parce qu'elle est symbole d'uniformisation par le bas: modes alimentaires et vestimentaires, produits télévisuels et cinématographiques *main stream*, même s'ils sont plébiscités par le public français, sont considérés, théorisés comme une tentative de mainmise marchande sur la culture et l'identité, devenues produits soumis à des standards et surtout aux lois du marché et à la concurrence.

Diversité : maître mot de la culture francophone.

• Défense de l'exception culturelle

C'est au nom de cette menace de mainmise marchande sur la culture et l'identité que la France a obtenu en 1993, dans le cadre des accords du GATT, que les produits culturels ne soient pas considérés comme des produits comme les autres mais comme des exceptions. Ce combat de la France a souvent été interprété comme une peur française d'affronter la concurrence par manque d'arguments culturels ; ce qui n'est pas le cas puisqu'on peut considérer que la France a su depuis longtemps se doter d'outils pour affronter cette concurrence ou faire en sorte qu'elle ne détruise pas sa propre industrie culturelle. C'est ainsi que la loi de 1949, sur la protection pour les publications francophones destinées à la jeunesse, va permettre la diffusion de l'école belge (Hergé avec Tintin) de bande dessinée ; de la même manière les accords Blum-Byrnes de 1946, favorables à la diffusion des films américains, seront détournés et permettront, sur le dos du succès du cinéma américain, la reconstruction de l'industrie cinématographique française qui fait aujourd'hui jeu presque égal avec la production américaine sur son territoire ; les industries musicale et télévisuelle bénéficieront à partir de 1990 de quotas de diffusion (40 % des programmes diffusés devront être d'origine francophone) qui leur assureront des moyens qui sont largement à l'origine de leur renouvellement et de leur forte présence sur le marché international (musiques électroniques ; dessins animés ; sitcoms ; fictions).

Cette revendication d'exception appliquée aux produits culturels a abouti à la suspension des négociations à l'OCDE en 1998 et au retrait des produits culturels de la libéralisation du commerce mondial à Seattle en 1999, à l'occasion de l'avant-dernière réunion de l'OMC.

• Pour la diversité culturelle

L'exception culturelle ayant décidément trop de relents nationalistes et protectionnistes même pour de bonnes raisons, l'organisation du mouvement francophone aidant, la France allait enfin donner de cette revendication une version souriante et positive qu'elle allait nommer diversité culturelle.

Sous cette étiquette, il allait alors être beaucoup plus facile de mobiliser peuples et cultures en mal d'identité ou en délicatesse avec les États-Unis. Le concept allait alors prendre du corps et le combat se déplacer de l'OMC aux Nations unies, à l'Unesco.

C'est en octobre 2003 au terme d'une longue négociation qu'allait être approuvée et votée à l'Unesco, la Convention sur la diversité culturelle.

6   Trouvez la signification des sigles suivants :

a. GATT : ....

b. OCDE : ....

c. OMC : ....

d. Unesco : ....

7   Cherchez dans le livre les informations sur les artistes suivants :

a. Michel Foucault : ....

....

....

....

b. Francis Poulenc : ....

....

....

....

c. François Truffaut : ....

....

....

....

....

d. Albert Camus : ....

....

....

....

....

e. Georges Simenon : ....

....

....

....

....

f. Marguerite Yourcenar : ....

....

....

....

*Francofolies : le rendez-vous annuel
de la musique francophone à La Rochelle*

7 LES GRANDS COURANTS INTELLECTUELS

L'INTELLECTUEL, L'ENGAGEMENT ET L'OPINION

Le mot «intellectuel» apparaît en 1898 pour désigner les savants, universitaires, littérateurs et essayistes, qui, au nom de la défense d'une cause (ici l'universalité de la justice) et des valeurs républicaines, ont pris, à la suite de Zola et de son fameux «J'accuse», la défense du capitaine Dreyfus accusé d'intelligence avec l'ennemi. Le mot est passé dans le vocabulaire courant pour désigner une posture (d'où l'adjectif «intello» pour désigner cette posture), celle de celui qui, au nom de sa compétence généraliste, se donne le droit ou se confère le devoir d'interpellation sur tel ou tel problème collectif (génocide, boat people en Méditerranée, sans-papiers, droit au logement) ou individuel (euthanasie, affaire judiciaire).

L'intellectuel se caractérise par son engagement : c'est Sartre dans le premier numéro (octobre 1945) de la revue *Les Temps modernes* qui va théoriser cette notion d'engagement. Sartre, Camus, Simone de Beauvoir incarneront jusqu'aux années 1960 la première génération d'écrivains engagés ; ils seront suivis par Michel Foucault et Pierre Vidal-Naquet qui entendent intervenir dans le débat public à partir de leurs travaux (1970), puis par le courant sociologique incarné par Alain Touraine, Edgar Morin et enfin Pierre Bourdieu, symbole du mouvement social des années 1990.

La scène intellectuelle de l'après-guerre est dominée par la référence au marxisme et par la place du Parti communiste. Au nom de la libération des peuples, elle s'engage contre l'impé-rialisme américain, le colonialisme, la guerre du Vietnam et défend le Tiers-monde. L'URSS, jusqu'en 1956 (intervention en Hongrie et rapport Khrouchtchev sur les crimes de Staline), Cuba, la Chine maoïste serviront de références à l'imaginaire intellectuel militant.

À partir de 1974, la traduction de *L'Archipel du Goulag* de Soljenitsyne ouvre le débat sur le totalitarisme qui irriguera la stratégie médiatique et éditoriale des «nouveaux philosophes» : *La Cuisinière et le mangeur d'hommes* (1975) et *Les Maîtres-Penseurs* d'André Glucksmann, *La Barbarie à visage humain* (1977) de Bernard-Henri Lévy s'attacheront à proclamer le déclin des idéologies totalitaires et à promouvoir la référence aux droits de l'homme.

La pensée libérale incarnée par Raymond Aron, principal critique de l'idéologie communiste (*Le Grand Schisme*, 1948 ; *L'Opium des intellectuels*, 1955) profite du retournement idéologique à partir des années 1980.

L'arrivée de la gauche au pouvoir en 1981 réduit l'espace protestataire des intellectuels sans pour autant générer une adhésion au nouveau pouvoir. Les débats sur la culture, l'identité (mouvement des beurs), le conflit en Bosnie, la mondialisation et l'altermondialisation, les mouvements sociaux, le 11 septembre, la guerre en Irak constitueront les terrains d'intervention à côté d'André Glucksmann et Bernard Henri-Lévy de Philippe Sollers, Alain Finkielkraut ou Régis Debray.

1 De qui parle-t-on quand on parle d'un « intello » ? Dites ce que recouvre l'emploi de ce mot.

....

....

....

2 Qui a théorisé la notion d'engagement et où ?

....

....

....

André Glucksmann, défenseur des droits de l'homme, Jean-Paul Sartre et Raymond Aron, au sortir du Palais de l'Élysée.

3 Dans quels médias interviennent les intellectuels ?

....

....

....

4 À quoi font référence ces ouvrages :

a. *L'Opium des intellectuels* : ....

b. *La Barbarie à visage humain* : ....

5 Retrouvez les différentes générations d'intellectuels qui sont intervenues dans le débat public.

a. 1945-1960 : ....

b. 1970 : ....

c. 1980 : ....

d. 1990 : ....

6 Quels sont les thèmes sur lesquels interviendront les intellectuels ?

a. Dans les années 1950 : ....

....

b. Depuis les années 1980 : ....

....

LES MAÎTRES-PENSEURS : SARTRE, BEAUVOIR, CAMUS.

Existence individuelle, liberté, choix personnels, ces thèmes associés à l'idée d'existentialisme ont été popularisés par Jean-Paul Sartre, Albert Camus et Simone de Beauvoir à travers leurs écrits et leurs prises de position.

• L'existentialisme

Écrits philosophiques, essais, études, mais surtout romans et pièces de théâtre, ces trois écrivains ont en commun de n'avoir pas choisi une seule forme pour mieux faire partager leur message, à savoir l'importance de l'engagement personnel dans la recherche du bien et de la vérité et la place accordée à l'interprétation donnée par un individu d'une situation dans laquelle il est impliqué. D'où la méfiance des existentialistes à l'égard de tout système de pensée. Le thème le plus marquant de l'existentialisme est sans doute celui du choix. La plupart des existentialistes font de la liberté de choix le trait distinctif de l'humanité.

Jean-Paul Sartre (1905-1980) a contribué à populariser le terme d'«existentialisme» qui allait connaître un retentissement international

Albert Camus, l'humaniste.

au lendemain de la Seconde Guerre mondiale. Cette popularisation d'un mouvement philosophique va jusqu'à être identifié à un quartier de Paris, Saint-Germain-des-Prés.

Sartre considère que l'homme a besoin de donner un fondement rationnel à sa vie mais qu'il est incapable de réaliser cette condition. Aussi la vie humaine est-elle à ses yeux une «futile passion». Néanmoins, Sartre souligne que l'existentialisme est une forme d'humanisme, et il met fortement l'accent sur la liberté de l'homme, sur ses choix et sa responsabilité.

Ces thèmes ont été popularisés par nombre de ses œuvres: son œuvre philosophique la plus connue, *L'Être et le Néant* (1943), ses romans, *La Nausée* (1938), *Le Mur* (1939), *Les Chemins de la liberté* (1945), ses pièces de théâtre *Les Mouches* (1943), *Huis-clos* (1944) ou *Les Mains sales* (1948) et son court essai, *L'existentialisme est un humanisme* (1945).

L'œuvre d'**Albert Camus** (1913-1960) est également associée à l'existentialisme: on y retrouve les grands thèmes abordés par l'existentialisme, comme celui de l'apparente absurdité et la futilité de la vie, de l'indifférence de l'Univers et de la nécessité de l'engagement en faveur d'une cause juste. Le roman *L'Étranger* (1942), l'essai *Le Mythe de Sisyphe* (1942) et les pièces de théâtre *Le Malentendu* et *Caligula* (1941) constituent ce qu'il a appelé lui-même le «cycle de l'absurde».

Jean-Paul Sartre, théoricien de l'engagement.

1 Donnez une définition de l'existentialisme.

....

....

2 Qu'est-ce que Beauvoir, Sartre et Camus ont en commun ?

....

....

3 Que veut-on dire quand on dit : « l'existentialisme est un humanisme » ?

....

....

4 Classez les œuvres de Sartre, Camus et Beauvoir suivant qu'il s'agit :

	Sartre	Camus	Beauvoir
a. d'œuvres philosophiques :			
b. de romans :			
c. de pièces de théâtre :			
d. d'essais :			

5 Retrouvez qui a associé son nom à :

a. la dénonciation de l'utilisation de l'arme nucléaire à Hiroshima : ....

b. la lutte du peuple algérien : ....

c. la défense des droits des femmes : ....

d. l'appui au mouvement étudiant de Mai 1968 : ....

e. la défense des dissidents soviétiques : ....

f. aux boat people vietnamiens : ....

6 À partir de quelle idée Simone de Beauvoir a-t-elle écrit *Le Deuxième Sexe ?*

....

....

....

....

Simone de Beauvoir et le combat féministe.

Simone de Beauvoir (1908-1986) a appliqué les considérations philosophiques liées à l'existentialisme en explorant la nature du rôle et du statut des femmes dans la société moderne.

Le Deuxième Sexe (1949), avec son postulat devenu universel, «On ne naît pas femme, on le devient», partant des connaissances biologique, psychanalitique, historique, anthrophlogique existant sur la femme, met l'accent sur le caractère irréductible de la condition féminine, pensée qui accompagnera tous les débats sur la condition féminine dans les décennies qui suivirent.

On retrouve aussi ce thème de la liberté du choix et de la responsabilité aussi bien dans ses romans intimistes comme *L'Invité* (1943) que dans son roman ayant pour cadre le nazisme et la résistance, *Le Sang des autres* (1945).

• L'engagement

Beauvoir, Camus et Sartre s'illustrent aussi par leurs combats.

Au-delà du combat féministe (droits des femmes, contraception, avortement), qui lui vaudra réputation et reconnaissance internationales, **Simone de Beauvoir** associera son nom à la lutte pour l'indépendance du peuple algérien, au soutien de la contestation des étudiants en 1968, à la dissidence soviétique et au conflit israélo-palestinien.

Albert Camus est considéré aujourd'hui comme une des grandes consciences morales de référence. Il le doit à son rejet de toute forme de totalitarisme, à ses prises de position qui refusent les oppositions simplistes durant la guerre d'Algérie, à sa dénonciation le 8 août 1945 de l'utilisation de l'arme nucléaire à Hiroshima. Ses prises de position humanistes lui vaudront, en 1957, de recevoir le prix Nobel.

Jean-Paul Sartre embrassera de nombreuses causes. Son nom est associé au soutien temporaire apporté aux révolutions marxistes soviétiques ou cubaines ; à ses prises de position contre la guerre d'Indochine, la guerre d'Algérie, la guerre du Vietnam ; à sa critique de l'impérialisme américain ; à son appui aux mouvements étudiants de 1968 et aux mouvements gauchistes à travers son soutien à la presse issue de ces mouvements (*La Cause du peuple* et *Libération*) ; à l'intérêt qu'il manifestera pour le conflit israélo-palestinien ; à ses manifestations de sympathie pour la bande à Baader, les dissidents soviétiques et les boat people vietnamiens. Prix Nobel 1964, il refusera le prix parce que, selon lui, «aucun homme ne mérite d'être consacré de son vivant».

Saint-Germain-des-Prés, quartier de Paris lié à l'existentialisme.

ACTIVITÉS

7 Quel est l'argument avancé par Sartre pour refuser le prix Nobel en 1964 ?

....

....

....

....

....

8 Quelles sont les œuvres de Camus qui constituent le « cycle de l'absurde » ?

....

....

....

....

....

....

....

....

■ **Saint-Germain-des-Prés**

Le quartier de Saint-Germain-des-Prés a commencé à exercer son pouvoir d'attraction sur les intellectuels dès le XVIIe siècle.
Au XVIIIe siècle, les Encyclopédistes se réunissaient au café Landelle, rue de Buci, ou au Procope, qui existe toujours. De même, les futurs révolutionnaires – Marat, Danton – habitaient le quartier.
Après la Seconde Guerre mondiale, le quartier de Saint-Germain-des-Prés est devenu un haut lieu de la vie intellectuelle et culturelle parisienne. Philosophes, auteurs, acteurs et musiciens se sont mélangés dans les boîtes de nuit et les brasseries, où la philosophie existentialiste a coexisté avec le jazz américain, dans les caves de la rue de Rennes, que fréquentait notamment Boris Vian.
C'est la grande époque de Jean-Paul Sartre et de Simone de Beauvoir, de la chanteuse Juliette Gréco, mais aussi des poètes, comme Jacques Prévert, et des artistes, comme Giacometti. Les cafés sont restés – Les Deux-Magots, le Café de Flore ou la brasserie Lipp –, là les touristes viennent poursuivre les ombres d'un passé où Saint-Germain-des-Prés était encore un village.

9 À propos de l'encadré. Ils ont été les figures de Saint-Germain-des-Prés.

a. un poète : ....

b. une chanteuse : ....

c. un sculpteur : ....

d. un philosophe : ....

e. un écrivain-musicien : ....

f. une romancière essayiste : ....

LES STRUCTURALISTES :
LÉVI-STRAUSS, FOUCAULT, LACAN, BARTHES

Le structuralisme a donné son nom à plusieurs courants de pensées dans des disciplines qui ont en commun l'idée que tout structuralisme repose sur un double statut des structures, à la fois *irréel* (comme forme abstraite d'organisation) et *réel* (comme réalisation concrète). Par conséquent, le structuralisme vise à mettre en évidence ces structures inconscientes par la compréhension et l'explication de leurs réalisations sensibles.

Hors de la linguistique, le structuralisme est devenu une méthode popularisée par les travaux de Claude Lévi-Strauss en anthropologie, Michel Foucault et Jacques Derrida en philosophie, Jacques Lacan dans le domaine de la psychanalyse et de Roland Barthes pour la sémiologie.

• Claude Lévi-Strauss (1908-2009) et l'anthropologie

Claude Lévi-Strauss découvre sa vocation d'ethnologue au Brésil où il enseigne au milieu des années 1930. De ses missions dans le Mato Grosso et l'Amazonie auprès des populations indiennes il rapporte ce qui sera le matériau de

Claude Lévi-Strauss et l'anthropologie structurale.

sa thèse, *Les Structures élémentaires de la parenté* (1949), qui, sur le plan théorique, doit beaucoup à sa rencontre à New York avec le linguiste Roman Jakobson, un des pères de la théorie structuraliste. Il y établit que les familles n'acquièrent des identités déterminées que par les relations qu'elles entretiennent les unes avec les autres

Mais c'est la publication en 1955 de *Tristes Tropiques* qui lui confère une reconnaissance publique qui va bien au-delà de celle de la communauté scientifique. À mi-chemin de l'autobiographie, de la méditation philosophique et du témoignage ethnographique, cet ouvrage sort des sentiers battus de l'ethnologie.

Avec la publication de son recueil *Anthropologie structurale* en 1958, il jette les bases de son travail théorique en matière d'étude des peuples premiers et de leurs mythes. Partant de l'idée qu'il n'y a pas une version unique «authentique» du mythe mais que toutes les versions sont des manifestations d'un même langage, il analyse chaque version en une série de propositions, chacune consistant en la relation entre une fonction et un sujet.

Au cours des années 1960-1970, il se consacre à l'étude des mythes, en particulier à la mythologie amérindienne, qui donnent lieu à la publication en plusieurs volumes des *Mythologiques : Le Cru et le Cuit* (1964), *Du miel aux cendres* (1967), *L'Origine des manières de table* (1968), *L'Homme nu* (1971). Partant à la recherche des unités fondamentales du mythe, il s'interroge sur les raisons pour lesquelles des contes si fantastiques et si arbitraires peuvent se ressembler autant d'une culture à l'autre.

De la pensée et de l'œuvre de Lévi-Strauss, on retiendra que les cultures ont la même force et la même dignité, parce qu'on trouve en chacune, aussi éloignée soit-elle des autres, des éléments poétiques, musicaux, mythiques qui sont communs ».

A C T I V I T É S

1 Quelle est la définition commune à toutes les disciplines du structuralisme ?

....

....

2 Quels sont les événements liés à ces villes chez Claude Lévi-Strauss ?

a. Brésil : ....

b. New York : ....

3 Retrouvez le titre de l'ouvrage de Claude Lévi-Strauss qui correspond à :

a. une thèse : ....

b. une autobiographie : ....

c. une réflexion théorique : ....

d. l'étude des mythes : ....

4 Quelle idée Lévi-Strauss se faisait-il de la diversité culturelle ?

....

• Michel Foucault (1926-1984) et la philosophie

Agrégé de philosophie, conseiller culturel en Suède, fondateur de l'Université libre de Vincennes (1968), professeur invité en Tunisie, aux États-Unis, fondateur du Groupe d'observation des prisons, professeur au Collège de France, la recherche, l'enseignement et l'action publique sont intimement liés dans l'œuvre de Michel Foucault. Une œuvre associée au mouvement structuraliste, surtout dans les années qui suivirent la publication des *Mots et les choses* (1966), même s'il marque par la suite sa distance vis-à-vis de l'approche structuraliste.

Son travail de philosophe est indissociable de ses prises de position sur l'actualité, et d'une problématisation permanente des identités collectives et des dynamiques politiques demouvement. Foucault est en effet connu pour ses critiques des institutions sociales, principalement la psychiatrie (*Histoire de la folie à l'âge classique*, 1961), la médecine, le système carcéral (*Surveiller et punir*, 1975) et pour ses idées et développements sur l'histoire de la sexualité (*Histoire de la sexualité*, 1976-1984), ses théories générales concernant le pouvoir et les relations complexes entre pouvoir et connaissance (*Archéologie du savoir*, 1969, et *L'ordre du discours*, 1971).

Michel Foucault s'est efforcé, dans la grande majorité de ses travaux, de se limiter à des problèmes concrets (la folie, l'emprisonnement, la clinique…); dans un cadre géographique très déterminé (la France, l'Europe, voire l'Occident) et à des cadres historiques précis (l'âge classique, la fin du XVIIIe siècle, l'Antiquité grecque, etc.).

Ses observations permettent de dégager des concepts excédant ces limites dans le temps et dans l'espace et conservent une grande actualité, qui fait que beaucoup d'intellectuels – dans une grande diversité de domaines – peuvent se réclamer de Foucault aujourd'hui.

• Jacques Lacan (1901-1981) et la psychanalyse

Figure contestée, Jacques Lacan a marqué le paysage intellectuel français et international,

Michel Foucault et l'ordre du discours.

tant par les disciples qu'il a suscités que par les rejets qu'il a provoqués. Docteur en psychiatrie (1932), membre de la Société psychanalytique de Paris (1934), Lacan ne cesse d'enseigner tout au long de sa carrière, successivement à l'hôpital Sainte-Anne, à l'École normale supérieure, puis à la Sorbonne.

Il se fait vite remarquer par ses communications: novatrice, comme son interprétation de l'épreuve du miroir, qui donne lieu à l'invention du «stade du miroir» en psychanalyse, ou polémique, comme le retour à Freud, ses idées structuralistes ou sa manière d'envisager la cure.

« L'inconscient est structuré comme un langage», cette phrase de Lacan est en effet centrale dans son élaboration théorique: il explique que «les phénomènes auxquels nous avons affaire dans l'analyse sont d'un ordre langagier. Le psychanalyste n'est pas un explorateur de continents inconnus ou de grands fonds, c'est un linguiste: il apprend à déchiffrer l'écriture qui est là, sous ses yeux, offerte au regard de tous. Mais qui demeure indéchiffrable tant qu'on n'en connaît pas les lois, la clé».

Il s'appuie ici sur la notion de structure, qu'il considère comme strictement équivalente à celle de langage. C'est dans son grand texte inaugural, «Fonction et champ de la parole et du langage», qu'il se réfère aux études de Claude Lévi-Strauss et qu'il introduit par ailleurs des concepts qui deviendront fondamen-

5 Quelles sont, dans l'itinéraire de Michel Foucault, les institutions qui correspondent à :

a. la recherche : ....

b. l'enseignement : ....

c. l'action : ....

6 Dans quelle œuvre Michel Foucault a-t-il pris pour objet :

a. les prisons : ....

b. les asiles psychiatriques : ....

c. la sexualité : ....

d. le pouvoir et la connaissance : ....

7 Qu'est-ce qui fait la cohérence de l'œuvre de Michel Foucault ?

....

....

....

MICHEL FOUCAULT

Histoire de la folie
à l'âge classique

tel gallimard

8 Dans quel ouvrage trouve-t-on rassemblé l'essentiel de la pensée de Lacan ?

....

....

....

9 Qu'ont en commun, dans la carrière de Jacques Lacan, la Sorbonne, l'hôpital Sainte-Anne et l'École normale supérieure ?

....

....

10 Autour de quelles prises de position de Lacan ont été à l'origine de polémiques ?

....

....

11 Autour de quelle idée s'est élaborée la pensée théorique de Lacan ?

....

....

Jacques Lacan :
« l'inconscient est structuré comme un langage ».

taux dans son œuvre: les trois ordres désormais liés, «le réel», «le symbolique» et «l'imaginaire». Les *Écrits*, parus en 1966 connaîtront un énorme succès et contribueront à une très large dissémination des thèses et des pratiques analytiques de Lacan.

• Roland Barthes (1915-1980) et la sémiotique

Le parcours de Roland Barthes (1915-1980) est celui d'un homme à la fois investi dans son époque et cherchant à garder une juste distance avec le monde.

Sémiologue mais surtout écrivain, sa pensée mobilise les discours critiques et théoriques (Marx, Freud, Saussure, Lévi-Strauss, Kristeva), en tant que de besoin. Mais ce qui unifie l'ensemble de son œuvre, c'est sa traque du langage institué. Qu'il s'intéresse au quotidien, à l'histoire, la mode, la littérature, la publicité, la photographie, la peinture ou le théâtre…, le projet de Barthes vise chaque fois à mettre à nu la structure et le sens.

L'œuvre de Roland Barthes peut être regroupé autour de trois grands axes:

– la société et ses systèmes: c'est dans les *Mythologies* (1967), modèle souvent imité et jamais égalé, que Barthes partant de la culture de masse, des objets du quotidien (langue proprement dite, photographie, peinture, affiche, rite, objet, etc.) entreprend «une critique idéologique portant sur le langage de la culture dite de masse et un premier démontage sémiologique de ce langage».

– la littérature et l'art: *Degré zéro de l'écriture* (1953), *Sur Racine* (1963), *S/Z* (1970), les écrits de Barthes dans le domaine de la critique vont être à l'origine d'une polémique avec la traditionnelle Sorbonne, qui défend l'approche de l'œuvre par la reconstruction de l'intention de l'auteur à laquelle Barthes oppose la prise en considération du seul texte de l'œuvre et la construction du sens par le lecteur.

– l'écriture de soi: *Roland Barthes par Roland Barthes* (1975), *Fragments d'un discours amoureux* (1977), *La Chambre claire* (1980); trois textes sur la quête de soi qui empruntent des chemins et des voix différentes: celle de l'auteur constitué comme personnage (R.B.) dans *Roland Barthes par Roland Barthes*, celle de la confrontation du texte littéraire et de l'expérience du narrateur-auteur dans les *Fragments d'un discours amoureux*, celle enfin de la médiation par la photographie dans *La Chambre claire*.

Roland Barthes et le plaisir du texte

12 À quoi correspond dans la pensée de Lacan :

a. le réel : ....

b. le symbolique : ....

c. l'imaginaire : ....

Jacques Lacan
Écrits

Le champ freudien
collection dirigée par Jacques Lacan
aux Éditions du Seuil, Paris

13 Sur quels domaines ont porté les travaux de Roland Barthes ?

....

....

14 Qu'est-ce qui unifie tous ces travaux ?

....

....

15 À quel grand axe de l'œuvre de Roland Barthes appartiennent :

a. *Le Degré Zéro de l'écriture* : ....

b. *Fragments d'un discours amoureux* : ....

c. *Mythologies* : ....

d. *Sur Racine* : ....

Roland Barthes
Mythologies

16 Définissez le projet des « Mythologies ».

....

....

17 Caractérisez l'approche de l'œuvre littéraire de Barthes.

....

....

L'ÉCOLE SOCIOLOGIQUE

Edgar Morin, Pierre Bourdieu, Alain Touraine et Michel Crozier sont considérés comme les phares de l'école sociologique française qui doit à **Raymond Aron** (1905-1983) sa renaissance après la Seconde Guerre mondiale. Davantage théoricien qu'homme de terrain, auteur d'ouvrages de référence, enseignant à la Sorbonne, à l'Institut d'études politiques et au Collège de France, Aron introduit en France la sociologie allemande, dominée par Max Weber. Après la guerre, Aron aide à découvrir les œuvres de Tocqueville ou de Walras Pareto. Ses recherches portent sur l'étude des sociétés industrielles, des rapports qui s'y instaurent entre la structure sociale et le régime politique. On lui doit la création en 1961 du Centre de sociologie européenne.

Dans *L'Homme et la Mort* (1951), *Le Cinéma ou l'homme imaginaire* (1956) puis dans *Le Paradigme perdu* (1973) et *Introduction à la pensée complexe* (1990), **Edgar Morin** pose la nécessité de n'aborder l'homme que dans sa nature multidimensionnelle et donc de refuser une approche sous une seule dimension qui le

découpe et s'interdit de le comprendre vraiment. D'où il importe de penser l'individu et la société dans une interaction permanente. Ces présupposés sont la base de son étude de la complexité humaine dont l'ambition vise à créer les outils mentaux indispensables pour appréhender l'irréductible complexité des affaires humaines.

C'est en observant les pratiques culturelles et les logiques de différenciation sociale que **Pierre Bourdieu** (1930-2002) a construit une œuvre vaste et ambitieuse que l'on peut résumer ainsi: la société est un espace de différenciation dans lequel les rapports de domination sont dissimulés car profondément intériorisés par les individus. Toute l'entreprise du sociologue va consister, en observant des populations de toutes sortes, paysans algériens et universitaires, patrons et ouvriers ou journalistes, à démonter les mécanismes de cette domination. Avec Jean-Claude Passeron, il étudiera dans *Les Héritiers* (1964) et *La Reproduction* (1970) comment l'école à travers ses contenus et ses méthodes contribue à reproduire les inégalités

Pierre Bourdieu : l'école et « la reproduction » des inégalités.

ACTIVITÉS

1 Attribuez ces notions :

a. l'homme multidimensionnel : ....

b. la distinction : ....

c. le sujet social : ....

d. l'analyse stratégique : ....

2 Quelles sont les œuvres que Raymond Aron a fait découvrir en France ?

....

3 Quelle institution crée-t-il en 1961 ?

....

....

4 Quels sont ses domaines de recherche ?

....

....

5 Qu'est-ce qui caractérise l'approche d'Edgar Morin ?

....

6 Comment Pierre Bourdieu définit-il la société ?

....

Alain Touraine analyse la conscience ouvrière.

7 Sur quelles populations Bourdieu a-t-il fait porter ses recherches ?

....

8 Définissez ces trois concepts :

a. habitus : ....

b. champ : ....

c. capital : ....

9 Quelle est la spécialité d'Alain Touraine ?

....

Edgar Morin : « le cinéma ou l'homme imaginaire ».

sociales et à favoriser les classes dominantes. Dans *La Distinction* (1979), son œuvre majeure, il fixe les concepts clés autour desquels s'articulent ses analyses, à savoir: la notion de *champ* (microcosme homogène, autonome et pertinent au regard d'une fonction sociale qui possède ses propres règles du jeu comme le champ artistique, journalistique, universitaire); la notion de *capital* (volume global de ressources détenues entre capital économique – fortune, salaires, revenus – et capital culturel – diplômes, connaissances et bonnes manières); et la notion d'*habitus* (matrice à travers laquelle nos voyons le monde et qui guide nos comportements et nos goûts). Ainsi, parce qu'elle est enfouie au plus profond de nos corps et de nos psychismes, la logique de distinction entérine la domination.

La force du travail de Bourdieu, sa reconnaissance internationale viennent d'avoir construit un schéma théorique à la fois unifié et foisonnant, sur la base d'une grande variété de terrains.

Alain Touraine est reconnu en France comme le spécialiste de l'analyse des mouvements sociaux. Son travail dans les usines Renault puis sur la conscience ouvrière (*Sociologie de l'action*, 1965) débouchera sur une théorie générale des mouvements sociaux et une vision globale de la société dans laquelle les acteurs collectifs cherchent à imposer leur projet qu'il nomme «historicité». L'entrée dans une société postindustrielle (*La Société postindustrielle*, 1969) conduit Touraine à s'intéresser à l'individu: d'abord à montrer comment la société est le produit de l'action sociale des individus; ensuite à préciser sa conception du sujet social (*Le Retour de l'acteur*, 1984) comme acteur social qui, porteur de valeurs, s'engage, ne calcule pas et souhaite «faire de sa vie un récit», c'est-à-dire lui donner un sens.

Sociologue de l'organisation et du pouvoir, **Michel Crozier** se fait connaître avec ses travaux sur *Le Phénomène bureaucratique* (1963) où il met au jour les mécanismes qui rigidifient l'organisation et bloquent toute capacité à évoluer et à s'adapter. Père de «l'analyse stratégique», ses recherches dans ce domaine ont eu un grand retentissement international: dans *L'Acteur et le Système* (1977), il étudie les relations de pouvoir et les effets des stratégies des acteurs dans l'organisation. Cette méthode est devenue une méthode de diagnostic organisationnel et d'accompagnement du changement de plus en plus usitée aussi bien par les sociologues que par les professionnels du management.

10 À quelle étape de la pensée d'Alain Touraine correspond chacun de ces titres :

a. *Sociologie de l'action* : ....

b. *La Société postindustrielle* : ....

c. *Le Retour de l'acteur* : ....

11 Sur quoi portent les travaux de Michel Crozier ?

....

12 Quel est l'apport de ses recherches sur « l'analyse stratégique » ?

....

Michel Crozier et « le phénomène bureaucratique » ; ici, la vision de Jacques Tati dans Play Time *(1966).*

LES « NOUVEAUX PHILOSOPHES »

C'est en 1976, à l'occasion de la parution d'un dossier du magazine *Les Nouvelles littéraires*, que naît l'expression «nouveaux philosophes», reprise un peu plus tard en couverture de *Time Magazine* et considérée comme l'événement médiatique le plus marquant de la vie intellectuelle française. Les représentants de ce nouveau courant sont Bernard-Henri Lévy et André Glucksmann, têtes de file, Jean-Paul Dollé, Jean-Marie Benoît, Gilles Sussong, Christian Jambet et Guy Lardreau.

Leur objectif visait à se démarquer des philosophes qui tiennent alors le haut du pavé, comme Michel Foucault et Gilles Deleuze, en leur reprochant d'être des intellectuels emmurés dans une «tour d'ivoire» et imperméables aux enjeux politiques nationaux et internationaux; à revendiquer une liberté critique qui refuse l'emprise des idéologies fasciste et communiste; et, pour ce faire, à recourir à une stratégie médiatique et éditoriale destinée à toucher le grand public: collection chez un grand éditeur, occupation des plateaux de télévision dont celui d'«Apostrophes», la célèbre émission de Bernard Pivot, et surtout critique virulente de l'enseignement philosophique dispensé par l'Université.

Leurs publications prennent pour objet la dénonciation du marxisme et des méfaits du communisme. Successivement, *La Cuisinière et le Mangeur d'hommes* (1975) d'André Glucksmann ainsi que *La Barbarie à visage humain* (1977) de Bernard-Henri Lévy s'en prennent aux horreurs du communisme stalinien. Le livre de Glucksmann contribue à décomplexer toute une partie de la gauche, qui hésitait encore à s'émanciper de l'emprise intellectuelle du marxisme-léninisme. Le dissident Vladimir Boukovski salue à l'époque Glucksmann d'un «bravo à l'homme qui débarrasse Paris de ses amours totalitaires».

Leur pensée s'articule par ailleurs autour de grands concepts tels que LA loi, LE pouvoir, LE maître, LE monde, LA rébellion, LA foi, etc., et procède par dualisme du type la loi et le rebelle, le pouvoir et l'ange. On y croise la métaphysique pessimiste d'un Jean-Paul Dollé, le spritualo-gauchisme des auteurs de *L'Ange* (1976), Christian Jambet et Guy Lardreau, ou encore la pensée droitisante de Jean-Marie Benoist, auteur de *Marx est mort* (1972).

Leur volonté d'engagement les trouve défenseurs des causes de la Tchétchénie pour Glucksmann et de la Bosnie ou de l'Afghanistan pour Bernard-Henri Lévy.

Que reste-t-il des nouveaux philosophes aujourd'hui? Si l'on en croit le philosophe slovène Slavoj Zizek, *«les "nouveaux philosophes" relèvent avant tout de l'étude anthropologique des fluctuations locales de la mode intellectuelle française»*; à ce phénomène médiatique, il oppose *«le travail théorique sur le phénomène "totalitaire" dans la pensée politique française d'aujourd'hui, représentée par des noms comme Claude Lefort ou Jacques, connus et discutés dans le monde entier!»*

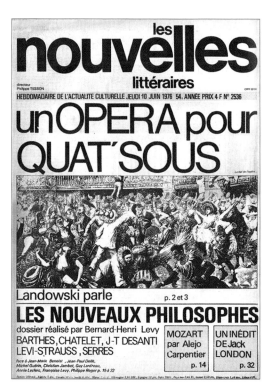

*Naissance d'une expression:
les « nouveaux philosophes ».*

1 Qu'ont en commun *Time Magazine* et *Les Nouvelles littéraires* ?

....

2 Qui sont considérés comme les chefs de file du mouvement des « nouveaux philosophes » ?

....

3 Attribuez ces œuvres à leur auteur.

a. *Dieu est mort* : ....

b. *La Cuisinière et le Mangeur d'hommes* : ....

c. *L'Ange* : ....

d. *La Barbarie à visage humain* : ....

4 Qu'ont en commun les écrits des « nouveaux philosophes » ?

....

5 Que reprochent-ils aux philosophes reconnus de l'époque ?

....

6 Définissez la stratégie de conquête du pouvoir intellectuel des « nouveaux philosophes ».

....

7 Quelles causes Bernard-Henri Lévi et André Glucksmann ont-ils particulièrement défendues ?

....

8 Qu'ont en commun les écrits des « nouveaux philosophes » ?

....

4 Quelles appréciations portent le dissident Vladimir Boukovski et le philosophe slovène Slavoj Zizek sur le phénomène des « nouveaux philosophes » ?

....

8

LE ROMAN

LE ROMAN EXPÉRIMENTAL

Structure, rapport à la narration, discours sur le roman en train de s'écrire, jeu avec les formes, le roman au XXe siècle a tout au long du siècle questionné la forme romanesque triomphante qu'il avait reçue en héritage du XIXe siècle, considéré alors comme l'âge d'or de cette forme. Et le XXe siècle a montré qu'on n'avait pas tout essayé, n'hésitant pas à rompre avec l'héritage, à démonter l'objet, voire à le détourner pour mieux le remonter autrement. Sur cette voie, **Marcel Proust** (1871-1922) occupe une place de choix. Avec son roman fleuve publié entre 1913 et 1927, *À la recherche du temps perdu* (*Du côté de chez Swann*, *À l'ombre des jeunes filles en fleurs*, *Le Côté de Guermantes*, *Sodome et Gomorrhe*, *La Prisonnière*, *Albertine disparue*, *Le Temps retrouvé*), récit tout à la fois de la fin d'un monde et d'une entrée en écriture, Proust convoque toutes les techniques narratives touchant la manière de raconter, le rapport au temps ou le rapport au récit en train de s'écrire. Sa phrase elle-même, réputée pour sa longueur, épouse à sa manière son projet : elle rend compte de sa démarche introspective, des méandres du psycho-récit et surtout du labyrinthe du moi. Livre foisonnant, *La Recherche* se prête à de multiples lectures ; on peut s'attacher à l'extraordinaire galerie de portraits qui la composent : du Baron de Charlus à la duchesse de Guermantes, de Saint-Loup à Albertine, de Madame Verdurin à Morel ou à Swann ; on peut suivre le récit d'amours voués à l'échec : illusion, jalousie, sado-masochisme, inversion, la Carte du Tendre proustienne suit des chemins tortueux et torturés ; on peut aussi préférer les grands morceaux de bravoure qui lient expérience du temps et expérience de l'art à travers trois figures, celle du musicien Vinteuil, de l'écri-

Marcel Proust (avec la raquette) et ses jeunes filles en fleurs.

vain Bergotte ou du peintre Elstir ; on peut enfin prendre *la Recherche* comme un grand roman balzacien, traité de sémiologie, radiographie terrifiante d'une comédie humaine.

Avec *Les Faux-Monnayeurs* (1925), **André Gide** (1869-1951) introduit la question du roman au cœur même de son récit. Au-delà de la peinture de différentes marginalités, l'auteur accorde une grande place aux réflexions du romancier et personnage principal, Édouard, dont le « Journal » fait l'objet d'abondantes citations dans le roman lui-même. Avec cette multiplication des points de vue, de l'écrivain, du narrateur, du narrateur sur le roman en train de s'écrire, c'est au lecteur qu'il revient de reconstruire le récit.

Valery Larbaud, Raymond Roussel, Raymond Queneau, Georges Perec s'inscrivent égale-

1 De quelle œuvre parle-t-on quand on évoque :

a. le recours au monologue intérieur : ....

b. l'écriture sous contraintes formelles : ....

c. l'invention verbale : ....

d. la multiplication des points de vue sur le roman : ....

e. le labyrinthe du moi : ....

2 Auquel des romans évoqués appartiennent ces personnages :

a. Édouard : ....

b. Bardamu : ....

c. Barnabooth : ....

d. Zazie : ....

e. Charlus : ....

3 Reconstituez la chronologie. Quelle œuvre est parue en :

a. 1908 : ....

b. 1913 : ....

c. 1914 : ....

d. 1925 : ....

e. 1932 : ....

f. 1947 : ....

g. 1978 : ....

4 Quelle œuvre invente le « néo-français » ? Caractérisez-le.

....
....
....

ment, chacun à leur manière, dans cette veine expérimentale attachée à la réflexion tant sur la structure que sur les modalités du récit.

Valery Larbaud (1881-1957) avec *Barnabooth, ses œuvres complètes* (1908-1913) n'a pas oublié qu'il est le traducteur de Joyce : dans ce récit à plusieurs entrées on passe du conte à la poésie et au journal intime ; l'auteur, s'il a recours au monologue intérieur, au psycho-récit à la troisième personne, se préoccupe aussi des questions de focalisation.

Avec *Impressions d'Afrique* (1910), poésies écrites sous contrainte à la manière de l'OuLiPo, et *Locus Solus* (1914), nom de la propriété d'un inventeur singulier qui peut ressusciter les morts, **Raymond Roussel** (1877-1933) travaille sur les procédures d'engendrement de l'œuvre par la mise en œuvre de variations sur les signifiants d'une phrase.

Raymond Queneau (1900-1976) et **Georges Perec** (1936-1982), plus près de nous, vont s'intéresser, eux, aux potentialités d'engendrement du récit. La création en 1960 de l'OuLiPo, Ouvroir de Littérature potentielle, allait ouvrir la voie à une création romanesque fondée sur des contraintes choisies et des combinatoires savantes que se donnent les auteurs : Queneau avait ouvert la voie avec les *Exercices de style* (1947), où la même scène dans un autobus est racontée de 99 manières

différentes ; il se voudra lui aussi un inventeur de langue : pour *Zazie dans le métro* (1959), roman, dans un Paris en grève… de métro, des rencontres de hasard de Zazie, et *Les Fleurs bleues* (1965), histoire d'amour dont les héros ne vivent pas à la même époque, Queneau invente un « néofrançais » à partir de déformations, de néologismes et d'onomatopées. Au programme de Perec, la disparition du « e » dans *La Disparition* (1969) et sa réapparition dans le bien nommé *Les Revenentes* (1972), et la structure en puzzle de *La Vie, mode d'emploi* (1978), véritable puzzle de romans, qui va jusqu'à introduire à l'un des étages de l'immeuble un créateur de puzzles.

C'est **Céline** qui poussera l'expérimentation romanesque du côté de la langue. La parution en 1932 du *Voyage au bout de la nuit* de **Louis-Ferdinand Céline** (1894-1961) fait l'effet d'une bombe par l'invention verbale qui conduit le récit picaresque du héros, Bardamu. Une langue charnue, populaire, vibrionnante, lyrique raconte l'épopée cauchemardesque et visionnaire d'un antihéros confronté à la guerre, au colonialisme, au travail à la chaîne, à la misère en banlieue et à la médiocrité. Le roman aura une influence considérable et annonce notamment le thème dominant de la littérature de la fin de la première moitié du XXᵉ siècle, celui de l'absurdité de la vie humaine.

Tableau de Gervex : univers proustien.

ACTIVITÉS

5 Caractérisez les thèmes d'*À la recherche du temps perdu* et de *Voyage au bout de la nuit*. Quelles conclusions en tirez-vous ?

....

....

....

6 Quelle est la particularité des deux romans *La Disparition* et *Les Revenentes* ?

....

....

7 Qu'ont en commun Elstir, Vinteuil et Bergotte ?

....

8 Quelles sont les œuvres qui correspondent à :

a. un discours sur l'œuvre en train de s'écrire : ....

b. un jeu avec les formes : ....

c. un autre rapport à la narration : ....

LA TRADITION PSYCHOLOGIQUE ET SOCIALE

La tradition psychologique fait partie de la marque de fabrique du roman français : c'est une question de style, d'attention accordée aux mouvements intérieurs des personnages et à leur évolution, de soin apporté à l'architecture, de dialogues composés avec science et de monologues bien construits. Cette matrice a donné lieu à bien des variations où se reconnaît le génie propre d'Alain-Fournier, Colette, Raymond Radiguet, François Mauriac, André Maurois, Julien Green ou encore Roger Vailland et Françoise Sagan.

Avec **Alain-Fournier** (1886-1914), le roman psychologique choisit la dérive poétique et la nostalgie de l'adolescence. Alain-Fournier met en scène dans *Le Grand Meaulnes* (1913) des adultes qui ne parviendront jamais à sortir de leurs fantasmes d'adolescence et dont la rêverie aventureuse, amoureuse, finalement romanesque viendra s'échouer sur le principe de réalité. Ce récit ambigu immergé dans un univers néo-symbolique fin de siècle avec forêt inquiétante,

Thérèse Desqueyroux *au cinéma avec Emmanuelle Riva et Philippe Noiret.*

domaine mystérieux, atmosphère hivernale de désolation, belle et prince charmant, fuites et apparition… possède un charme qui n'a jamais cessé d'opérer sur les adolescents.

Colette (1873-1954) apporte au roman psychologique le regard subversif de personnages frondeurs sur le monde et sur eux-mêmes : inauguré avec la série des *Claudine*, regard acide d'une jeune femme sur sa jeunesse, cette manière se retrouve dans les grands romans de la maturité : *Chéri* (1920) et *La Fin de Chéri* (1926), avec son héros jeune saisi par le mal de vivre dans une société vieille ; *Le Blé en herbe* (1923) pose un regard sans tabou sur les amours adolescentes ; *Sido* (1929), regard sans complaisance sur la personnalité de sa mère ; et *La Chatte* (1933), qui place au centre du récit l'aveuglement du héros par la jalousie.

Raymond Radiguet (1903-1923), météore des lettres françaises, illustre la fonction transgressive de ce type de roman : en deux titres, *Le Diable au corps* (1923) et *Le Bal du Comte d'Orgel* (1924), il peint les ravages d'une passion, celle d'une femme qui va jusqu'au bout de son désir.

Avec **François Mauriac** (1885-1970), le roman psychologique prend les allures d'un combat furieux entre les zones obscures des personnages et leurs aspirations morales. Pas de repos dans cette lutte entre le bien et le mal, entre la chair et l'esprit dont le héros ressort la plupart du temps défait : *Le Baiser au lépreux* (1922), *Le Désert de l'amour* (1925), *Thérèse Desqueyroux* (1927) et *Le Nœud de vipères* (1932) conjuguent combat individuel et affrontement à un ordre social oppressant, hypocrite et cruel.

Georges Bernanos (1888-1948) donne une tournure paroxystique à cette lutte, puisant son modèle chez Dostoïevsky : *Sous le soleil de Satan*

1　Comment définiriez-vous le roman psychologique français ?

....

2　Classez les auteurs appartenant à la tradition psychologique suivant que leur œuvre évoque :

a. une lutte : ....

b. des personnages qui n'acceptent pas d'entrer dans le monde adulte : ....

c. un combat entre individu et ordre social : ....

d. un déchirement entre corps et esprit : ....

e. un exercice de lucidité sur soi et les autres : ....

f. un anéantissement de soi par la passion : ....

3　À quel romancier appartiennent ces personnages féminins ?

a. Thérèse Desqueyroux : ....

b. Adrienne Mesurat : ....

c. Sido : ....

d. Moïra : ....

4　Retrouvez les titres qui ont une résonance religieuse.

....

5　Associez un auteur à chacun de ces mots.

a. un déchirement : ....　**d.** un combat : ....

b. une lutte paroxystique : ....　**e.** un ravage : ....

c. un aveuglement : ....

6　À quel thème associez-vous ces titres ?

a. *Le Diable au corps* : ....

b. *Le Blé en herbe* : ....

c. *Le Nœud de vipères* : ....

d. *Léviathan* : ....

(1926), *Journal d'un curé de campagne* (1936) disent dans un style écorché et avec une dimension quasi fantastique la lutte solitaire de gens simples contre le Mal.

Chez **Julien Green** (1900-1998), c'est le déchirement angoissé qui prévaut : aspiration mystique d'un côté et écrasement par les sens de l'autre. *Mont-Cinère* (1926), *Adrienne Mesurat* (1927), *Léviathan* (1929), *Moïra* (1950) explorent la face cachée de personnages qui ont toutes les apparences de la normalité.

La tradition du roman social héritée du Balzac de la *Comédie humaine* et surtout du Zola des Rougon-Macquart conserve un penchant pour le grand cycle. La littérature de la première moitié du XXᵉ siècle compte nombre de grands cycles romanesques : ils s'attachent à prendre en charge des fresques, qui se présentent tout à la fois comme des fresques sociales, la mise en scène des grands problèmes de leur époque et le suivi du destin de quelques fortes personnalités.

Les Thibaud (1922-1940) de **Roger Martin du Gard** (1881-1958), construit sur l'opposition entre deux frères, un pacifiste et un va-t-en guerre, est une saga qui cherche à rendre compte des débats idéologiques qui ont précédé et accompagné la Première Guerre mondiale.

Les Hommes de bonne volonté (1932-1947) de **Jules Romains** (1885-1972) met en scène un « vaste ensemble humain » et une somme de « destinées individuelles » qui vont traverser l'époque entre 1908 et 1933.

La Chronique des Pasquier (1933-1945) de **Georges Duhamel** (1884-1966) suit le destin des enfants de la famille Pasquier sur fond d'envahissement de la société par les progrès de la technologie.

Louis Aragon (1897-1982), lié au Parti communiste, s'essaie au réalisme social avec le cycle du *Monde réel* immergé dans l'histoire et la lutte révolutionnaire sans sacrifier les destins individuels des personnages. Si *Les Cloches de Bâle* (1934) font la part belle à la figure de Catherine et à ses luttes, *Les Beaux Quartiers* (1936) sont au contraire construits sur l'opposition plus classique de deux frères, les frères Barbentane, qui vont chacun accomplir leur destin, l'un dans l'engagement, l'autre dans la compromission. *Les Voyageurs de l'Impériale* (1942), situé pendant la Belle Époque, raconte les déchéances du professeur Mercadier là où *Aurélien* (1944), situé dans l'entre-deux-guerres, fait le récit d'un désenchantement amoureux et collectif.

7 Quelles sont les deux grandes œuvres du XIXe siècle appartenant à la tradition du roman social qui ont inspiré les cycles romanesques du XXe siècle ?

....

8 Citez deux œuvres de cette tradition qui sont construites sur l'opposition entre deux frères.

....

9 Quels œuvres ou cycles traitent des thèmes suivants :

a. Destruction de la famille par le progrès de la technologie : ....

b. Opposition idéologique liée à la guerre : ....

c. Désenchantement collectif : ....

10 Dans quelle œuvre trouve-t-on une femme comme personnage principal et quel est son prénom ?

....

11 Écrivez une courte note de présentation des romans suivants :

a. *Le Grand Meaulnes* : ....

....

....

b. *Thérèse Desqueyroux* : ....

....

....

c. *Le Diable au corps* : ....

....

....

d. *Chéri* : ....

....

....

e. *Aurélien* : ....

....

....

DU DÉSENCHANTEMENT ROMANESQUE À L'ACTION

Deux courants vont fortement structurer la production littéraire française: l'un qui prend ses racines dans l'épuisement d'une avant-guerre qui n'offre d'avenir que la prochaine guerre, l'autre qui prône l'engagement avec cette certitude que l'on peut agir sur le monde pour qu'il change.

• L'impossible fuite de soi

La Nausée (1938), *Le Mur* (1939) de **Jean-Paul Sartre** et *L'Étranger* (1942) d'**Albert Camus** vont dominer la production de l'époque: chez Sartre, la prise de conscience du héros, Roquentin, d'une existence dont il est impossible de fuir et dans laquelle on est emmuré; chez Camus, un personnage, Meursault, chez qui l'absurdité des actes répond à l'absurdité de la vie, étranger à ce qu'on lui reproche et à ce qu'on attend de lui.

«Foutue jeunesse, foutu siècle» répond en écho **Paul Nizan** (1905-1940) qui, dans *La Conspiration* (1938), dépeint une jeunesse trahie par un monde qui cherche avant tout à sauver sa peau.

C'est pendant cette période qu'apparaît l'expression «nouveau mal du siècle» en écho aux années 1820-1830: **Pierre Drieu La Rochelle** (1893-1945) a parfaitement illustré ce sentiment dans *Le Feu follet* (1931), roman de l'échec qui fait le récit des derniers jours d'Alain, un jeune oisif, homme à femmes, noctambule et drogué qui finit par se suicider.

Avec **Maurice Blanchot**, l'angoisse de l'absurde touche le langage lui-même et il met en scène au travers de ses récits, comme *Thomas l'Obscur* (1941), d'une manière dépouillée, l'impossibilité de la parole.

Dans l'immédiate après-guerre, un groupe d'écrivains appelé «**Les Hussards**», où se retrouvent entre autres **Roger Nimier** (1925-1962), **Antoine Blondin** (1922-1991) et **Michel Déon** (1919-), se distinguent par un désespoir léger qui refuse l'engagement en littérature et puise chez Stendhal la lucidité et l'ironie du spectateur pour décrire un spleen bien réel qu'on retrouve dans *Le Hussard bleu* (1950) et *Les Enfants tristes* (1951) de Roger Nimier, *Les Poneys sauvages* (1970) et *Un Jeune Homme vert* (1975) de Michel Déon, *L'Humeur vagabonde* (1955) d'Antoine Blondin, qui tous décrivent désenchantement, déroute des valeurs, aveuglement d'une époque qui leur a volé leur jeunesse.

• Agir sur le monde

Face à cette absurdité et ce désenchantement, il est des écrivains qui pensent avec **André Malraux** (1901-1976) que l'action et l'engagement donnent à l'homme une raison de vivre. *Les Conquérants* (1928), *La Condition humaine* (1933), *L'Espoir* (1937) retracent l'aventure d'hommes qui éprouvent dans la lutte les nécessités du dépassement de soi et les valeurs de solidarité.

On retrouve ce thème de la solidarité et du dépassement de soi dans et par l'action dans de nombreuses œuvres dont *Vol de Nuit* (1931) de **Saint-Exupéry** (1900-1944), *Un jeune homme seul* (1951) de **Roger Vailland** (1907-1965) ou *L'Armée des ombres* (1943) de **Joseph Kessel** (1896-1971).

Avec le thème de l'engagement, il s'agit ni plus ni moins selon Sartre de changer «à la fois la condition sociale de l'homme et la conception qu'il a de lui-même». La trilogie de **Sartre**, *Les Chemins de la liberté* (1945-1949) avec *L'Âge de raison*, *Le Sursis et La Mort dans l'âme*, le roman de **Simone de Beauvoir**, *Le Sang des autres* (1945), qui mêle intrigue amoureuse et engagement politique, *La Peste* (1947) de **Camus** avec le témoignage du Docteur Rieux sur la solidarité courageuse des hommes face à l'adversité, *Les Communistes* (1949-1951) de **Louis Aragon** sur son engagement et ses doutes militants et *Éducation européenne* (1945) de **Romain Gary** (1914-980), évocation généreuse de la Résistance sur le front de l'Est, forment autant de variations sur le thème de l'engagement.

1 Associez les personnages et les œuvres.

a. Docteur Rieux : ....

b. Roquentin : ....

c. Antoine : ....

d. Meursault : ....

e. Alain : ....

2 Quel roman évoque :

a. une existence absurde : ....

b. un dépassement de soi : ....

c. l'angoisse de l'absurde : ....

d. un spleen : ....

e. un nouveau mal du siècle : ....

f. un sentiment d'étrangeté : ....

Les existentialistes au temps de Saint-Germain-des-Prés.

3 Retrouvez quelle œuvre décrit :

a. une trahison : ....

b. un désenchantement : ....

c. une solidarité : ....

4 Sartre et Malraux ont-ils le même regard sur le monde ?

....

5 Relevez les différences chez Sartre et Camus entre :

a. *L'Étranger* et *La Peste* : ....

b. *La Nausée* et *Les Chemins de la Liberté* : ....

6 Quel est le principal reproche de ceux que l'on appelle « Les Hussards » à l'époque dans laquelle ils ont grandi ?

....

7 Quel titre de roman évoque :

a. une épidémie : ....

b. un état d'esprit : ....

c. un sentiment : ....

d. un comportement : ....

e. une manière d'être : ....

LE NOUVEAU ROMAN

Nouveaux romanciers : Alain Robbe-Grillet, Claude Simon, Claude Mauriac, Jérôme Lindon (éditeur), Robert Pinget, Samuel Beckett, Nathalie Sarraute et Claude Ollier.

C'est Émile Henriot, critique du journal *Le Monde*, qui invente en 1957 l'expression «nouveau roman», c'est Nathalie Sarraute qui lui donne son manifeste avec *L'Ère du soupçon* (1956), complété par les textes de Robbe-Grillet réunis sous le titre *Pour un nouveau roman* (1963), c'est une photo (reproduite ici), prise devant Les éditions de Minuit, dirigées par Jérôme Lindon, qui lui donne une réalité: une photo où l'on reconnaît Nathalie Sarraute, Samuel Beckett, Alain Robbe-Grillet, Robert Pinget, Claude Ollier, Michel Butor et Claude Simon, et c'est surtout un objet de fascination pour les universitaires qui ne sont sans doute pas pour rien dans la réputation *a priori* d'illisibilité, d'objet théorique de sécheresse ou de désincarnation du «nouveau roman».

Quelles sont les «positions» des nouveaux romanciers qui permettent de les considérer comme un groupe: d'abord des références communes qui les situent du côté de Joyce, Dostoïevski, Kafka, Proust, Svevo et Freud; ensuite un même rapport au personnage, un personnage qui n'est plus surdéterminé par son environnement mais un personnage à la suite de Kafka, sans contours, sans visage, sans corps, sans psychologie, indéfinissable et qui souvent a perdu jusqu'à son nom; enfin un même rapport accidentel au monde, le refus d'une connivence entre l'homme et les choses qui va engendrer un certain type de regard et de description, et donner un autre statut au personnage qui désormais «n'éprouve à leur égard ni accord ni dissentiment d'aucune sorte», qui «ne leur demande rien».

Au-delà de ces «positions», chacun va faire œuvre et laisser une œuvre singulière qu'il convient d'aborder, débarrassée de son étiquette historique.

Nathalie Sarraute (1902-1999) construit un véritable théâtre de la parole: toute son œuvre part de ces fameux *Tropismes*, écrits en 1939, ces «mouvements indéfinissables qui glissent très rapidement aux limites de notre conscience; ils sont à l'origine de nos gestes, de nos paroles, des sentiments que nous manifestons, que nous croyons éprouver». Tout mot, souvent un lieu commun, peut être à l'origine d'un conflit qui deviendra roman: *Portrait d'un inconnu* (1948), *Le Planétarium* (1959), *Vous les entendez* (1972), *Ici* (1995) nous relatent cette expérience de ces échanges anodins qui peuvent devenir des catastrophes, pour lesquels Nathalie Sarraute construit une dramaturgie implacable qu'on retrouve également dans son théâtre et qui laisse le lecteur ou le spectateur littéralement suspendu aux lèvres des personnages.

Alain Robbe-Grillet (1922-2008) est un écrivain malicieux, un joueur peut-être même un peu tricheur, en tout cas jubilatoire. Il commence avec *Les Gommes* (1953) par une parodie, une parodie de roman policier qui est aussi une réécriture du mythe d'Œdipe; dans *La Jalousie* (1957), il s'amuse avec le triangle amoureux classique, la femme, l'homme et l'amant qui est aussi le narrateur, un narrateur qui se dédouble en un troisième personnage invisible dans le

1 Où et quand trouve-t-on pour la première fois l'expression « nouveau roman » ?

....

2 Quelles sont les deux œuvres qui donnent un cadre théorique au mouvement ?

....

3 Quels sont les *a priori* des lecteurs face au nouveau roman ?

....

4 Quels sont les écrivains qui constituent les références des « nouveaux romanciers » ?

....

5 Quelle conception du personnage et de son rapport se trouve développée chez les « nouveaux romanciers » ?

....

6 Retrouvez à quel écrivain appartient chacune de ces caractéristiques.

a. Joueur : ....

b. Proustien : ....

c. Théâtre de la parole : ....

d. Expérimentation permanente : ....

7 Quel écrivain travaille plutôt :

a. la manipulation du récit : ....

b. le rapport temps-espace : ....

c. la perte de cohérence des personnages : ....

d. la dramaturgie de la parole : ....

e. le rapport à l'Histoire : ....

f. l'identité menacée par le désir : ....

8 L'essai *Pour un nouveau roman* paraît en 1963. Relevez les titres des œuvres qui sont parues avant cette date. Quelle conclusion en tirez-vous ?

....

L'Année dernière à Marienbad : *scénario d'Alain Robbe-Grillet, réalisation d'Alain Resnais.*

récit mais bien présent, manifesté uniquement dans les descriptions ; avec *Dans le labyrinthe* (1959), figure mythologique évidente, tout est fait pour que le lecteur perde le fil, confronté à un matériau disloqué par lequel la narration prolifère. Indécidable.

Michel Butor (1926) explore à la manière de Proust le rapport temps-espace. Soit un personnage enfermé dans un lieu unique (un train dans *La Modification*, 1957) et pour un temps limité, et qui profite de ce moment pour laisser sa pensée voyager dans l'espace et dans le temps, entre Paris et Rome dans *La Modification* ou chercher à reconstituer (sans y parvenir) l'année qu'il a passée à Bleston dans *L'Emploi du temps* (1956).

Robert Pinget (1917-1997) nous livre des récits dans lesquels les personnages ont beaucoup de mal avec la cohérence. La preuve avec *L'Inquisitoire* (1962) où l'interrogatoire d'un domestique fait surgir un monde qui petit à petit sombre dans l'irrationnel. Dans *Quelqu'un* (1965), *Fable* (1971) ou *Cette voix* (1975), les personnages inventent eux aussi des univers qui ne sont jamais stables où les choses se décalent souvent de manière imperceptible.

Claude Simon (1913-2005), prix Nobel 1985, est sans aucun doute le plus proustien des nouveaux romanciers. Par l'architecture des œuvres (*La Route des Flandres*, 1960 ; *Le Palace*, 1962 ; *Les Géorgiques*, 1981 ; *L'Acacia*, 1989) qui se présentent toutes comme une saisie du monde par une conscience individuelle qui, affranchie du temps et de l'espace, reconstruit les faits de manière non réaliste. Par la phrase aussi, qui, à la manière de la phrase proustienne, se développe, prolifère pour mieux appréhender le temps et l'espace. Mais surtout Claude Simon, par son interrogation sur l'Histoire, par la place que le récit de guerre occupe dans son œuvre, par la magie et la poésie de son écriture est un des rares écrivains épiques de la littérature française.

Marguerite Duras (1914-1996) peut être assimilée au nouveau roman, parce que toute son œuvre romanesque, cinématographique ou théâtrale constitue une expérimentation permanente qui la place esthétiquement au cœur de bien des aventures : celle de la Nouvelle Vague avec *Hiroshima, mon amour* (1958) qu'elle écrit pour Alain Resnais ; celle du nouveau roman et de l'expérimentation post-nouveau roman ; celle de l'écriture féminine ; celle aussi des écritures cinématographiques expérimentales à partir des années 1970. La constance de cette présence explique aussi la reconnaissance du grand public avec le succès planétaire de *L'Amant* (1984).

L'ébranlement est au cœur de toute l'œuvre de Marguerite Duras ; il en constitue le sentiment dominant et le moteur esthétique : ébranlement que l'on retrouve dans les portraits de personnages (femmes ou hommes) à l'identité menacée par le désir amoureux qui traversent *Un barrage contre le pacifique* (1950), *Le Marin de Gibraltar* (1952), *Les Petits Chevaux de Tarquinia* (1953) mais aussi *Le Ravissement de Lola V. Stein* (1964), *Le Vice-consul* (1966) ; moteur esthétique qui donne sa forme à *Moderato Cantabile* (1958) entre mémoire, mensonge et pulsions, *L'Amante anglaise* (1967) qui joue avec les points de vue, ou *L'Amant* qui superpose les temporalités.

9 Quels sont les titres qui renvoient à :

a. un événement historique : ....

b. un lieu géographique : ....

c. un lieu urbain : ....

d. une référence à l'Antiquité : ....

e. un objet du quotidien : ....

f. une personne : ....

g. un sentiment : ....

h. un événement sonore ou auditif : ....

10 Quels sont les récits dans lesquels le temps joue un rôle important comme :

a. mémoire : ....

b. souvenir : ....

c. durée : ....

L'adaptation cinématographique du roman de Marguerite Duras, L'Amant.

LES NOUVEAUX CLASSIQUES

On s'accorde à considérer aujourd'hui que Julien Gracq, Marguerite Yourcenar, Albert Cohen, Romain Gary, Michel Tournier, Jean-Marie Gustave Le Clézio, Patrick Modiano, Pascal Quignard et plus récemment Françoise Sagan font partie des «nouveaux classiques».

L'expression «nouveaux classiques» signifie que ces œuvres font l'objet d'une large reconnaissance critique et publique, que par leur thème, leur mode narratif et leur écriture, elles touchent à une part d'universel et qu'on en retrouve des extraits dans les anthologies scolaires.

Julien Gracq (1910-2007) a fait le pari de l'écriture en faisant surgir son œuvre du «capital de rêverie de la langue». *Le Rivage des Syrtes* (1951), son livre le plus célèbre, tient par la force du symbole, la fascination de la destruction et doit beaucoup à Jünger (*Les Falaises de marbre*).Les autres titres, *Au château d'Argol* (1938), *Un balcon en forêt* (1958), *Un beau ténébreux* (1945) et *La Presqu'île* (1970), tiennent d'abord par le lyrisme d'une écriture intense et riche accordée aux mouvements de la nature et qui révèle le lien profond qui unit l'homme aux forces de la nature.

Marguerite Yourcenar (1912-1987), première femme élue à l'Académie française en 1980, puise son aspiration dans la matière historique pour nous restituer à la fois un personnage et une histoire qui d'abord nous parlent d'aujourd'hui : *Les Mémoires d'Hadrien* (1951) est le long monologue introspectif de l'empereur romain en forme de lettre destinée à son successeur, méditation sur le Temps, l'Histoire et le pouvoir, non sans résonance avec la période fasciste et la Seconde Guerre mondiale ; *L'œuvre au noir* (1968) fait le portait fictif de l'alchimiste et médecin Zénon, humaniste éclairé qui, au cours de son voyage initiatique, est confronté à toutes les démences et à tous les obscurantismes. Elle laisse également un vaste ensemble autobiographique, *Le Labyrinthe du monde*, véritable saga anthropologique, récit

d'une entrée en écriture à partir d'une double remontée spatiale du temps, l'espace-temps de la mère et du père, ses deux côtés proustiens.

Albert Cohen (1895-1981) reste l'écrivain d'un seul livre, *Belle du Seigneur* (1968), livre culte, chef-d'œuvre sur la passion amoureuse et la destruction d'un couple, création de deux nouveaux archétypes amoureux, Solal et Ariane. Pourtant ce roman s'inscrit dans une vaste saga, celle des *Mangeclous* qui inclut *Solal* (1930), *Mangeclous* (1938) et *Les Valeureux* (1969), dont on retiendra surtout l'écriture hyperbolique qui est la marque de fabrique d'Albert Cohen.

Françoise Sagan (1935-2004), lectrice boulimique, a trouvé son nom chez Proust et le titre de son premier roman chez Eluard. Longtemps considérée comme un écrivain «de son temps», rapide et superficiel, associée à une unique image, «la petite musique de son style», Françoise Sagan bénéficie d'une réévaluation spectaculaire de son œuvre. Si *Bonjour tristesse* (1954) demeure la marque de fabrique de l'auteur, cette hymne à la tristesse qui seule survit à la perte des valeurs, il témoigne d'une gravité qui est la marque de l'œuvre entière. Une œuvre construite sur les jeux d'apparences, de «faux-fuyants» que viennent détruire à la manière proustienne des jugements au scalpel et des analyses sans illusion sur le monde de ses personnages et sur ses personnages eux-mêmes. Le tout servi par une phrase rapide et très ciselée. *Un certain sourire* (1956), *Aimez-vous Brahms ?* (1959), *Un peu de soleil dans l'eau froide* (1969), *Des bleus à l'âme* (1972), *Le Lit défait* (1977), *Une femme fardée* (1981), *Avec mon meilleur souvenir* (1984) forment autant de témoins à celle qui disait : «écrire est la seule vérification que j'ai de moi-même».

Romain Gary (1914-1980) est devenu un classique sous le nom d'Émile Ajar, dont la vie littéraire commence avec la parution de *Gros-Câlin* (1974) et s'achève avec celle de *Pseudo* en 1976 où Ajar évoque son oncle redoutable qui est en

A C T I V I T É S

1 Qu'est-ce qui caractérise un « nouveau classique » ?

....

2 De quel écrivain parle-t-on quand on évoque :

a. le donjuanisme en écriture : ....

b. un jeu d'apparences et de faux-fuyants : ....

c. un lieu d'énonciation d'une survie : ....

d. le capital de rêverie de la langue : ....

e. une inspiration qui vient de la matière historique : ....

f. un goût pour le récit symbolique : ....

g. un écrivain qui en cache un autre : ....

h. une exploration du rapport cruel entre l'homme et le monde : ....

i. une littérature qui ignore le temps : ....

3 À quel roman appartient chacun de ces personnages :

a. Momo : ....

b. Hadrien : ....

c. Vendredi : ....

d. Solal : ....

e. Madame Rosa : ....

f. Ariane : ....

g. Lalla : ....

h. Zénon : ....

i. Dora : ....

Le monde généreux de Gary-Ajar :
La Vie devant soi avec Simone Signoret.

4 À propos de quelle œuvre parle-t-on de :

a. saga anthropologique : ....

b. création d'archétypes amoureux : ....

c. évocation langagière haute en couleur : ....

d. inversion des signes : ....

e. simplicité universelle du conte : ....

f. jugements au scalpel : ....

g. traque infinie des indices : ....

h. plier la langue aux nuances subtiles du monde : ....

i. lien profond qui unit l'homme et la nature : ....

réalité lui-même, Romain Gary, seul écrivain à avoir reçu deux fois le prix Goncourt. Entre ces deux dates un chef-d'œuvre : *La Vie devant soi* (1975), rencontre improbable entre Momo, petit garçon arabe, et une vieille dame juive, Madame Rosa, évocation langagière haute en couleur de mots d'un quartier où se croisent Arabes, Juifs et Noirs. Le succès d'Émile Ajar sera l'occasion de redécouvrir l'œuvre de Romain Gary commencée avec *Éducation européenne* (1945), primée avec *Les Racines du ciel* (1956), et de rechercher les ponts entre les thèmes, les personnages et les écritures des deux œuvres.

Michel Tournier (1924) s'est fait une spécialité du récit symbolique. Il puise son matériel dans les mythes littéraires ou les textes sacrés en pratiquant souvent une inversion des signes, en tout cas en orchestrant leur manipulation. C'est ainsi que *Vendredi ou Les limbes du Pacifique* (1968) fait de Vendredi l'initiateur de Robinson à ses propres valeurs ; quant au *Roi des Aulnes* (1970), il reprend le thème d'une légende germanique mise en poème par Goethe pour explorer le thème de l'ogre dévoreur d'enfants dans le contexte de l'Allemagne nazie. Le thème biblique des rois mages est repris dans *Gaspard, Melchior et Balthazar* (1980) et celui de l'immigration à travers la poursuite de l'image de soi dans *La Goutte d'Or* (1986), titre polysémique s'il en est.

L'œuvre de **Jean-Marie Gustave Le Clézio** (1940), prix Nobel en 2008, dans son exploration du rapport cruel de l'homme au monde, dans sa nostalgie d'un rapport fusionnel à jamais rompu et dans son rejet du matérialisme, s'attache à décliner ces thèmes, que ses écrits prennent la forme de roman (*Le Procès-Verbal*, 1963), qu'ils empruntent au récit autobiographique (*Le Chercheur d'Or*, 1985 ; *Onitsha*, 1991 ; *La Quarantaine*, 1995), à la forme de l'essai dans *L'Extase matérielle* (1967) ou du récit initiatique dans *Désert* (1980) où le parcours de Lalla est une tentative de retour à une vie originelle.

Au fil du temps l'écriture de Le Clézio révèle une grande attention au rythme, comparable à celui ancestral du chant, peu d'images, un lyrisme sans emphase et surtout une grande attention portée aux sensations et à l'émotion immédiate.

Patrick Modiano (1945) s'attache, depuis la parution de son premier roman *La Place de l'Étoile* (1968), à dire l'indicible. Parce que, comme il le dit dans *Livret de famille* (1977), « Ma mémoire précède ma naissance… », le roman est pour lui comme le lieu d'énonciation d'une survie. Modiano sait que le texte est « usé », au point que, pareil au récit de *Dora Bruder* (1997), il s'efface en même temps qu'il s'écrit. D'où cette traque infinie des indices : le narrateur chez Patrick Modiano classe, inventorie, fouille les Bottins, cherche des vraisemblances, organise des filatures, brasse les cartes, coupe de nouveau, le texte, sa lisibilité toujours se dérobent « comme l'eau dilue une peinture qui n'a pas eu le temps de se fixer » (*Fleur de Ruine*, 1991) au point que « tout se confondait par un phénomène de surimpression, oui, tout se confondait et devenait d'une si pure et implacable transparence »… (*Vestiaire de l'enfance*, 1989). Ainsi la narration est-elle comme suspendue dans une bulle de temps improbable.

Pascal Quignard (1948) construit une œuvre protéiforme qui mêle scénarios (*Tous les matins du monde*, 1991), récits (*Albucius*, 1990 ; *La Frontière*, *Le Nom sur le bout de la langue*, 1993 ; *Terrasse à Rome*, 2000), fragments (*Vie secrète*, 1997), traités (*Petits traités*, tome I à VIII, 1990-2009), essais (*Le Sexe et l'effroi*, 1994), romans (*Le Salon du Wurtemberg*, 1986 ; *Les escaliers de Chambord*, 1989). Son œuvre embrasse un vaste champ culturel qui doit son unité à une manière de faire résonner les mots, de plier la langue aux nuances subtiles du monde tel qu'il se donne à la perception et d'organiser ainsi une méditation continue où la vibration des mots, la réverbération de la phrase paraissent aussi importantes que l'objet auquel elles renvoient.

5   Caractérisez par une définition chacun de ces livres :

a. *Les Mémoires d'Hadrien* : ....

b. *Belle du Seigneur* : ....

c. *Bonjour tristesse* : ....

d. *La Vie devant soi* : ....

e. *Le Roi des Aulnes* : ....

6   Trouvez un titre qui renferme une allusion :

a. géographique : ....

b. musicale : ....

c. religieuse : ....

d. ésotérique : ....

e. juridique : ....

f. architecturale : ....

g. domestique : ....

h. apparence physique : ....

i. métaphysique : ....

7   À propos de quel écrivain évoque-t-on :

a. Eluard : ....

b. Jünger : ....

c. Sacher-Masoch : ....

d. Proust : ....

e. Goethe : ....

Le Parfum d'Yvonne, *d'après* Villa triste *de Patrick Modiano.*

LE ROMAN POSTMODERNE

Parce que les grands systèmes d'explication du monde se sont effondrés, le roman postmoderne ne se définit pas : il constate l'éclatement de la forme romanesque qui désormais refuse les catégories.

• Le groupe de « Minuit »

Étrange coïncidence, trente ans après avoir réuni le groupe des écrivains qui allaient constituer le « nouveau roman », Jérôme Lindon parvient à rassembler une nouvelle génération d'écrivains qui a en commun une manière ironique d'aborder la fiction, un traitement distancier et parfois ludique du récit et une manière douce de dire des choses parfois graves. **Philippe Toussaint** (1957) avec *La Salle de bain* (1985), *L'Appareil photo* (1988), *La Télévision* (1997), *Faire l'amour* (2002), partant d'expériences anodines, impose un minimalisme où résonne un ton à la fois grave et léger. **Jean Echenoz** (1947) se caractérise, lui, par son goût pour la parodie : faux roman policier (*Cherokee*, 1983), faux roman du triangle amoureux (*Nous Trois*, 1992), faux roman tout court (*Je m'en vais*, 1999), fausse biographie (*Ravel*, 2006), Echenoz s'impose par ses trouvailles stylistiques autant que par ses ironiques subtilités. **Éric Chevillard** (1964) avec *Mourir m'enrhume* (1987) impose son goût du nonsense, un ton souvent incongru, et met en scène les situations les plus absurdes (*Palafox*, 1990 ; *Le Caoutchouc décidément*, 1992 ; *Les Absences du Capitaine Cook*, 2001) afin de mieux mettre en question les fausses évidences sur lesquelles repose notre rapport au monde et aux choses. **Christian Gailly** (1943), lui, a l'art de partir d'une situation banale (*Dit-il*, 1987 ; *K 622*, 1989 ; *Dring*, 1992 ; *Be Bop*, 1995 ; *Un soir au club*, 2004) pour la transformer en un enjeu obsessionnel par un jeu de coïncidences, d'amplification et de résonance qui donnent son tempo au récit. Tempo que suggère aussi une langue très auditive qui bouge en permanence.

• Le triomphe des apparences

Art du faux, mais aussi ère du vide, c'est entre ces deux pôles qu'évolue l'écriture de **Philippe Sollers** (1936) : une écriture qui ne regarde pas à la dépense comme le reconnaît volontiers l'auteur : « un typhon d'encre », écrit-il à propos de *Femmes*... C'est oublier qu'avant il y a eu *Nombres* (1968), parodie du roman rabelaisien, et *Paradis* (1981), tentative de déchiffrer l'indéchiffrable, Sollers le dépensier, toujours inflationniste. Si *Femmes* (1983), multiplie les modes de relation (notes, confidences, digressions à caractère moral, politique, philosophique, religieux ou littéraire) de telle manière que le livre devient légende du temps, *Portrait d'un joueur* (1984) se donne à lire comme le roman de tous les romans, l'avancée extrême...

• L'épreuve du réel

Michel Houellebecq (1958) a imposé en quatre romans, *Extension du domaine de la lutte* (1994), *Les Particules élémentaires* (1998), *Plateforme* (2001) et *La Possibilité d'une île* (2005) un retour à une écriture réaliste qui dit la misère du monde : misère affective, sexuelle, spirituelle et économique. Ses livres décrivent des personnages très ordinaires, tous confrontés à une solitude existentielle et à la marchandisation de cette solitude par le commerce sexuel, ou celui de la fausse spiritualité.

• Le retour du prosateur

Vies minuscules (1984), *La Grande Beune, Vie de Joseph Roulin* (1991), *Rimbaud, le fils* (1991), *Onze* (2009), une poignée de textes courts ont imposé **Pierre Michon** (1945) comme l'un des grands prosateurs d'aujourd'hui. Pas de grands récits mais des fictions brèves avec une rhétorique extrêmement travaillée et une prose magnifiquement rythmée. Voici des récits de vie obscure, des faits divers misérables racontés dans une langue que n'aurait pas reniée Chateaubriand.

A C T I V I T É S

1 Retrouvez quel mot caractérise les adjectifs suivants :

a. obscures : ....

b. anodines : ....

c. banale : ....

d. ordinaires : ....

Quelle conclusion en tirez-vous sur le roman postmoderne ?

2 Comment se définit la génération du groupe de « Minuit » ?

....

3 De quel écrivain du groupe de « Minuit » peut-on dire qu'il est :

a. parodique : ....

b. obsessionnel : ....

c. minimaliste : ....

4 Quels titres évoquent dans ce même groupe :

a. des objets du quotidien : ....

b. des images sonores : ....

c. des événements de langage : ....

d. des circonstances : ....

e. des états d'âme : ....

Misère du monde et ère du vide.

5 Dans le paragraphe consacré à Philippe Sollers, trouvez les mots qui évoquent l'idée que pour lui la littérature est un art de l'excès :

....

6 En quoi Michel Houellebecq est-il un écrivain réaliste ?

....

7 Qu'est-ce que Chateaubriand n'aurait pas renié chez Pierre Michon ?

....

LA PLACE DES ÉCRIVAINES

Revendiquer leur place, toute leur place, cette invitation induite par *Le Deuxième Sexe* (1945) de Simone de Beauvoir aura une influence profonde sur le mouvement féministe, bien sûr, mais aussi sur la prise de parole des femmes en littérature.

Occuper toute la place, c'est ce à quoi on assiste dans la production romanesque actuelle où les femmes occupent une place de choix dans tous les compartiments de la création : de la chronique au roman régionaliste en passant par les recherches d'écriture les plus audacieuses.

Si la lutte féministe a plutôt pris la forme de l'essai, les tentatives romanesques ne sont pas négligeables. Pour beaucoup, elles portent sur le rapport au corps et sur la sexualité : **Hélène Cixous** (1937) s'attache dans *Dedans* (1969) ou *Angst* (1977) à décrire l'ambivalence sexuelle et approche le corps comme langage de l'inconscient ; **Benoîte Groult** (1920) prône dans *Ainsi soit-elle* (1975) l'émancipation des femmes et dans *Les Vaisseaux du cœur* (1988) fait l'éloge de la liberté de la passion ; **Catherine Millet** (1948) se choisit pour objet et narre au scalpel ses expériences sexuelles dans *La Vie sexuelle de Catherine M.* ; **Christine Angot** (1959) pratique la confusion entre narrateur et auteur et décrit dans *L'Inceste* (1999) la fin d'une relation homosexuelle qui provoque le réveil de souvenirs douloureux, dont celui de l'inceste, décrit avec une violente intensité ; sur un mode humoristique comme **Françoise Mallet-Joris** (1930), qui met en scène dans *La Maison de papier* (1970) la multiplication des rôles de la narratrice, écrivain, mère de famille, ménagère et épouse, ou **Françoise Dorin** (1928), qui choisit d'inverser les rôles dans *Va voir papa, maman travaille* (1976).

C'est une des singularités du paysage littéraire français, la place considérable qu'occupent les femmes écrivaines dans la production romanesque. Aucun domaine ne leur échappe : image de soi qu'on trouve abordée sous des formes très diverses dans l'œuvre d'**Anne-Marie Garat** (1946), notamment *Aden* (1992), portrait d'un homme à la recherche de lui-même, et *Merle* (1996), son pendant féminin ; mais aussi chez **Alice Ferney** (1967) dans *La Conversation amoureuse* (2000), visitation d'une conscience amoureuse ; troubles du rapport familial, relation amoureuse frère-sœur chez **Pierrette Fleutiaux** (1941) dans *Nous sommes éternels* (1990) ou transmission de la mémoire familiale dans *La Compagnie des spectres* (1997) de **Lydie Salvayre** (1948) ; exploration du quotidien et de ses petits riens chez **Marie Desplechin** (1959), notamment dans T*rop sensibles* (1997), ou chez **Anna Gavalda** (1970) qui, dans *Je voudrais que quelqu'un m'attende quelque part* (1999) et dans *Ensemble, c'est tout* (2004), interroge à travers d'infimes déplacements l'image de soi dans les rapports amoureux ; goût du monstrueux, imagination délirante d'**Amélie Nothomb** (1967) avec ses intrigues à la machinerie redoutable révélées par *Hygiène de l'assassin* (1992) et confirmées par *Stupeur et tremblements* (1999).

Deux tentatives romanesques retiennent plus particulièrement l'attention, celle **d'Annie Ernaux** et de **Marie NDiaye**.

L'œuvre d'**Annie Ernaux** (1940) n'ignore rien du déterminisme social. Son œuvre en donne une vision chirurgicale construite à partir de son roman familial, *Les Armoires vides* (1974), sur l'absence de capital culturel, *La Place* (1983), sur l'image du père, *Une Femme* (1988), autour du regard honteux qu'elle porte sur sa mère, *Passion simple* (1991), récit d'un inceste de pauvre.

Marie NDiaye (1967), Prix Goncourt 2009, a été révélé par *Un temps de saison* (1984), récit kafkaïen de la métamorphose de ceux qui sont acharnés à réussir. *En famille* (1991), *La Sorcière* (1996) et *Rosie Carpe* (2001) construisent des itinéraires qui laissent les personnages sans possibilité d'attache, hantés par une famille qui les menace et où la déstructuration du lien devient la norme.

1 Comment les femmes manifestent-elles leur volonté de tenir toute leur place en littérature ?

....

....

2 Retrouvez quelle auteure féminine parle de :

a. émancipation : ....

b. expériences sexuelles : ....

c. ambivalence sexuelle : ....

Lutte féministe : les femmes sont dans la rue !

3 Quelles auteures choisissent d'être elles-mêmes le sujet de leur livre ?

....

....

4 Quand les auteures parlent de la condition sociale des femmes, de quoi parlent-elles ?

....

....

5 Associez une auteure aux thèmes suivants :

a. rapport familial : ....

b. identité : ....

c. exploration du quotidien : ....

6 Sur quels éléments du roman familial s'appuie Annie Ernaux pour présenter sa vision du déterminisme social ?

....

....

7 Quels sont les mots qui traduisent l'écriture d'un monde déstructuré chez Marie NDiaye ?

....

....

L'AUTOBIOGRAPHIE

Dans *Narcisse romancier*, Jean Rousset pose que l'autobiographie peut prendre des formes bien différentes, «exploration de soi par soi, saisie du moi et de l'autre, activité de mémoire dans le récit rétrospectif, rencontre du narcissisme et de l'autobiographie…» et qu'elle repose selon Philippe Lejeune sur un contrat, un pacte de lecture passé entre l'autobiographe et le lecteur.

Il y a d'abord les diaristes comme **Julien Green** (*Journal*, 17 volumes, 1938-1996), sismographe de ses états d'âme et témoin de sa quête de spiritualité, ou comme **Marcel Jouhandeau** (1888-1976), qui avec *Essai sur moi-même* (1947) s'essaie à la confession, pris entre quête morale et exaltation du désir de la chair.

Mais c'est **Michel Leiris** (1901-1990) qui fera de l'autobiographie une véritable enquête qui doit beaucoup à sa formation d'ethnologue. *L'Âge d'homme* (1939), *La Règle du jeu*, *Biffures* (1948), *Fibrilles* (1966), *Frêle bruit* (1976) constituent une somme d'explorations de tous les en deçà de la personnalité, du rapport à autrui et du langage.

Dans cette interrogation sur ce «je», on croise **François Nourissier** (1927) qui, d'*Un petit bourgeois* (1963) à *À défaut de génie* (2000), construit une somme autobiographique dans

laquelle il tente de définir «un code de savoir vivre» moral et poétique.

Simone de Beauvoir avec *Les Mémoires d'une jeune fille rangée* (1958), *La Force de l'âge* (1960), *La Force des choses* (1963), *La Cérémonie des adieux* (1981) déroule son parcours de l'enfance dans une famille bourgeoise, à la rencontre avec Sartre jusqu'aux combats qu'ils mèneront ensemble.

Jean-Paul Sartre avec *Les Mots* (1964) va bouleverser le genre en en faisant à partir des deux entrées «Lire» et «Écrire», qui forment deux coupures avec le réel, le récit d'une entrée en écriture.

On retrouvera cette même approche dans *Enfance* (1983) de **Nathalie Sarraute** où elle prend le sens du mot au pied de la lettre pour narrer l'histoire de ces commencements qui tous la conduisent vers cette entrée en littérature.

On doit à **Serge Doubrovsky** (1928) l'autre bouleversement du genre avec l'invention de ce qu'il a appelé dans *Fils* (1977) «l'autofiction», dans laquelle la vérité de l'individu réside dans son expression.

Alain Robbe-Grillet dans *Romanesques* (1985-1994) (*Le Miroir qui revient*, *Angélique ou l'Enchantement* et *La Mort de Corinthe*) construit une autobiographie à la limite de l'autofiction où se mêlent éléments fictionnels et éléments autobiographiques.

Christine Angot (1959), avec *L'Inceste* (1999), *Quitter la ville* (2000), *Sujet Angot* (2000), journal intime imaginaire où elle tente d'établir une équivalence absolue entre son personnage homonyme et elle-même, et **Hervé Guibert** (1955-1991), avec *À l'ami qui ne m'a pas sauvé la vie* (1990), qui avec cruauté dévoile un je en quête de lui-même, revendiquent cette filiation.

Ambérieu-en-Bugey : les archives du moi.

1 Distinguez les différentes formes d'autobiographie définies par Jean Rousset.

....

....

....

2 Classez les écrivains suivant qu'ils appartiennent à telle ou telle forme d'autobiographie telle qu'elle est définie par Jean Rousset.

a. ....

b. ....

c. ....

d. ....

Hervé Guibert : autoportrait.

3 Retrouvez à quel écrivain appartient chacun de ces projets autobiographiques.

a. Somme autobiographique : ....

b. Récit d'une entrée en écriture : ....

c. Sismographe des états d'âme : ....

d. Enquête : ....

e. Expression de la vérité de l'individu : ....

f. Journal intime imaginaire : ....

g. Confession : ....

h. Histoire des commencements : ....

i. Jeu avec l'autobiographie : ....

j. Parcours : ....

4 Quel est l'objectif poursuivi dans son autobiographie des écrivains suivants :

a. François Nourissier : ....

b. Michel Leiris : ....

c. Serge Doubrovsky : ....

d. Christine Angot : ....

5 Qu'est-ce qui différencie l'autobiographie et l'autofiction ?

....

6 Qu'ont en commun les autobiographies de Jean-Paul Sartre et de Nathalie Sarraute ?

....

7 En quoi le titre donné à son autobiographie est-il une indication sur la particularité du projet d'Alain Robbe-Grillet ?

....

LE ROMAN POLICIER

Un meurtre, un assassin, une victime, des mobiles à dévoiler et, au-delà, une société, des individus et surtout des âmes.

• Inspecteurs

Tout a commencé avec Lecoq, le premier des inspecteurs, commissaires auxquels succéderont l'ingénieux Rouletabille, Juve, l'éternel perdant à la poursuite d'Arsène Lupin, Maigret, l'observateur, et, bien plus tard, le pantagruélique San Antonio et jusqu'à l'homme de Marseille, Fabio Montale.

Avec Lecoq, Rouletabille ou Juve, il va s'agir avant tout de résoudre une énigme que l'auteur se sera attaché à fabriquer de la meilleure des manières. Le lecteur est alors admirateur autant du dispositif que de la manière dont l'inspecteur va s'y prendre pour la résoudre : *Le Mystère de la chambre jaune* et *Le Parfum de la dame en noir* de **Gaston Leroux** établissent la célébrité du genre par l'ingéniosité de l'agencement et la conduite des intrigues.

L'arrivée en 1931 du héros de **Georges Simenon**, l'inspecteur Jules Maigret, va bouleverser le modèle. Il ne fera pas moins de 76 apparitions entre 1931 et 1972. Avec Maigret

naît le « médecin de l'âme », celui qui s'intéresse moins au crime qu'au criminel, moins à l'indice qu'au geste, moins à l'arme qu'au regard, une quête obstinée de l'homme mis à nu.

• Avocat et privé

Dans les années 1930 chères au réalisme poétique, **Pierre Véry** choisit la voie du mystère et du poétique sur laquelle il place un avocat, Prosper Lepicq, dont l'objectif est de démasquer les criminels pour mieux assurer leur défense. L'*Assassinat du Père Noël*, *Les Disparus de Saint-Agil*, *Goupi mains rouges*, tous trois rendus célèbres par le cinéma, introduisent l'étrange dans le droit commun et font une bonne place au rêve et à l'enfance.

C'est en 1943 que **Léo Malet** invente le roman noir français et crée, avec Nestor Burma, une figure de privé : l'action se passe *120 rue de la Gare*… Nestor Burma connaîtra une destinée peu commune en devenant le héros des *Nouveaux Mystères de Paris*, une série de romans policiers qui ont chacun pour cadre un arrondissement de Paris : ce qui nous vaut des titres comme *Brouillard au pont de Tolbiac*, *Les Eaux troubles de Javel*, *Micmac moche au Boul'Mich* ou encore *Pas de bavard à la Muette* et qui contribue à faire de Léo Malet l'un des plus authentiques créateurs d'ambiance du roman français.

• Truands

En 1953, avec *Touchez pas au grisbi* (encore une réussite au cinéma), **Albert Simonin** choisit le côté du truand. Rien à voir avec le gangster. Le truand a son quartier, ses habitudes et surtout son langage et Simonin va se faire l'ethnolinguiste de ce qu'on appelle « le milieu » et surtout restituer sa langue colorée qu'on appelle « l'argot » : *Le cave se rebiffe*, *Hotu soit qui mal y pense*,

Portraits de truands : Le Doulos*, film de Jean-Pierre Melville.*

A C T I V I T É S

1 Retrouvez auquel des inspecteurs appartient cette caractérisation :

a. marseillais : ....

b. éternel perdant : ....

c. observateur : ....

d. ingénieux : ....

e. pantagruélique : ....

2 Citez deux œuvres qui appartiennent au genre du roman d'énigmes.

....

3 Qui appelait-on le « médecin de l'âme » et pourquoi ?

....

4 Quelles sont les professions respectives de :

a. Prosper Lepicq : ....

b. Nestor Burma : ....

5 Comment s'appelle la série créée par Léo Malet ? À quel roman de la fin du XIXe siècle fait-elle allusion ? Quel est le principe de cette série ?

....

6 À l'aide d'un plan, trouvez dans quel arrondissement de Paris se trouve :

a. Le pont de Tolbiac : ....

b. Le quai de Javel : ....

c. Le Boul'Mich : ....

d. Le quartier de la Muette : ....

7 Expliquez sur quel phénomène linguistique fonctionne chacun des titres.

a. *Brouillard au pont de Tolbiac* : ....

b. *Les Eaux troubles de Javel* : ....

c. *Mic mac moche au Boul'Mich* : ....

d. *Pas de bavard à la Muette* : ....

e. *Hotu soit qui mal y pense* : ....

f. *Délivrez-nous du Mal* : ....

Du mouron pour les petits oiseaux célèbrent ce goût des mots.

Dans la même veine, il convient de citer **Alphonse Boudard** (*La Métamorphose des cloportes*), **Auguste Le Breton** (*Razzia sur la chnouf, Le rouge est mis, Du rififi chez les hommes*), **José Giovanni** (*Le Trou, Le Deuxième Souffle, Classe tous risques, Les Grandes Gueules*), **Pierre Lesou** (*Le Doulos*)... Tous ces titres ont fait l'objet d'adaptations cinématographiques signées par Jean-Pierre Melville, Jules Dassin, Claude Sautet, Jacques Becker ou Robert Enrico.

• Victimes

Avec l'histoire de la victime (aussi bourreau et parfois coupable idéal) naît le roman de suspens et c'est de son propre point de vue que le roman doit se distiller : Frédéric Dard, Boileau-Narcejac et Sébastien Japrisot donnent le meilleur d'eux-mêmes au genre. Chez **Frédéric Dard** (*Délivrez-nous du mal, Toi le venin, Coma, Le Monte-charge, Le Dos au mur*), les protagonistes se trouvent pris dans un étau qui petit à petit les enserre et les étouffe jusqu'au capital coup de théâtre final.

Boileau-Narcejac invente le roman où la victime enquête sur elle-même et qui se met à délirer d'autant plus qu'elle raisonne juste: un dispositif en or pour le cinéma qui n'échappera ni à Alfred Hitchcock dont *Vertigo* est une adaptation *D'entre les morts*, ni à Henri-Georges Clouzot qui fera de *Celle qui n'était plus*, *Les Diaboliques*.

Sébastien Japrisot est lui aussi un des grands maîtres du suspense et sa carrière de romancier se confond avec celle de l'adaptation de ses romans au cinéma: *Compartiment tueurs* (Costa Gavras), *Piège pour Cendrillon* (André Cayatte), *La Dame dans l'auto avec des lunettes et un fusil* (Anatole Litvak), *Le Passager de la pluie, La Course du lièvre à travers les champs* (René Clément), *Un long dimanche de fiançailles* (Jean-Pierre Jeunet) témoignent de sa maîtrise du genre et de sa capacité à le renouveler.

• Engagés

Au tournant des années 1968 naît une génération d'antihéros qui s'inscrivent sur fond de crise sociale: racisme, bavures policières, affaires politico-économiques, dérives mafieuses, misère des banlieues hantent l'univers de ces romans. On doit à **Patrick Manchette** (*L'Affaire N'Gustro, Nada, La Position du tireur couché*) d'avoir inventé le genre; il aura pour compagnon de route **Jean Vautrin** (*Billy Ze Kick, Bloody Mary*), **Didier Daeninckx** (*Meurtres pour Mémoire, Le Facteur fatal, La Der des ders, La mort n'oublie personne*), qui s'attache aux trous de mémoire (rafle des Juifs en 1942, massacre des Algériens en 1961, exécution sommaire pendant la Première Guerre mondiale) de la société française, **Jean-Claude Izzo** (*Total Kheops, Chourmo, Solea*), qui met en scène la ville de Marseille sous le regard de Fabio Montale, un flic désabusé, **Thierry Jonquet**, dont *Le Bal des débris* se donne à lire comme un roman social noir qui se déroule dans un hôpital de vieillards, **Maurice G. Dantec** (*La Sirène rouge, Les Racines du mal*) et ses redoutables machines de guerre, ou **Tonino Benacquista**, chez qui le crime se porte plutôt bien: en témoignent *La Maldonne des sleepings, Trois carrés rouges sur fond noir* ou *La Commedia des ratés*.

• Fantaisistes

Toute forme engendre ses détournements: **Frédéric Dard** entreprend avec le commissaire San Antonio et son fidèle Bérurier une parodie du genre (1949-2001) qui vaut par sa truculence langagière où l'auteur accumule bons mots et jeux de mots, calembours et allusions savantes; **Daniel Pennac** imagine une suite (1985-1995) (*Au bonheur des ogres, La Fée carabine, La Petite Marchande de prose, Monsieur Malaussène*) pleine de fantaisie dont le héros, Benjamin Malaussène, fait figure de bouc émissaire, antihéros qui entretient toute une tribu de frères, sœurs, cousins, parents dans le quartier de Belleville à Paris.

g. *La Maldonne des sleepings* : ....

h. *La Petite Marchande de prose* : ....

8 Définissez le truand.

....

9 À qui doit-on d'avoir restitué la langue des truands ?

....

10 Le roman policier, le roman noir sont une source inépuisable d'adaptations pour le cinéma. Faites la liste de ceux qui sont cités ici ; aidez-vous des pages cinéma pour retrouver quelques-uns des cinéastes qui ont signé ces adaptations.

....

....

11 Faites la liste des thèmes que l'on retrouve dans les romans policiers engagés.

....

12 À quels écrivains appartiennent ces héros :

a. Fabio Montale : ....

....

b. Benjamin Malaussène : ....

....

c. San Antonio : ....

Tardi/Léo Malet : Brouillard au pont de Tolbiac.

9 LA BANDE DESSINÉE

DOMAINES/LITTÉRATURE

Les revues ont ponctué l'histoire de la bande dessinée. C'est là que sont nés la plupart des héros, héros de planche avant de devenir héros d'album.

• Rôle des journaux et magazines : l'aventure franco-belge

L'histoire de la bande dessinée francophone commence dans le journal *L'Épatant* (1908) avec les **Pieds Nickelés** : Croquignol, Filochard et Ribouldingue, créés par **Louis Forton**, sont de petits escrocs quelque peu portés sur la boisson qui doivent faire avec la police pour finalement perdre leur magot.

Mais c'est en 1929 que naît à Bruxelles, dans le journal *Le Petit Vingtième*, son premier héros, **Tintin**, le célèbre reporter à la culotte de golf et

accompagné de son fidèle petit chien, Milou. L'illustrateur Georges Rémi, alias **Hergé**, publie les premières aventures de son héros : *Tintin au pays des soviets*. De nombreuses aventures suivront qui conduiront le héros du Congo au Tibet et jusque dans la Lune, et où réapparaissent ses fidèles compagnons : le capitaine Hadock, les Dupont, le Professeur Tournesol et l'impayable cantatrice, la Castafiore. C'est le triomphe de la ligne claire.

Le Journal de Spirou naît en 1938 à l'initiative de l'éditeur Jean **Dupuis**, en même temps que le personnage du même nom créé par **Rov-Vel**. **Spirou** signifie « écureuil » en wallon, référence que l'on retrouve par la présence de Spip au côté du célèbre groom.

Après la Seconde Guerre mondiale, de nombreux magazines pour jeunes voient le jour, dont *Le Journal de Tintin* (en 1946), qui

connaît un grand succès éditorial et contribue à faire de la Belgique le centre de gravité de la bande dessinée francophone. Le terme de bande dessinée franco-belge prend alors tout son sens : à la grande époque du *Journal de Tintin*, des auteurs comme **Jacques Martin**, **Tibet** ou **Jean Graton** vont travailler en Belgique.

Vaillant (1952), avec le personnage de PIF créé en 1948 pour le journal *L'Humanité* par le réfugié espagnol **José Cabrero Arnal**, deviendra ensuite *Pif Gadget* ; il diffuse en France une bande dessinée tout aussi populaire autour du personnage de PIF et de ses compagnons Tata, Tonton, Doudou, et plus tard Hercule, l'ami au pansement. Ces publications permettent à la bande dessinée de rencontrer le grand public, surtout la jeunesse de cette époque

Pilote (à partir de 1959), publication française, viendra progressivement concurrencer ses deux aînés. Créée par **Goscinny**, **Charlier** et **Uderzo**, le premier numéro est vendu à 300 000 exemplaires. *Pilote* donne naissance à des personnages de BD promis à une grande carrière : Tanguy et Laverdure, Barbe-Rouge et **Astérix** le Gaulois ! Astérix, flanqué de son cher Obélix mais aussi du chien Idéfix, du druide Panoramix et du barde Assurancetourix, dont les aventures feront l'objet de 23 albums qui n'en finissent pas de célébrer la résistance du

A C T I V I T É S

1 Quels sont les héros de bande dessinée que l'on doit à :

a. Hergé : ....

b. Uderzo et Goscinny : ....

c. Rob-Vel : ....

d. Franquin : ....

e. Forton : ....

f. Binet : ....

g. Peyo : ....

h. Zef : ....

2 Reconstituez la chronologie de la création des journaux et magazines.

a. 1929 : ....

....

b. 1938 : ....

c. 1946 : ....

d. 1959 : ....

e. 1960 : ....

3 Retrouvez le nom des personnages.

a. Ils composent la bande des Pieds Nickelés : ....

b. Ils entourent Tintin : ....

....

c. Ils font partie du village gaulois d'Astérix : ....

....

d. Ils composent la famille Bidochon : ....

....

e. Ils entourent Pif : ....

....

4 Pourquoi parle-t-on de bande dessinée franco-belge ?

....

....

....

village gaulois. Goscinny, le scénariste, meurt en 1977, laissant orphelin non seulement Astérix mais aussi **Lucky Luke**, **Iznogoud** et **Le petit Nicolas**.

De nombreux jeunes dessinateurs talentueux, tels **Gotlib**, **Reiser**, **Cabu** et **Bretécher**, participeront à l'aventure de *Pilote* et se feront connaître du grand public. Pilote attire aussi des auteurs belges comme **Morris**, **Maurice Tillieux**, **Hubinon**, **Charlier**, **Mitacq** et **Greg**.

• Diversification des publics et renouveau artistique

Pilote et Astérix, notamment, sont considérés à bien des égards comme ayant provoqué un intérêt du grand public pour la bande dessinée en France et en Belgique francophone. Jusqu'aux années 1960, la bande dessinée reste associée à un public jeune ou enfantin. Cependant, cette jeunesse bercée par la bande dessinée sera celle qui fait évoluer la bande dessinée franco-belge vers des récits plus adultes en même temps que cette génération avance elle-même en âge.

Hara-Kiri, (1960), nouveau magazine réservé aux adultes au ton volontairement provocateur, adopte comme sous-titre «journal bête et méchant». On y retrouve des dessinateurs tels que **Wolinski**, **Cabu** ou **Reiser**.

Plusieurs grandes séries prennent toute leur ampleur à partir des années 1950-1960 : *Gaston Lagaffe* d'**André Franquin**, *Spirou et Fantasio*, créé par **Rob-Vel** et repris par **Franquin** ; *Tintin* d'**Hergé** ; *Les Schtroumpfs* et

Johan et Pirlouit de **Peyo** ; *Gil Jourdan* de **Maurice Tillieux** ; *Timour* de **Sirius** et *Lucky Luke* de **Morris**.

Les **années 1970** sont, pour la BD, le temps de la découverte et de l'exploration : exploration de styles graphiques et narratifs. **Jodorowsky** et **Moebius** donnent le ton. C'est le temps des genres qui connaîtront un grand succès dans les années 1970-1980 :

– le fantastique et l'aventure : heroic fantasy avec le succès de la série *Lanfeust de Troy* de **Tarquin et Arleston** et de son héros le forgeron un peu naïf, doté de pouvoirs extraordinaires ; univers d'aventure et de science-fiction de la collection *Neopolis* à celle de *L'Incal* ;

– l'humour avec la poursuite de grandes séries à succès (*Spirou et le petit Spirou*, *Les Schtroumpfs* ou *Gaston Lagaffe*) ; l'apparition dans les années 1970 des *Bidochon* de Christian Binet, qui mettent en scène les rondouillards Robert et Raymonde et connaîtront un succès immense ; et surtout la création en 1992 par **Zef**, dans le fanzine suisse *Sauve qui peut*, du héros des cours d'école, *Titeuf* ;

– le policier où excelle **Pétillon**, qui envoie son enquêteur Jack Palmer en Corse dans *L'Enquête corse* et au Paradis dans *Enquête au Paradis*.

Au-delà du renouveau formel, la bande dessinée des années 1990 apporte un renouveau thématique : la bande dessinée autobiographique connaît ses premières œuvres majeures, la bande dessinée de la vie quotidienne devient un genre à part entière et les adaptations littéraires se multiplient. Les succès d'auteurs, tels que **Lewis Trondheim**, **Joann Sfar**, **Marjane Satrapi** ou encore **Manu Larcenet**, permettent à la bande dessinée d'accéder définitivement au rang d'objet culturel à part entière. On évoque de nouveau une «nouvelle bande dessinée».

De nouveaux auteurs influencés par le manga (bande dessinée japonaise) vont constituer à partir de 2005 une nouvelle génération de créateurs francophones. Ils publient des bandes dessinées dans un format «manga» (taille du livre, nombre de pages, etc.) et dont le style et la narration en sont fortement inspirés.

A C T I V I T É S

5 À quel genre appartiennent les séries suivantes :

a. Lanfeust de Troy : ....

b. L'Incal : ....

c. Les Bidochon : ....

d. Les enquêtes de Jack Palmer : ....

6 Quelles sont les particularités de l'aventure de *Pilote* ?

....

7 Qu'ont en commun Lewis Trondheim, Joann Sfar, Marjane Satrapi et Manu Larcenet ?

....

Angoulême 2010 fête la B.D.

8 Qu'est-ce qu'un manga et comment le définit-on ?

....

9 Quelles sont les caractéristiques du Festival de la Bande dessinée à Angoulême ?

....

■ *Festival d'Angoulême*

1974 : deux ans après l'exposition « Dix millions d'images », la première édition du Festival de la bande dessinée d'Angoulême ouvre ses portes. Dès sa première édition, le salon organisé par la municipalité, reçoit de grands auteurs comme Hugo Pratt et André Franquin. Multipliant les prix, le festival prend une ampleur internationale et s'accompagne dès les années 1990 d'un marché où les éditeurs du monde entier achètent et vendent des droits de la bande dessinée. Il a notamment couronné Hergé, Franquin, Moébius, Robert Crumb et Zep

Lanfeust de Troy *de Tarquin et Arleston.*

10 LA LITTÉRATURE FRANCOPHONE

Ramassée dans les décombres du colonialisme, la langue française est devenue le véhicule d'imaginaires sur lesquels le soleil ne se couche jamais. Leurs territoires ont pour nom le Maghreb, l'Afrique subsaharienne, la Caraïbe, le Proche-Orient, l'océan Indien, l'Asie-Pacifique, l'Amérique du Nord et l'Europe.

• Le Maghreb

Cette région vit un rapport problématique et paradoxal avec la langue française, vécue tout à la fois comme langue d'aliénation et langue de libération.

L'identité déchirée de l'**Algérie**, à la suite des précurseurs **Mohammed Dib** et **Mouloud Mammeri**, trouve avec **Khateb Yacine** et *Nedjma*, sa voix et son poète. De l'indépendance naîtra tout à la fois une littérature de la célébration des combats et une littérature critique qui, chez **Rachid Boudjedra** comme chez **Nabile Farès**, empruntent pour se dire les formes romanesques les plus contemporaines. Il revient à Assia Djebar (deuxième femme et premier écrivain du continent africain à être élu à l'Académie française) de porter la parole féminine dans des formes souvent allégoriques. Les années 1980 sont celles du désenchantement et du déchaînement de la violence: **Rachid Mimouni**, **Yasmina Khadra** portent témoignage de cette désillusion.

L'opposition au pouvoir a marqué les choix de la **littérature marocaine** qui se donne à lire comme littérature engagée dans une lutte: **Driss Chraïbi**, **Abdelkebir Khatibi**, **Tahar Ben Jelloun** critiquent les conservatismes du pouvoir marocain en choisissant des formes littéraires qu'ils n'ont de cesse de transgresser. Tahar Ben Jelloun, après avoir donné une voix aux immigrés, se veut aujourd'hui un passeur entre les deux cultures

Albert Memmi, avec sa culture judéo-maghrébine, a longtemps été l'unique voix de la Tunisie, relayée aujourd'hui par celles de **Tahar**

Bekri ou de **Abdelwahab Meddeb**.

• L'Afrique subsaharienne

Les étudiants négro-africains de Paris inventèrent dans les années 1930 la «**négritude**», une réhabilitation de l'homme noir et de ses valeurs, un rappel de la souffrance noire et une nostalgie de l'Afrique précoloniale portée par les poètes **Aimé Césaire** (Martiniquais) et **Léopold Sédar Senghor** (Sénégalais).

La négritude va connaître sa première reconnaissance publique avec la parution en 1948 de l'*Anthologie de la nouvelle poésie nègre et malgache de langue française*, dont la préface de Jean-Paul Sartre, «Orphée noir», fait événement. S'ensuit l'émergence d'une génération de romanciers (**Camara Laye**, **Mongo Betti**, **Ferdinand Oyono**, **Sembène Ousmane**, **Cheikh Hamidou Kane**), devenus aujourd'hui des «classiques» de l'édition scolaire africaine, qui, entre les années 1950 et 1960, vont célébrer la réalité africaine authentique et explorer le thème douloureux du passage: passage de l'enfance à l'âge adulte, de la campagne à la ville, de la tradition à la modernité.

La génération d'après les indépendances (1960) revendique d'abord son appartenance à la littérature: **Tchikaya U'Tam'si**, **Jean-Baptiste Tati-Loutard**, **Amadou Kourouma** veulent d'abord être reconnus par leur écriture, lyrisme chez les uns, invention verbale chez l'autre.

Art nègre : *grande exposition organisée en 1965 par André Malraux.*

1 Identifiez les grandes ères géographiques de la littérature francophone.

....

....

2 Quels écrivains se rattachent aux problématiques suivantes :

a. Réhabiliter l'homme noir : ....

b. Parier sur le métissage du français et du créole : ....

c. Établir des ponts entre deux cultures : ....

d. Proposer une littérature de la célébration des combats : ....

e. Parler l'île : ....

f. Porter la parole féminine : ....

g. Construire une littérature de résistance : ....

h. Transcrire la tradition orale : ....

3 Relevez les différentes attitudes à l'égard de la langue française développées par les écrivains des différents espaces francophones.

....

....

4 Qu'est-ce que la négritude ?

....

5 Donnez le nom des trois écrivains qui ont porté le mouvement.

....

6 Citez trois œuvres qui constituent le manifeste de la négritude.

....

7 Quel écrivain français a apporté son soutien au mouvement et comment ?

....

8 Quel a été l'apport de l'écrivain Édouard Glissant ?

....

Henri Lopes, Sony Labou Tansi chez les hommes, Aminata Sow Fall et Mariama Bâ pour les femmes abordent à partir des années 1970 des thèmes liés à l'évolution des sociétés dans lesquels ils vivent, à la question politique et à l'étouffement de l'identité pendant que d'autres (Birago Diop, Djibril Tamsir Niane, Amadou Hampaté Bâ) s'attachent à rendre en français écrit les grands récits, sagas et contes de la tradition orale.

Quant à la jeune génération (Calixte Beyala, Alain Mabanckou, Patrice N'ganang, Sami Tchak, Abdourahman Waberi), elle affiche d'abord son souci de l'écriture par laquelle passent les images qu'elle souhaite transmettre de la réalité du continent africain.

• La Caraïbe

Elle abrite deux grandes traditions littéraires de langue française, celle d'Haïti et celle des Antilles.

Thèmes nationaux autour de l'accession à l'indépendance au XIXe siècle, retour aux sources africaines de la culture haïtienne, peinture de la vie populaire et de la violence des mœurs paysannes, réalisme merveilleux qui mêle inspiration rurale, vaudou et érotisme, forment les sources d'inspiration de la littérature d'Haïti telle qu'on peut la lire dans les œuvres de Jacques Roumain, Jacques Stephen Alexis, René Depestre, Frankétienne, Jean Metellus, Dany Laferrière ou Lyonel Trouillot.

Les Antilles et la Guyane, avec Aimé Césaire et son *Cahier d'un retour au pays natal* et Léon Gontran Damas, sont le second berceau de la «négritude», une négritude à laquelle Édouard

Haïti : rite vaudou.

Glissant préfère le concept d'«antillanité», faisant passer au premier plan l'histoire et le territoire antillais. Une génération nombreuse d'écrivains de premier plan s'est affirmée, parmi laquelle Joseph Zobel avec son célèbre roman de formation *Rue Case-Nègres*, Daniel Maximin, Maryse Condé, Simone Schwarz-Bart et ceux qu'on appelle les romanciers de la créolité, Jean Bernabé, Patrick Chamoiseau et Raphaël Confiant qui parient sur le métissage du français par la langue créole. *Texaco*, prix Goncourt 1992, en est l'exemple le plus représentatif.

• Le Proche-Orient

Il entretient avec le français un rapport de plusieurs siècles dans lequel le commerce, l'enseignement et les missions religieuses ont joué un rôle important qui fait que la littérature francophone reste florissante dans cette région : en Égypte avec Albert Cossery ou Edmond Jabès ; au Liban grâce à la lucidité de la romancière Andrée Chedid, l'onirisme de Georges Schehadé, les récits historiques d'Amin Maalouf, la poésie métaphysique de Nadia Tueni, ou celle de l'exil de Salah Stetié ; et jusqu'en Syrie avec le poète Kamal Ibrahim ou la romancière Myriam Antaki.

• Madagascar, La Réunion, l'île Maurice

Ces îles constituent l'archipel singulier de la littérature francophone dans l'océan Indien. La poésie de protestation de Jean-Joseph Rabearivello, les romans de Michèle Rakotoson, les nouvelles violentes de Jean-Luc Raharimanana illustrent une littérature enracinée dans la réalité de Madagascar ; parler l'île, parler de l'île, la littérature réunionnaise se tient entre ces deux pôles dans lesquels se retrouvent le poète Boris Gamaleya ou les romanciers Axel Gauvin et Jean Lods ; quant à leur inspiration, les écrivains mauriciens (Malcom de Chazal, Loys Masson, Jean Franchette, Édouard Maunick) célèbrent tour à tour une mystique de l'île et une poésie de l'exil et du métissage.

9 Après la célébration de la libération naît dans un certain nombre de pays une littérature critique de la désillusion et du désenchantement. Retrouvez quels sont les écrivains qui illustrent ce courant.

....

....

10 Qu'est-ce qui différencie en Afrique les écrivains d'avant et d'après l'indépendance ?

....

....

11 Quelles sont les sources d'inspiration de :

a. la littérature haïtienne : ....

b. la littérature belge : ....

c. la littérature suisse : ....

12 Qu'ont en commun Jean Bernabé, Patrick Chamoiseau et Raphaël Confiant ?

....

13 Parler l'île, parler de l'île, de quelle île s'agit-il et quels écrivains appartiennent à chacun de ces courants ?

....

14 Classez les écrivains québécois suivant qu'ils appartiennent à l'un ou l'autre de ces courants.

a. Littérature de la résistance : ....

b. Littérature de la quête d'identité : ....

c. Littérature de l'écoute de soi : ....

15 Qu'ont en commun Blaise Cendrars, Robert Pinget, Henri Michaux et Georges Simenon ?

....

16 Retrouvez les thèmes spécifiques à chacun de ces romanciers suisses.

a. Jacques Chessex : ....

b. Nicolas Bouvier : ....

c. Philippe Jacottet : ....

• Le Québec

Il a construit en Amérique du Nord une littérature de la résistance, de l'identité et de l'écoute de soi que l'on retrouve dans le lyrisme de **Louis Hémon** avec *Maria Chapdelaine*, le militantisme linguistique de **Gaston Miron** ou la célébration de la langue populaire de **Michel Tremblay**, les récits historiques et épiques d'**Antonine Maillet** ou **Gabrielle Roy**, les inventions verbales de **Réjean Ducharme** ou les explorations psychologiques d'**Anne Hebert** ou **Marie-Claire Blais**.

• La Belgique

La Suisse de **Jean-Jacques Rousseau** et d'**Amiel**, de **Blaise Cendrars** et de **Robert Pinget** comme la Belgique de **Maeterlinck**, **Henri Michaux** ou **Georges Simenon** ont vu à maintes reprises leurs écrivains absorbés par l'édition française et assimilés à la littérature française.

Et pourtant la littérature belge est reconnaissable entre toute : onirisme fantastique de **Rodenbach**, goût des mondes parallèles de **Jean Ray**, réalisme magique de **Suzanne Lilar**, baroque expressionniste du théâtre de **Ghelderode** et jusqu'aux univers décalés par leurs recherches formelles ou leur quête identitaire d'**Henri Bauchau**, de **Conrad Detrez** ou de **Pierre Mertens**.

• La Suisse

Il a fallu **Ramuz** pour que s'amorce en Suisse une véritable identification de la littérature romande : une littérature caractérisée par son enracinement dans le terroir et hantée par un univers paysan isolé et qui cache ses secrets dans son silence : **Jacques Chessex**, **Maurice Chappaz**, **Gustave Roud**, **Guy de Pourtalès**, **Corinna Bille**, **Alice Rivaz** ont trouvé là matière à leurs personnages et à leurs récits ; une littérature caractérisée aussi par la recherche de soi dans le voyage dont **Blaise Cendrars**, **Nicolas Bouvier** et **Ella Maillart** sont les brillants représentants ; une littérature qui n'oublie pas qu'elle est celle du pays du linguiste **Ferdinand de Saussure** et qui place la question du sujet et de la parole au cœur de l'œuvre : œuvre poétique de **Philippe Jacottet** ; œuvre romanesque de la jeune génération, celle des **Yves Laplace**, **Bernard Comment** ou **Yvan Faron**.

Sénégal : l'île de Gorée, lieu d'embarquement à l'époque de la traite des Noirs.

■ Francophonie : des auteurs et des œuvres

Afrique noire

• Algérie

Mouloud FERAOUN (1913-1962) : *Le Fils du pauvre* (1950) ; *La Terre de Sang* (1953) ; *Les Chemins qui montent*.

Mohammed DIB (1920-2003) : *La Grand Maison* (1952) ; *L'Incendie* (1954) ; *Le Métier à tisser* (1957) ; *Qui se souvient de la mer* (1962) ; *Habel* (1977) ; *Neiges de marbre* (1990).

Yacine KATEB (1929-1989) : *Nedjma* (1956) ; *Le Polygone étoilé* (1966).

Assia DJEBAR (1936) : *L'Amour, la fantasia* (1985) ; *Loin de Médine* (1991) ; *La Disparition de la langue française* (2003).

• Maroc

Driss CHRAIBI (1926-2007) : *Le Passé simple* (1954) ; *Succession ouverte* (1962) ; *Une enquête au pays* (1982) ; *L'Inspecteur Ali* (1991).

Tahar BEN JELLOUN (1944) : *Harrouda* (1973) ; *Moha le fou, Moha le sage* (1978) ; *L'Enfant de sable* (1986) ; *La Nuit sacrée* (1987) ; *Cette aveugle absence de lumière* (1999).

• Tunisie

Albert MEMMI (1920) : *La Statue de sel* (1953) ; *Agar* (1955) ; *Le Scorpion* (1969) ; *Le Pharaon* (1989).

Afrique noire

• Mali

Amadou HAMPATÉ BÂ (1900-1991) : *Kaïdara, récit initiatique peul* (1969) ; *L'Étrange Destin de Wangrin* (1973) ; *Amkoullel, l'enfant peul* (1991) ; *Oui, mon commandant* (1994).

• Guinée

Djibril Tamsir NIANE (1932) : *Soudjata ou l'épopée mandingue* (1960) ; *Contes d'hier et d'aujourd'hui* (1985).

• Sénégal

Léopold Sédar SENGHOR (1906-2001) : *Chants d'ombre, poèmes* (1945) ; *Hosties noires, poèmes* (1948) ; *Éthiopiques, poèmes* (1956) ; *Nocturnes, poèmes* (1961).

Cheikh Hamidou KANE (1928) : *L'Aventure ambiguë* (1961) ; *Les Gardiens du temple* (1995).

Birago DIOP (1906-1989) : *Les Contes d'Amadou Koumba* (1947) ; *Les Nouveaux Contes d'Amadou Koumba* (1958) ; *Contes et Lavanes* (1963).

• Côte d'Ivoire

Ahmadou KOUROUMA (1927-2003) : *Le Soleil des indépendances* (1968) ; *Monnè, outrages et défis* (1990) ; *En attendant le vote des bêtes sauvages* (1998) ; *Allah n'est pas obligé* (2000).

• Congo

TCHICAYA U TAM'SI (1931-1988) : *La Main sèche ; Les Cancrelats* (1980) ; *Les Méduses* (1982) ; *Ces fruits si doux de l'arbre à pain* (1987).

• Cameroun

Mongo BETI (1932-2001) : *Ville cruelle* (1953) ; *Le Pauvre Christ de Bomba* (1956) ; *Mission terminée* (1957) ; *Le Roi miraculé* (1958).

Antilles

• Haïti

Jacques ROUMAIN (1907-1944) : *La Montagne ensorcelée* (1931) ; *Gouverneurs de la rosée* (1944).

Jacques Stephen ALEXIS (1922-1961) : *Compère Général Soleil* (1955) ; *Les Arbres musiciens* (1957) ; *L'Espace d'un cillement* (1959).

René DEPESTRE (1926) : *Le Mât de cocagne* (1979) ; *Hadriana dans tous mes rêves* (1985).

• Guyane

Léon-Gontran DAMAS (1912-1978) : *Pigments, poésies* (1937) ; *Graffiti, poésies* (1952) ; *Black Label, poème* (1956) ; *Névralgies, poésies* (1966).

• Martinique

Aimé CÉSAIRE (1913-2008) : *Cahier d'un retour au pays natal* (1939) ; *Les Âmes miraculeuses* (1946) ; *La Tragédie du roi Christophe*, théâtre (1963) ; *Une saison au Congo* (1966). *Moi, laminaire…*, poésie (1982).

Édouard GLISSANT (1928) : *La Lézarde* (1958) ; *Le Quatrième Siècle* (1964) ; *La Case du commandeur* (1981) ; *Tout-Monde* (1993).

• Guadeloupe

Maryse CONDÉ (1937) : *Ségou* (1984) ; *La Vie scélérate* (1987) ; *Traversée de la mangrove* (1989) ; *Célanire cou-coupé* (2000).

Proche-Orient

• Liban – Égypte

Andrée CHEDID (1920) : *Le Sommeil délivré* (1952) ; *Le Sixième Jour* (1960) ; *La Maison sans racines* (1985).

Albert COSSERY (1913-2008) : *Les Hommes oubliés de Dieu* (1941) ; *Mendiants et orgueilleux* (1955).

Océan Indien

• Madagascar

Jacques RABEMANANJARA (1913-2005) : *Antsa*, poésies (1948).

• Maurice

Loys MASSON (1915-1969) : *L'Étoile et la clef* (1945) ; *Les Noces de vanille* (1962).

Édouard J. MAUNICK (1931) : *Les Manèges de la mer* (1964) ; *Cinquante quatrains pour narguer la mort* (2005)

• Réunion

Boris GAMALEYA (1930) : *Vali : pour une reine morte* (1973) ; *Les Langues du magma* (1978).

Canada – Québec

Gabrielle ROY (1909-1983) : *Bonheur d'occasion* (1945) ; *Alexandre Chenevert* (1954) ; *La Montagne secrète* (1961)

Anne HÉBERT (1916-2000) : *Les Chambres de bois* (1958) ; *Kamouraska* (1970) ; *Les Fous de Bassan* (1982).

Antonine MAILLET (1929) : *Les Cordes-de-bois* (1977) ; *Pélagie-la-Charrette* (1979) ; *La Gribouille* (1982).

Marie-Claire BLAIS (1939) : *Une saison dans la vie d'Emmanuel* (1965) ; *À cœur joual* (1974) ; *Soifs* (1995).

Réjean DUCHARME (1941) : *L'Avalée des avalés* (1966) ; *L'Hiver de force* (1973) ; *Dévadé* (1990).

Belgique

Suzanne LILAR (1901-1992) : *La Confession anonyme* (1960).

Suisse

S. Corinna BILLE (1912-1979) : *Le Sabot de Vénus* (1952) ; *Juliette éternelle* (1971).

Nicolas BOUVIER (1929-1998) : *L'Usage du monde* (1963) ; *Le Poisson-scorpion* (1981).

Jacques CHESSEX (1934-2009) : *La Tête ouverte* (1962) ; *L'Ogre* (1973) ; *Le Vampire de Ropraz* (2007).

LA POÉSIE

La modernité début de siècle, le surréalisme et ses périphéries, la permanence d'une poésie mystique, l'engagement et le goût pour une poésie du quotidien, l'exaltation métaphysique du pouvoir des mots, la poésie comme chant et comme texte, toutes ces tendances et mouvements illustrent la vitalité du domaine poétique au XXᵉ siècle.

• Des remises en question

La poésie ouvre le siècle avec des remises en question: remises en question de la poésie symboliste pour mettre en mots un rapport plus concret au monde, comme on peut le lire dans les textes lyriques d'un **Émile Verhaeren** (1885-1916) ou d'un **Charles Vildrac**, accordé aux choses de la vie et libéré de la métrique comme les *Ballades françaises* (1896-1958) de **Paul Fort** (1872-1960) ou les poésies libres et sensuelles de **Francis Jammes** (1868-1938); éloge de la modernité et de la technique avec «l'esprit nouveau» cher à **Apollinaire** (1880-1918) que l'on retrouve dans les audaces d'écriture d'*Alcools* (1913) ou de composition de *Calligrammes*; que célèbre *La Prose du Transsibérien* (1913) de **Blaise Cendrars** (1887-1967), premier livre objet composé sur une seule bande de papier, ou les *Impressions d'Afrique* (1910) de **Raymond Roussel** (1877-1933), écrites sous contraintes textuelles, ou encore les poèmes en prose du *Cornet à dés* de **Max Jacob** (1876-1944).

• Le surréalisme

Avec le surréalisme, la poésie rejoint Freud et plonge dans l'inconscient, le rêve et le refoulement du désir; précédée par le dadaïsme de **Tristan Tzara** et son nihilisme radical (1896-1963), elle se veut libération des conditions de l'existence et ouverture du moi à l'envahissement des images et adopte le programme de Rimbaud: «changer la vie» et «se faire voyant». Il s'agit par la création poétique et au moyen de l'écriture automatique d'atteindre le surréel. Avec ses *Manifestes* (1924), le surréalisme se constitue en mouvement dont le chef de file est **André Breton** (1896-1966) pour qui «la beauté sera CONVULSIVE ou ne sera pas», programme que son œuvre poétique (*Les Champs magnétiques*, 1920; *Les Pas perdus*, 1924; *Les Vases communicants*, 1932) et romanesque (*Nadja*, 1928; *L'Amour fou*, 1937) illustrera. À ses côtés, **Louis Aragon** (1897-1982), son *Mouvement perpétuel* (1925) et la promenade onirique du *Paysan de Paris* (1926); **Robert Desnos** (1900-1945) avec *Corps et biens* (1930); **Paul Eluard** (1895-1952), poète de l'amour avec *Capitale de la douleur* (1926), *La Vie immédiate* (1932), *Les Yeux fertiles* (1936) et pour qui «jamais une erreur les mots ne mentent pas».

• La poésie mystique

Elle se déploie, elle, dans deux directions: une **mystique du langage** qui rassemble les œuvres de **Saint-John Perse** (1887-1975, prix Nobel

Max Ernst : Au rendez-vous des amis *(1922) ; ici la fine fleur du surréalisme.*

DOMAINES/LITTÉRATURE

11

1 Trouvez les poètes qui au début du xxᵉ siècle:

a. écrivent une poésie accordée aux choses de la vie : ....

b. célèbrent la modernité et la technique : ....

2 Qu'est-ce qui fait l'originalité du poème *La Prose du Transsibérien* ?

....

3 Définissez le surréalisme.

....

....

....

4 Quel est le moyen de création privilégié par les surréalistes ? Essayez de dire en quoi il consiste.

....

....

....

5 À qui appartiennent ces citations ?

a. « la beauté sera convulsive ou ne sera pas » : ....

b. « jamais une erreur les mots ne mentent pas » : ....

c. « se faire voyant » : ....

d. « changer la vie » : ....

6 Mystique religieuse ou mystique du langage, auquel de ces courants appartiennent les œuvres suivantes :

a. *Le Cimetière marin* : ....

b. *Cinq Grandes Odes* : ....

c. *Éloge* : ....

d. *Stèles* : ....

7 Citez trois grands témoignages de l'engagement des poètes.

....

....

1960) dont *Éloge* (1911) et *Anabase* (1924), de **Victor Segalen** (1878-1919) avec *Stèles* (1912) et de **Paul Valéry** (1871-1945) avec *La Jeune Parque* (1917), *Le Cimetière marin* (1920) et *Charmes* (1922); et **une mystique religieuse au lyrisme puissant** qui réhabilite le symbole et le mystère tant chez **Paul Claudel** (1868-1955) avec *Cinq Grandes Odes* (1908) que chez **Charles Péguy** (1873-1914) avec *Le Mystère de la charité de Jeanne d'Arc* (1910).

• L'engagement et la poésie du quotidien

Ils relient la guerre et l'immédiat après-guerre. *L'Honneur des poètes* (1944), titre du recueil qui rassemble les poètes résistants, aura été de **mettre la poésie au service de leur engagement** et d'en faire un extraordinaire objet de résistance dont les grands témoignages sont *La Rose et le Réséda* d'**Aragon**, le fameux *Liberté* (1942) de **Paul Eluard**, l'*Hymne de la liberté* (1942) de **Pierre Emmanuel** (1916-1984), *Chantefables à chanter sur n'importe quel air* ou *Le Veilleur du Pont-au-Change* (1944) de **Robert Desnos** (1900-1945) et *Les Feuillets d'Hypnos* (1946) de **René Char**.

La poésie du quotidien, chère à **Jacques Prévert** (1900-1977), se veut après les temps d'occupation de la guerre, un hymne à la liberté de penser et de parler: *Paroles* (1945), *Histoires* (1946), *Spectacle* (1951) et *Fatras* (1966) constituent le bagage poétique de millions de jeunes écoliers. Il faut y ajouter, pour les amoureux, **Raymond Queneau** (1903-1976) avec *Si tu t'imagines* (1952), pour le lyrisme parlé, le quotidien de la ville et de la banlieue, **Jacques Réda** (1928) avec *Amen* (1968), *La Tourne* (1975) ou *Le bitume est exquis* (1984) et, pour les plus savants, *Le Parti pris des choses* (1942) de **Francis Ponge**, poèmes-choses en prose sur des objets qui deviennent la vie elle-même.

• L'exaltation métaphysique du pouvoir des mots

Elle rend compte tout à la fois des quêtes de **Saint-John Perse** (*Exil*, 1942; *Vents*, 1946; *Amers*, 1957), célébrations de l'exil dans la condition

Audaces d'Apollinaire : les Calligrammes.

humaine et de la beauté cyclique du monde; **René Char** (*Poème pulvérisé*, 1947; *Fureur et mystère*, 1948) qui privilégie la forme brève et les fulgurances pour rendre compte de la complexité du réel; **Henri Michaux** (1899-1984), poète de la déconstruction (*Qui je fus*, 1927; *La nuit remue*, 1934; *La Vie dans les plis*, 1949) de la réalité en quête du secret des choses.

• La poésie comme chant ou comme texte

Elle distribue les approches des poètes contemporains: on y croise **Yves Bonnefoy** (1923) dont l'œuvre poétique (*Du mouvement et de l'immobilité de Douve*, 1953; *Pierre écrite*, 1965) célèbre la plénitude de la présence au monde; **Philippe Jacottet** (1925) qui invite à s'ouvrir au mystère des choses (*L'Effraie*; 1953, *Airs*, 1967; *Chants d'en bas*, 1974); **Michel Deguy** (1930) ou **Denis Roche** (1937) qui mettent en cause dans leurs textes (*Ouï dire*, 1966, pour Deguy; *Éros Énergumène*, 1968, pour Roche) jusqu'à la poésie elle-même, devenue pour **Jacques Roubaud** (1932), l'Oulipien, un prétexte à jeu de constructions (*Trente et un au cube*, 1973) et une combinatoire de références.

8   **Définissez ce qu'on entend par poésie du quotidien.**

....

....

9   **Caractérisez chacun de ces poètes.**

a. Jacques Prévert : ....

b. Raymond Queneau : ....

c. Jacques Réda : ....

10   **Identifiez de quel poète parle-t-on quand on parle de :**

a. célébration de la beauté cyclique du monde : ....

b. quête du secret des choses : ....

c. rendre compte de la complexité du réel : ....

d. s'ouvrir au mystère des choses : ....

e. mettre en cause la poésie elle-même : ....

f. célébrer la plénitude de la présence au monde : ....

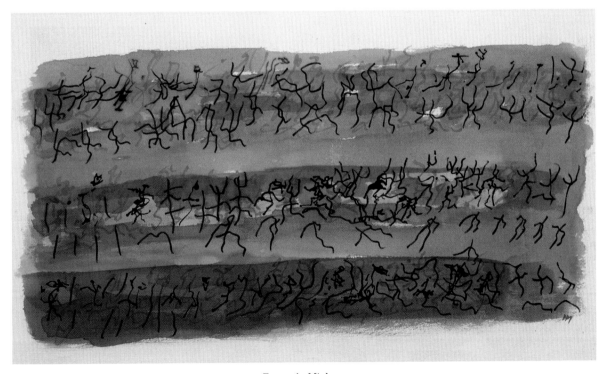

Encre de Michaux.

12 LE CINÉMA

NOUVELLE VAGUE : 1958-1968

Le Festival de Cannes 1959 couronne François Truffaut (*Les Quatre Cents Coups*) et Alain Resnais (*Hiroshima mon amour*). C'est la prise de pouvoir par ce que, sous la plume de Françoise Giroud, l'hebdomadaire *L'Express* appelle «la Nouvelle Vague» et l'arrivée d'une nouvelle génération qui s'impose définitivement avec *Le Beau Serge* (1958) de Claude Chabrol et *À bout de souffle* (1960) de Jean-Luc Godard.

Cette génération a été formée par l'école du court-métrage, la Cinémathèque française et la revue *Les Cahiers du cinéma*. Utilisant de nouvelles caméras beaucoup plus légères, bénéficiant de l'arrivée de nouvelles pellicules rapides qui nécessitent moins de lumière, de moyens de prise de son compacts, elle se distingue par une autre manière de filmer plus rapide, plus libre, en décor naturel et avec des éclairages beaucoup plus légers.

La nouvelle vague consacre immédiatement trois cinéastes : Chabrol (*Les Cousins*, 1959 ; *Les Bonnes Femmes*, 1960 ; *Les Godelureaux*, 1961), Truffaut (*Tirez sur le pianiste*, 1960 ; *Jules et Jim*, 1962 ; *La Peau douce*, 1964 ; *Farenheit 451*, 1964), Godard (*Une femme est une femme*, 1961 ; *Le Mépris*, 1963 ; *Bande à part*, 1964 ; *Pierrot le fou*, 1965 ; *Masculin/ Féminin*, 1966) et devient vite un groupe dans lequel il faut distinguer les cinéastes qui font partie du mouvement (Éric Rohmer, Jacques Rivette), les cinéastes proches du mouvement (Robert Bresson, Alain Resnais, Agnès Varda) et ceux qui auront une production plus limitée (Pierre Kast, Pascal Rozier, Jacques Doniol-Valcroze).

La Nouvelle Vague, c'est aussi un moment de collaboration active entre écrivains et cinéastes : *Hiroshima mon amour* (1958), Alain Resnais/Marguerite Duras, *L'Année dernière à*

Jeanne Moreau entre « Jules » et « Jim ».

1 Dans quelle circonstance est apparue l'expression « Nouvelle Vague » ?

....

....

2 Pourquoi les films de la Nouvelle Vague ne ressemblent pas aux films de leurs contemporains ?

....

....

3 Citez les trois films qui constituent le manifeste de la Nouvelle Vague.

....

....

4 Associez un écrivain à chacun de ces films.

a. *Une aussi longue absence* : ....

b. *L'Année dernière à Marienbad* : ....

c. *Hiroshima mon amour* : ....

d. *Les Copains* : ....

5 Retrouvez les auteurs de ces films.

a. *Lola* : ....

b. *Mon Oncle* : ....

c. *Le Doulos* : ....

d. *Ascenseur pour l'échafaud* : ....

6 Citez :

a. une comédie de caractère : ....

b. une satire : ....

c. une comédie d'aventures : ....

d. un film d'action : ....

e. une comédie de mouvement : ....

Marienbad (1961), Alain Resnais/Alain Robbe-Grillet, *Une aussi longue absence* (1961), Henri Colpi/Marguerite Duras, sont les films les plus célèbres de cette rencontre entre nouvelle vague et nouveau roman.

C'est enfin le moment où de nouveaux scénaristes collaborent de manière étroite avec les cinéastes : Paul Gégauff avec Chabrol, Jean Gruault avec Truffaut.

Parallèlement, la nouvelle vague consacre le triomphe du cinéma d'auteur : le cinéaste est désormais considéré comme l'égal de l'écrivain ; ce sera le cas pour : Louis Malle (*Ascenseur pour l'échafaud*, 1957 ; *Les Amants*, 1958), Jacques Demy (Lola, 1961 ; *Les Parapluies de Cherbourg*, 1964 ; *Les Demoiselles de Rochefort*, 1966), Jean-Pierre Melville (*Le Doulos*, 1962 ; *Le Deuxième Souffle*, 1966), Jacques Tati (*Mon Oncle*, 1958 ; *Play Time*, 1967).

L'école documentaire avec Jean Rouch et Chris Marker renouvelle l'approche du réel ; chez l'un, recherche d'une stricte objectivité héritée de Georges Rouquier (*Farrebique*) ; chez l'autre, recours à la subjectivité des commentaires. *Chronique d'un été* (1960) de Rouch, *Lettre de Sibérie* de Marker illustrent ces deux tendances.

Sans s'apparenter tout à fait à la Nouvelle Vague, quelques cinéastes arrivent avec un ton différent : Pierre Étaix (Yoyo, 1964), René Allio (*La Vieille Dame indigne*, 1965), Michel Deville (…), Claude Berri (*Le Vieil homme et l'enfant*, 1966) sont de ceux-là.

En permettant dans son sillage l'émergence d'une nouvelle génération, la Nouvelle Vague a largement contribué au renouvellement d'une production de qualité qu'on appelait jusqu'alors, de manière polémique, «la qualité française».

Philippe de Broca (*Cartouche*, 1961, et surtout *L'Homme de Rio*, 1963) invente la comédie d'aventure ; Jean-Paul Rappeneau (*La Vie de château*, 1965 ; *Les Mariés de l'An II*, 1970) marie comédie de caractère et comédie de mouvement ; Jean-Pierre Mocky cultive le ton de la satire avec la complicité de l'acteur Bourvil (*Un drôle de paroissien*, 1963 ; *La*

Grande Lessive, 1969 ; *L'Étalon*, 1970) ; Yves Robert adapte avec succès l'œuvre d'écrivains comme Louis Pergaud (*La Guerre des boutons*, 1961) ou Jules Romains (*Les Copains,* 1964) et parvient à donner un ton particulier à la comédie de caractère.

Dans le même temps, Roger Vadim et Claude Lelouch réalisent des films pleins d'émotion et de virtuosité ; le premier invente un mythe, celui de BB (Brigitte Bardot) avec *Et Dieu créa la femme* (1956), le second sait saisir la vérité de ses personnages dans le mouvement (*Un homme et une femme*, 1966), une touche que l'on reconnaît dans ses meilleurs films.

Les cinéastes d'action trouvent avec Robert Enrico (*Les Grandes Gueules*, 1965 ; *Les Aventuriers*, 1966) un cinéaste qui ne perd pas de vue ses personnages et qui a le sens de l'espace.

Quant à la génération précédente, elle montre qu'elle n'a rien perdu de son savoir-faire : René Clément, sa virtuosité (*Plein Soleil*, 1959 ; *Les Félins*, 1964), Henri Verneuil, son habileté dans la conduite d'un récit (*Mélodie en sous-sol*, 1961, *Un singe en hiver*, 1962, *Cent Mille Dollars au soleil*, 1963, *Week-end à Zuydcoote*, 1964, forment son premier carré d'as), Claude Autant-Lara (*En cas de malheur*, 1958) et Henri-Georges Clouzot (*La Vérité*, 1961), leur métier à noircir récit et personnages.

La nouvelle vague amène avec elle une nouvelle génération d'acteurs : Jean-Paul Belmondo, Jean-Claude Brialy, Jean-Louis Trintignant, Gérard Blain, Jean-Pierre Cassel pour les hommes, et Anna Karina, Bernadette Lafont, Marie Dubois, Delphine Seyrig, Emmanuelle Rivas, Anouk Aimée, Catherine Deneuve et Françoise Dorléac pour les femmes ; elle croise Jeanne Moreau qui est de toutes les aventures (de Losey à Truffaut et de Bunuel à Antonioni), Alain Delon (qui va de Visconti à Antonioni), Brigitte Bardot (qui passe de Clouzot à Godard)…

Avec 28 millions de spectateurs, *Le Corniaud* (1964), *La Grande Vadrouille* (1966) de Gérard Oury, qui réunissent le tandem Bourvil-Louis de Funès, sont les plus grands succès de cette période.

7 Quel metteur en scène est reconnu pour :

a. son habileté : ....

b. sa virtuosité : ....

c. son savoir-faire : ....

d. sa noirceur : ....

8 Pourquoi le film *Et Dieu créa la femme* est-il devenu un film mythique ?

....

9 Associez un acteur et un film.

a. Jeanne Moreau : ....

b. Jean-Paul Belmondo : ....

c. Anna Karina : ....

d. Brigitte Bardot : ....

e. Anouk Aimée : ....

10 Quel tandem d'acteurs a réalisé les plus gros succès du cinéma français de cette époque ?

....

11 Écrivez un résumé des films suivants en vous aidant d'Internet ou d'un dictionnaire des films :

a. *Jules et Jim* : ....

....

....

....

b. *L'Homme de Rio* : ....

....

....

....

c. *Plein Soleil* : ....

....

....

....

L'ESPRIT DE MAI : 1968-1981

Des événements de mai 1968, le cinéma français retient :

La naissance d'un jeune cinéma théoricien (*Straub-Huillet, Hanoun*), militant (Groupe Dziga Vertov avec Godard), régionaliste (*Gardarem lou Larzac*, Philippe Haudiquet), poétique (*Athanor*, Philippe Garel).

Une tendance anarchisante : *Solo* (1970) de Jean-Pierre Mocky, *L'An 01* (1972) de Jacques Doillon.

La naissance d'un cinéma de dénonciation avec les films de Costa-Gavras et sa trilogie antifasciste (*Z*, 1969), anticommuniste (*L'Aveu*, 1970) et anti-impérialiste (*État de siège*, 1963) ; ceux d'Yves Boisset (*L'Attentat*, 1972 ; *Dupont la Joie*, 1974 ; *Le Juge Fayard*, 1976) et de Jacques Rouffio (*L'Horizon*, 1967 ; *Sept Morts sur ordonnance*, 1976 ; *Le Sucre*, 1979) sur la corruption et les scandales politiques.

L'arrivée d'une génération de cinéphiles qui relie cinéma français des années 1950, cinéma américain, réalisme critique et réalisme psychologique. Bertrand Tavernier (*L'Horloger de Saint-Paul*, 1973 ; *Le Juge et l'Assassin*, 1976 ; *Les Enfants gâtés*, 1977), Maurice Pialat (*Nous ne vieillirons pas ensemble*, 1972 ; *Passe ton bac d'abord*, 1979 ; *Loulou*, 1980), Bertrand Blier (*Les Valseuses*, 1973 ; *Préparez vos mouchoirs*, 1976 ; *Buffet froid*, 1979), André Téchiné (*Hôtel des Amériques*, 1981, *Rendez-vous*, 1985, *Le Lieu du crime*, 1986), Jacques Doillon (*La Femme qui pleure*, 1978 ; *La Drôlesse*, 1979 ; *La Fille prodigue*, 1980), Claude Miller (*La Meilleure Façon de marcher*, 1975 ; *Dites-lui que je l'aime*, 1977) sont les représentants de ce cinéma des héritiers.

L'attention portée aux problèmes de société : Claude Sautet avec le scénariste Jean-Loup Dabadie se fait le chroniqueur de la société libérale qui a élu Valéry Giscard d'Estaing : *Les Choses de la vie* (1969), *César et Rosalie* (1972), *Vincent, François, Paul et les autres* (1975), *Mado* (1976) parlent de cette époque. Francis Girod jette, lui, un regard acide sur un passé-présent : *Le Trio infernal* (1974), *La Banquière* (1980), *L'État sauvage* (1978) en portent la trace. Claude Chabrol n'en finit d'explorer les « trous noirs » de ses personnages avec *La Femme infidèle* (1968), *Le Boucher* (1970), *Les Noces rouges* (1973), *Folies bourgeoises* (1975), *Violette Nozières* (1978), première collaboration avec Isabelle Huppert.

Claude Berri (*Le Pistonné*, 1969), Coline Serreau (*Trois Hommes et un couffin*, 1985 ; *La Crise*, 1993), Jean-Claude Brisseau (*De bruit et de fureur*, 1986) enregistrent autant les problèmes que les changements de la société française.

Une autre lecture de l'histoire : fiction, *Les Camisards* de René Allio (1970), *Lacombe Lucien* de Louis Malle (1974), *Stavisky* (1974) d'Alain Resnais, *Les Guichets du Louvre* de Michel Mitrani (1974), *L'Affiche rouge* (1976) de Frank Cassenti ; documentaire, *Le Chagrin et la Pitié* (1976) de Marcel Ophüls, *La Guerre d'Algérie* (1982) d'Yves Courrière ont contribué à cette relecture des pages refoulées de la mémoire française.

L'éclatement en parcours individuels de la nouvelle vague : Rohmer s'impose avec *Ma Nuit chez Maud* (1969), *Le Genou de Claire* (1970), Rivette déroute et séduit avec *L'Amour fou* (1968) et *Céline et Julie vont en bateau* (1974), Truffaut triomphe avec *Baisers volés* (1968), *L'Enfant sauvage* (1970), *La Nuit américaine* (1973), *L'Histoire d'Adèle H* (1975), *L'Argent de poche* (1976) et *Le Dernier Métro* (1980).

Ces années-là sont les années d'un trio d'actrices : Annie Girardot, Romy Schneider et Catherine Deneuve ; Michel Piccoli est de toutes les audaces et Gérard Depardieu est désigné par Jean Gabin comme le futur « patron » du cinéma français.

1   **Quelle est la particularité de ces films ?**

a. *Athanor :* ....

b. *Solo :* ....

c. *L'Aveu :* ....

d. *Gardarem lou Larzac :* ....

2   **Associez un réalisateur à chacun de ces films.**

a. *Le Lieu du crime :* ....

b. *La Meilleure Façon de marcher :* ....

....

c. *Les Valseuses :* ....

....

d. *Le Juge et l'Assassin :* ....

....

e. *Nous ne vieillirons pas ensemble :* ....

....

3   **À quels cinéastes doit-on :**

a. une exploration des trous noirs du

psychisme : ....

b. une chronique de la société libérale des années 1970 : ....

c. un regard critique sur un passé-présent : ....

Drôle de triangle amoureux : César et Rosalie.

4   **Retrouvez le ou les films qui évoquent, s'agissant de la Seconde Guerre mondiale ou des guerres coloniales, le refoulement de la mémoire française. Aidez-vous d'un dictionnaire ou d'Internet.**

a. L'occupation : ....

b. La collaboration : ....

c. L'antisémitisme : ....

d. La résistance : ....

e. Le colonialisme : ....

5   **Dans les films réalisés par les cinéastes de la Nouvelle Vague, citez celui dont le titre :**

a. renvoie au titre d'un roman surréaliste : ....

b. évoque une manière de filmer la nuit en plein jour : ....

c. est emprunté à une chanson : ....

LES ANNÉES DE DOUTE : 1981 ET APRÈS

Bouleversement du paysage audiovisuel, changement des modes de production, diminution de la fréquentation, perte de parts de marché sur le plan intérieur, les années 1980 contrastent avec la période précédente. On peut cependant déterminer quelques grandes tendances au cours de ces années-là.

Retour à une inspiration littéraire: triomphe mondial de *Cyrano* (1990) de Jean-Paul Rappeneau d'après Edmond Rostand, avec Gérard Depardieu; retour à Pagnol (*Jean de Fleurette et Manon des Sources*, 1986, qui révèlent le couple Daniel Auteuil, Emmanuelle Béart, *La Gloire de mon père* et *Le Château de ma mère* (1990) portent la marque d'Yves Robert); retour aux adaptations des grands textes patrimoniaux: Zola (*Germinal*, 1983, de Claude Berri); Balzac (*Le Colonel Chabert*, 1994, d'Yves Angelo); Giono (*Le Hussard sur le Toit*, 1995, de Jean-Paul Rappeneau).

Promotion d'un cinéma spectaculaire: avec Jean-Jacques Annaud, *La Guerre du feu* (1981), *Le Nom de la rose* (1986), *L'Ours* (1988), le cinéma français a son spécialiste.

Changement de ton dans la comédie. À côté des comédies burlesques ou de caractère de Claude Zidi et de Francis Veber (*La Chèvre*, *Les Compères*) apparaît une comédie plus acide par l'équipe du «Splendid», sortie du café-théâtre: *Papy fait de la résistance* (1982), *Viens chez moi j'habite chez une copine* (1981), *Le Père Noël est une ordure* (1983), *Marche à l'ombre* (1984), *Les Bronzés font du ski* (1979) sont des comédies un peu folles, un peu transgressives qui trouvent leur apogée avec *Les Visiteurs* (1993); Étienne Chatilliez (*La vie est un long fleuve tranquille*, 1987; *Tati Danielle*, 1990) choisit la satire; Coline Serreau impose avec *Trois Hommes et un couffin* (1985) et *La Crise* (1993) une comédie construite sur des thèmes de société.

Triomphe des adolescents: de *La Boum 1 et 2* (1981-1982) de Claude Pinoteau à *La Fille de quinze ans* (1989) et au *Petit Criminel* (1990) de Jacques Doillon, des *Nuits de la pleine lune* (1984) de Éric Rohmer à *De bruit et de fureur* (1986) de Jean-Claude Brisseau, de *L'Effrontée* (1985) de Claude Miller à *La Discrète* de Christian Vincent, les coups de cœur, les mélancolies, les désespoirs, les interrogations, la violence des adolescents traduisent l'attention d'un cinéma à son public le plus nombreux, celui des 15-35 ans.

Béatrice Dalle et Jean-Hugues Anglade dans 37,2 le matin.

1 À quels écrivains doit-on les œuvres dont sont tirées les adaptations cinématographiques suivantes :

a. *Le Hussard sur le toit* : ....

b. *Manon des sources* : ....

c. *Germinal* : ....

d. *Cyrano* : ....

e. *Le Colonel Chabert* : ....

2 Retrouvez un titre de film pour chacun de ces genres.

a. Comédie sociale : ....

b. Comédie transgressive : ....

c. Satire : ....

d. Comédie burlesque : ....

3 Quels titres des films adolescents évoquent :

a. la violence : ....

b. les coups de cœur : ....

c. la mélancolie : ....

4 Qu'ont en commun Luc Besson, Régis Wargnier et Jean-Jacques Beineix ?

....

5 Quels sont les titres des films des cinéastes femmes qui évoquent :

a. un sentiment : ....

b. une attitude : ....

c. une obsession : ....

d. un constat : ....

Triomphe des cinéastes excessifs: excès de la forme, excès de la passion, excès du romanesque et du sentiment: Luc Besson (*Le Grand Bleu*, 1988; *Nikita*, 1990; *Léon*, 1994), Jean-Jacques Beineix (*Diva*, 1980; *37°2 le matin*, 1986), Régis Wargnier (*La Femme de ma vie*, 1986; *Je suis le seigneur du Château*, 1989; *Indochine*, 1992) s'imposent par un cinéma qui n'a peur de rien.

Arrivée massive des cinéastes femmes: Claire Denis (*Chocolat*, 1988; *J'ai pas sommeil*, 1994), Claire Devers (*Chimère*, 1989), Catherine Ferrand (*Petits arrangements avec les morts*, 1994), Marion Vernoux (*Personne ne m'aime*, 1994), Catherine Corsini (*Les Amoureux*, 1994), Laurence Ferreira-Barbosa (*Les gens normaux n'ont rien d'exceptionnel*, 1993) témoignent de la diversité et de la multiplicité des talents féminins.

Vitalité des cinéastes consacrés: Louis Malle (*Au revoir les enfants*, 1987), Bertrand Tavernier (*La Vie et rien d'autre*, 1989), Claude Sautet (*Un cœur en hiver*, 1992), Alain Resnais (*Mon Oncle d'Amérique*, 1980; *Mélo*, 1986, *Smoking, No Smoking*, 1993), Claude Chabrol (*Une affaire de femmes*, 1988), Agnès Varda (*Sans toit ni loi*, 1985), Jean-Luc Godard (*Passion*, 1981; *Nouvelle Vague*, 1990), Jacques Rivette (*La Belle Noiseuse*, 1991), Maurice Pialat (*Sous le soleil de Satan*, 1987; *Van Gogh*, 1991) assurent une continuité de ton et d'inspiration qui sont l'image culturelle du cinéma français.

Émergence d'une nouvelle génération: cette nouvelle génération a été formée par les écoles de cinéma, par la réalisation de courts-métrages et les références cinéphiliques. Arnaud Desplechin (*La Sentinelle*, 1992), Christian Dupeyron (*Drôle d'endroit pour une rencontre*, 1988), Xavier Beauvois (*Nord*, 1991), Cédric Kahn (*Bar des rails*, 1992) sont, avec la génération de cinéastes femmes, les personnalités les plus marquantes. À côté d'Isabelle Huppert et d'Isabelle Adjani, une autre génération de comédiens commence à s'imposer avec Daniel Auteuil, Jean Reno, Vincent Lindon, Sophie Marceau, Emmanuelle Béart, Emmanuelle Seigner, Juliette Binoche, Sandrine Bonnaire, Dominique Lavanant, Josiane Balasko, Michel Blanc, Thierry Lhermitte, Gérard Jugnot, Christian Clavier.

Indochine de Régis Wargnier avec Catherine Deneuve

6 Rétablissez la chronologie des films des cinéastes consacrés.

a. 1980 : ....

....

b. 1981 : ....

....

c. 1985 : ....

....

d. 1987 : ....

....

e. 1988 : ....

....

f. 1989 : ....

....

g. 1990 : ....

....

h. 1991 : ....

....

i. 1992 : ....

....

j. 1993 : ....

....

7 Comment se définit la nouvelle génération qui réalise son premier film à la fin des années 1980, au début des années 1990 ?

....

....

....

8 Associez films et acteurs.

a. *Un cœur en hiver* : ....

b. *Léon* : ....

c. *Les Bronzés font du ski* : ....

d. *La Crise* : ....

e. *Le Hussard sur le toit* : ....

AUTOUR DES ANNÉES 2000 :
PERMANENCE ET RENOUVELLEMENT

1996-2008: entre ces deux dates, la consécration d'une nouvelle génération d'auteurs, la réussite du film documentaire et du film d'animation et l'apparition d'un cinéma attentif au quotidien. Une nouvelle génération d'acteurs s'impose parmi lesquels Audrey Tautou, Marion Cotillard, Catherine Frot, Valérie Lemercier, Karine Viard, Sandrine Kiberlain, Valérie Bruni-Tedeschi, Ludivine Sagnier et Vincent Cassel, Romain Duris, Guillaume Canet, Jean-Pierre Darroussin, François Cluzet, Djamel Debouze, Roschdy Zem, Mathieu Amalric.

Permanence des genres: le cinéma français est une machine bien huilée à produire du cinéma de genre.

La comédie reste le genre majuscule: *Bienvenue chez les Ch'tis* (2008) de Dany Boon s'impose au sommet du box-office de tous les temps du cinéma français avec plus de 20 millions d'entrées. Le genre couvre large: de l'observation amusée et parfois méchante ou noire du quotidien (*Venus Beauté*, Tonie Marshall; *Liberté Oléron*, 2001, Bruno Podalydès; *Mercredi, folle journée*, 2001, Pascal Thomas;

De battre mon cœur s'est arrêté
de Jacques Audiard, avec Romain Duris.

Tanguy, 2001, Étienne Chatilliez), au *nonsens* (*La Patinoire*, 1999, Jean-Philippe Toussaint), de la comédie de mœurs décalée (*Le Derrière*, 1999, Valérie Lemercier; *La Dilettante*, 1999, Pascal Thomas; *Peindre ou faire l'amour*, 2005, Arnaud et Jean-Marie Larrieu; *Mademoiselle*, 2001, Philippe Lioret) à la comédie de groupes (*Les Randonneurs*, 1997, Philippe Harel, *Les Choristes*, 2004, Christophe Barratier, *Saint-Jacques… La Mecque*, 2005, Coline Serreau).

Le cinéma psychologique français est un cinéma des petits riens passés sous un microscope pour mieux faire voir les *Petites Coupures* (Pascal Bonitzer, 2002), mieux aussi *Se souvenir de belles choses* (Zabou Breitman, 2002), faire entendre des *Confidences trop intimes* (Patrice Leconte, 2004), suivre une dérive (*Mauvaise Passe*, 1999, Michel Blanc, *Post coïtum animal triste*, 1997, Brigitte Rouan; *Intimité*, 2001, Patrice Chéreau; *Les Chansons d'amour*, 2007, Christophe Honoré), un enfermement (*L'Adversaire*, 2002, Nicole Garcia; *L'Emploi du temps*, 2001, Laurent Cantet; *Roberto Succo*, 2001, Cédric Kahn), une obsession (*Harry, un ami qui vous veut du bien*, 1999, Dominik Moll; *La Moustache*, 2005, Emmanuel Carrère), un désir interdit (*Une femme de ménage*, 2001, Claude Berri), une passion (*Lady Chatterley*, 2005, Pascale Ferran).

Le film noir couvre un spectre large: récit hitchcockien (*À vendre*, 1998, Lætitia Masson), dénonciation politique (*La ville est tranquille*, 2000, Robert Guédiguian), règlements de compte familiaux (*Ne le dis à personne*, 2005, Guillaume Canet), récit d'apprentissage (*Le Petit Lieutenant*, 2005, Xavier Beauvois), portrait de truand (*Mesrine*, 2008, Jean-François Richet, *L'Homme du*

1   Citez une comédie qui soit :

a. une comédie de mœurs : ....

b. une satire : ....

c. une comédie de groupe : ....

d. une observation amusée : ....

e. une observation méchante : ....

2   À quel type de récit se rattachent les films suivants :

a. *Mauvaise passe :* ....

b. *L'Emploi du temps :* ....

c. *Harry, un ami qui vous veut du bien :* ....

d. *Un désir interdit :* ....

e. *Une passion :* ....

3   À quel genre de film noir appartient :

a. *Mesrine :* ....

b. *À vendre :* ....

c. *Ne le dis à personne :* ....

d. *36, Quai des orfèvres :* ....

4   À quel événement fait allusion chacun de ces films ?

a. *Amen :* ....

b. *Indigènes :* ....

c. *La Chambre des officiers :* ....

5   Relevez parmi les titres des films des cinéastes Nouvelle et post-Nouvelle Vague ceux qui font allusion à la durée et au temps.

....

....

train, 2002, Patrice Leconte), rapport flic-milieu (*Le Cousin*, 1997, Alain Corneau), guerre des polices (*36, Quai des Orfèvres*, Olivier Marchal). Le film historique s'attache aux petits récits qui forment autant de lieux de mémoire : le pouvoir du verbe (*Ridicule*, Patrice Leconte, 1996) ; l'apprentissage du regard sur soi des gueules cassées de la Première Guerre mondiale (*La Chambre des officiers*, 2001, François Dupeyron) ; les derniers jours d'un président (*Le Promeneur du Champ-de-mars*, 2005, Robert Guédiguian), les trous de mémoire (*Amen*, 2002, Costa-Gavras à propos de l'Église et des Juifs) *Indigènes*, 2005, Rachid Bouchared, sur le sacrifice des troupes coloniales ; le cauchemar du socialisme stalinien (*Est-Ouest*, 1999, Régis Wargnier).

Permanence des générations Nouvelle et post-Nouvelle Vague : Claude Chabrol reste le plus actif (*Au cœur du mensonge*, 1998 ; *Merci pour le chocolat*, 2000 ; *L'Ivresse du pouvoir*, 2005 ; *La Fille coupée en deux*, 2007) ; Éric Rohmer achève son quatuor des saisons (*Conte d'été*, 1996 ; *Conte d'automne*, 1998) ; Alain Resnais poursuit ses explorations facétieuses (*On connaît la chanson*, 1997 ; *Pas sur la bouche*, 2003 ; *Cœurs*, 2006 ; *Les herbes folles*, 2009) ; André Téchiné travaille sur le temps qui est passé (*Les Temps qui changent*, 2004 ; *Les Témoins* 2007) ; Bertrand Tavernier continue à dénoncer en faisant le grand écart entre présent (*Ça commence aujourd'hui*, 1999) et passé (*Capitaine Conan*, 1996).

Consécration d'une nouvelle génération d'auteurs : Arnaud Desplechin expérimente (*Comment je me suis disputé*, 1996 ; *Rois et Reine*, 2004 ; *Un conte de Noël*, 2008) ; Olivier Assayas analyse (*Fin août début septembre*, 1999 ; *L'Heure d'été*, 2008) ; Jacques Audiard cherche (*Un héros très discret*, 1996 ; *Sur mes lèvres*, 2001 ; *De battre mon cœur s'est arrêté*, 2005 ; *Le Prophète*, 2009) ; Cédric Klapisch chronique (*Chacun cherche son chat*, 1996 ; *L'Auberge espagnole*, 2002) ; François Ozon fouille (*Sous le sable*, 2001 ; *Huit Femmes*, 2002 ; *5 x 2*, 2004 ; *Le Temps qui reste*, 2005) ; Anne Fontaine dissèque (*Nettoyage à sec*, 1997,

Comment j'ai tué mon père, 2001) ; Robert Guédiguian ausculte (*Marius et Jeannette*, 1997 ; *La ville est tranquille*, 2000 ; *Le Promeneur du Champ-de-mars*, 2005).

Réussite du film d'animation : *Kirikou et la sorcière*, 1998, Michel Ocelot ; *Le Château des singes*, 1998, Jean-François Laguionie ; *Les Triplettes de Belleville*, 2001, Sylvain Chomet ; *La Prophétie des grenouilles*, 2003, Jacques Rémy Girerd ; *Azur et Asmar*, 2006, Michel Ocelot et *Persépolis*, 2007, Marjane Satrapi, autant d'univers et de récits singuliers, du conte au récit autobiographique.

Renouveau du film documentaire avec les OVNI d'Agnès Varda (*Les Glaneurs et la glaneuse*, 1999, et *Les Plages d'Agnès*, 2008), le regard objectivé de Raymond Depardon (*10ᵉ chambre, instants d'audience*, 2004 ; *Profils paysans*, 2005 ; *La Vie moderne*, 2008) ; le sens de la durée de Nicolas Philibert (*Être et avoir*, 2002).

Fabrication de machines à succès : films de producteurs (*Astérix et Obélix : mission Cléopâtre*, 2002) ; films de genre très maîtrisés et formatés pour l'international (*Le Cinquième Élément*, 1997, et *Jeanne d'Arc,* 1999, Luc Besson ; *La Môme (La Vie en rose)*, 2007, Olivier Dayan ; *Le Pacte des loups*, 2001, Christophe Gans) ; réalisme poétique revisité avec talent (*Le Fabuleux Destin d'Amélie Poulain (Amélie de Montmartre)*, 2001, et *Un long dimanche de fiançailles*, 2004, Jean-Pierre Jeunet).

Apparition d'un cinéma attentif au quotidien des rapports sociaux (*Ressources humaines*, 2000, Laurent Cantet ; *Violence des échanges en milieu tempéré*, 2004, Jean-Marc Montout ; *Louise-Michel*, 2008, Benoît Delépine) ou des vies bricolées (*La Vie rêvée des anges*, 1998, Éric Zonca ; *Western*, 1997, Manuel Poirier ; *Y aura-t-il de la neige à Noël?*, 1996, Sandrine Veysset ; *Quand la mère monte*, 2004, Yolande Moreau), à ce qu'il reste du vivre ensemble (*L'Esquive*, 2004, et *La Graine et le mulet*, 2007, Abdellatif Kechiche ; *Karnaval*, 1999, Thomas Vincent ; *Le Fils de l'épicier*, 2007, Éric Guirado) à l'échange et à la transmission (*Entre les murs*, 2008, Laurent Cantet, et *Brodeuses*, 2004, Éléonor Faucher.)

6 À partir des verbes qui tentent de résumer le travail des cinéastes de la nouvelle génération d'auteurs, essayez de caractériser cette génération.

....

....

7 Dans le cinéma documentaire, quel film traite de :

a. la récupération : ....

b. la justice : ....

c. la vie rurale : ....

8 Dans les grosses machines à succès, retrouvez :

a. un film historique : ....

b. un film de science-fiction : ....

c. une biographie : ....

d. une adaptation de bande dessinée : ....

e. une filature : ....

f. une chronique : ....

g. un film gothique : ....

9 À quels thèmes se rattachent les films suivants :

a. *La Vie rêvée des anges :* ....

b. *Ressources humaines :* ....

c. *L'Esquive :* ....

d. *Entre les murs :* ....

e. *Brodeuses :* ....

13 LA PEINTURE

Au début de XXᵉ siècle, Paris est le phare qui attire les artistes étrangers à la recherche de conditions favorables à leur art. C'est l'époque où la capitale voit arriver les d'artistes d'Europe centrale et d'ailleurs qui se fixent essentiellement à Montparnasse. Parmi eux, **Chagall, Picasso, Pascin, Modigliani, Kisling** et **Soutine** qui côtoient **Matisse, Léger** ou **Derain**. Ils forment ce qu'on appelle communément l'«**École de Paris**».

• Le fauvisme
Révélé en 1905, il est caractérisé par l'audace et la nouveauté de ses recherches sur la couleur ; surtout il sépare la couleur de sa référence à l'objet : d'où cette affirmation de **Matisse** : «Quand je mets un vert, ça ne veut pas dire de l'herbe ; quand je mets un bleu, ça ne veut pas dire le ciel.» À côté de Matisse, le précurseur, on trouve des artistes, comme **Derain, Vlaminck, Dufy**, **Marquet** ou encore **Georges Braque** à ses débuts. *Amour, calme et volupté* de Matisse est considéré comme le premier tableau fauve.

• Le cubisme
Ce courant s'est développé de 1907 à 1914 à l'initiative des peintres **Georges Braque** et **Pablo Picasso**. «Traitez la nature par le cylindre, la sphère, le cône, le tout mis en perspective, soit que chaque côté d'un objet, d'un plan, se dirige vers un point central.» Cette recommandation de Cézanne, le Cubisme va la faire sienne : *Les Demoiselles d'Avignon ou Bordel d'Avignon* (1907) est considéré généralement comme le premier tableau cubiste. Picasso et Braque appliqueront ces théories, non seulement aux paysages, mais aussi aux natures mortes et à la figure humaine.
Robert et Sonia Delaunay créent ce qu'Apollinaire appellera un «cubisme orphique» dans lequel la couleur se détache de toute forme et permet la création, dans leurs œuvres, de cercles concentriques colorés, donnant rythme et vitesse au tableau.

• L'abstraction
C'est à **Kandinsky** que l'on doit d'avoir théorisé **l'abstraction** comme mode d'expression et réalisé en 1910 le premier tableau abstrait. L'art abstrait n'essaie pas de représenter, la peinture

Raymond Hains.

construisant un univers parallèle sans aucun rapport avec la réalité immédiate.
L'abstraction traversera le siècle, donnant naissance à différentes tendances. À l'abstraction géométrique des débuts succédera à partir des années 1940 l'art non figuratif qui insiste sur la persistance d'un rapport à la réalité sensible dans une liaison qui dépasse la simple figuration ; on parlera aussi d'abstraction lyrique, d'abstraction gestuelle ou d'abstraction matiériste : on regroupe sous ces appellations **Bazaine, Manessier, Lapicque, Mathieu, Soulages, Fautrier** et **Dubuffet**, mais aussi **Poliakof, de Staël, Estève** ou **Debré**.

1 Qu'appelle-t-on « École de Paris » ?

....

2 Associez un mouvement, un événement ou un tableau
à chacune de ces dates.

a. 1905 : ....

....

b. 1907 : ....

....

c. 1940 : ....

d. 1924 : ....

e. 1960 : ....

f. 1980 : ....

Ben

3 Retrouvez les définitions :

a. du fauvisme : ....

b. du cubisme : ....

c. de l'art abstrait : ....

d. du surréalisme : ....

e. du nouveau réalisme : ....

f. de la figuration libre : ....

4 Quels sont les peintres chefs de file de ces différents mouvements ?

a. Fauvisme : ....

b. Cubisme : ....

c. Art abstrait : ....

d. Surréalisme : ....

e. Nouveau réalisme : ....

f. Figuration libre : ....

5 Citez une ou des œuvres appartenant à ces différents mouvements.

a. Fauvisme : ....

b. Cubisme : ....

c. Surréalisme : ....

• Le surréalisme

C'est probablement la seule école qui réconcilie le figuratif et le non figuratif. Dans le *Manifeste du surréalisme* (1924), **André Breton** écrit: «Le surréalisme repose sur la croyance à la réalité supérieure de certaines formes d'associations négligées jusqu'à lui, à la toute-puissance du rêve, au jeu désintéressé de la pensée.

L'œuvre des peintres surréalistes se distribue suivant qu'elle procède de l'automatisme lyrique abstrait comme chez le Français **André Masson** (père du mouvement avec le Suisse **Max Ernst**) ou l'Espagnol **Miro**, ou de l'imagerie onirique absurde sur un mode naturaliste comme chez le Belge **Magritte** et ses collages visuels (*L'Homme*

Annette Messager.

au chapeau melon, *Ceci n'est pas une pipe*), l'Espagnol **Dali,** créateur d'images oniriques (*Persistance de la mémoire*), ou le Russe **Chagall** (*Le Violoniste*) et ses emprunts au folklore juif. Les peintres surréalistes utilisent les techniques du collage, du frottage ou du fumage.

• Le nouveau réalisme

Le nouveau réalisme a été fondé en octobre 1960. Il réunit notamment: Yves **Klein**, **Arman**, Raymond **Hains**, Martial **Raysse**, Daniel S**poerri**, Jean **Tinguely**, Jacques de la **Villeglé**, **César** et Niki de **Saint-Phalle**.

Ces artistes ont en commun une méthode d'ap-

propriation directe du réel et pratiquent ce que Pierre Restany appelle un «recyclage poétique du réel urbain, industriel, publicitaire».

Sur sa route internationale, le nouveau réalisme croisera le **pop art** dont Alain Jacquet sera le précurseur.

• La figuration libre

C'est **Robert Combas** qui a apporté au début des années 1980 une nouvelle peinture figurative sur la scène artistique, que **Ben** (**Vautier**) a appelée figuration libre. Ce mouvement, très médiatisé, s'est constitué autour des figures de **Robert Combas, Hervé Di Rosa, Richard Di Rosa, Rémi Blanchard, François Boisrond, Louis Jammes**. Les artistes de la figuration libre ont, à travers leurs œuvres, pris la «liberté» de faire «figurer» toutes formes d'art, sans frontière de genre culturel et d'origine géographique, sans hiérarchie de valeurs entre haute et basse culture.

À côté de la figuration libre, **Jacques Monory** développe une figuration narrative.

• Tendances actuelles

Plus que de courants, il s'agira ici d'évoquer quelques figures singulières de la scène plasticienne française : **Boltanski** travaille sur la mémoire, l'inconscient, l'enfance et la mort, et utilise une multitude de matériaux et divers moyens d'expressions artistiques : photo, cinéma, vidéo…

Daniel Buren considère que «toute œuvre exposée est mise en scène» et révèle le lieu et ce lieu même la rend intransportable et donc éphémère. Son œuvre la plus célèbre «Les deux plateaux» est située au Palais Royal, à Paris : elle est connue sous le nom de «colonnes de Buren».

Sophie Calle, photographe, écrivaine et réalisatrice utilise la photographie comme support d'une narration de l'intime ; elle part de tous les supports possibles (livres, photos, vidéos, films, performances, etc.).

Annette Messager construit une œuvre hybride qui évolue dans un monde imaginaire et intime, mêlant éléments autobiographiques et réflexions féministes, entre tendance tragique et univers ludique.

A C T I V I T É S

6 Qu'appelle-t-on « cubisme orphique » ?

....

7 Quelle est la différence entre abstraction géométrique et art non figuratif ?

....

8 L'abstraction constitue-t-elle un mouvement uniforme ?

....

9 Quel a été le prolongement du nouveau réalisme ?

....

10 Chez quel artiste rattaché aux tendances actuelles de l'art contemporain peut-on retrouver les thèmes suivants :

a. l'intime : ....

b. la mémoire : ....

c. la mise en scène d'un monde imaginaire : ....

d. le travail sur les signes de la culture contemporaine : ....

e. la mise en scène de la représentation : ....

Nicolas de Staël.

14 LE THÉÂTRE

■ LE TEMPS DES AUTEURS

Il y a deux temps pour le théâtre en France au XXᵉ siècle : le temps de l'auteur, qui va révolutionner l'écriture théâtrale, et le temps du metteur en scène, qui va faire triompher la représentation.

C'est en 1888 que commence l'époque moderne pour le théâtre avec *Ubu roi* d'**Alfred Jarry** (1873-1907) : Jarry détourne le genre de la tragédie, qui devient une farce, les conventions, avec des personnages schématiques, une intrigue, devenue secondaire, le langage, en introduisant un langage non conformiste écrit avec les mots du quotidien.

Ce débordement des genres, on va le retrouver dans les comédies satiriques de **Feydeau** (1862-1921) ou de **Courteline** (1858-1929) qui, le premier avec *Tailleur pour dames* (1886), *Le Dindon* (1896) ou *La Puce à l'oreille* (1907), le second avec *Messieurs les Ronds de cuir* (1893), *Le commissaire est bon enfant* (1900), *Le Crime de la rue de Lourcine*, vont, sous les allures du vaudeville et de la comédie légère, mettre au jour les travers de la société bourgeoise et de la bureaucratie triomphante. Au même moment, **Tristan Bernard** (1866-1947) et **Sacha Guitry** (1885-1957) renouvellent la comédie dite «de boulevard» en en faisant d'abord des événements de langage tenus, pour le premier, par l'humour et la frivolité (*Les Jumeaux de Brighton*, 1908 ; *Le Petit Café*, 1911) et, pour le second, par l'ironie et le mot d'esprit.

Avignon : Le Soulier de Satin de Paul Claudel, mise en scène Antoine Vitez.

Côté débordement, **Paul Claudel** (1885-1957) va aller encore plus loin en proposant des drames qui se jouent du temps et de l'espace et aspirent au théâtre total, à la fois lyrique, baroque et cosmique. *Le Partage de midi* (1906), déchirement passionnel entre terre et mer, *L'Annonce faite à Marie* (1912), qui immerge un amour impossible dans l'Espagne des conquistadors, *Le Soulier de satin* (1929), théâtre monde qui passe de l'épique au bouffon, du théologique au romanesque, tentent chacun à leur manière d'enraciner l'universel dans le particulier.

À partir des années 1940, l'écriture théâtrale passe de la dénonciation à la subversion.

L'engagement prôné par **Jean-Paul Sartre** (1905-1981) se retrouve non seulement dans son théâtre mais aussi dans celui d'**Albert Camus** (1913-1960) ou de **Jean Anouilh** (1910-1987) : dans *Les Mouches* (1943), *Les Mains sales* (1948), *Le Diable et le Bon Dieu* (1951), Sartre pose le problème de la liberté du sujet confronté ici à un pouvoir tyrannique, là au choix des moyens et ailleurs au dilemme entre action et morale ; Camus, lui, dans *Caligula* (1944) et *Les Justes* (1950) pose la question du bon usage de la liberté ; et Anouilh dans *Antigone* (1944) oppose de manière sarcastique héroïsme et compromission.

Avec **Jean Genet** (1910-1986) (*Les Bonnes*, 1947 ; *Le Balcon*, 1956 ; *Les Nègres*, 1958 ; *Les Paravents*, 1961) et **Fernando Arrabal** (1932)

1 Construisez une petite histoire de la création théâtrale contemporaine : retrouvez quelle œuvre de quel auteur dramatique correspond à chacune de ces dates.

a. 1888 : ....

b. 1906 : ....

c. 1944 : ....

d. 1948 : ....

e. 1950 : ....

f. 1952 : ....

g. 1955 : ....

h. 1956 : ....

i. 1968 : ....

j. 1973 : ....

k. 1976 : ....

l. 1982 : ....

m. 1983 : ....

n. 1986 : ....

o. 1990 : ....

p. 1994 : ....

2 À quels auteurs se rattache chacun de ces genres ou formes théâtrales ?

a. Comédie légère : ....

b. Théâtre engagé : ....

c. Théâtre subversif : ....

d. Théâtre total : ....

e. Comédie du verbe : ....

f. Théâtre de l'absurde : ....

g. Théâtre de la communication : ....

h. Théâtre du quotidien : ....

i. Théâtre de l'intime : ....

3 Rapprochez les thèmes et les œuvres.

a. Dénonciation de la bureaucratie : ....

b. Bon usage de la liberté : ....

c. Transgression des valeurs morales et sociales : ....

d. Sortie de l'absurde par la lutte sociale : ....

(*Le Cimetière des voitures*, 1957; *Le Grand Cérémonial*, 1965), le théâtre se fait subversif et prône la transgression des valeurs morales et sociales.

À la même époque, un certain nombre d'auteurs dramatiques choisissent la subversion par les mots et mettent en scène la comédie du verbe pour mieux dénoncer la comédie sociale et le sort réservé à l'individu : **Jacques Audiberti** (1899-1965) (*Le mal court*, 1947; *Le Cavalier seul*, 1955), **Jean Tardieu** (1903-1995) (*La Comédie du langage*, 1951), **François Billetdoux** (1927-1991) (*Tchin-tchin*, 1959; *Comment va le monde, môssieu? Il tourne, môssieu!*, 1964), **René de Obaldia** (1918) (*Du vent dans les branches de sassafras*, 1965) et bien sûr **Françoise Sagan** (*Château en Suède*, 1960; *La Robe mauve de Valentine*, 1963; *Le Cheval évanoui*, 1966).

Une pléiade d'auteurs va aller encore plus loin jusqu'à dynamiter le langage lui-même : un théâtre qui débouche sur l'absurde et le désespoir et met en lumière l'impossibilité à dire et à communiquer.

Avec **Arthur Adamov** (1908-1970), le théâtre (*L'Invasion*, 1949; *Tous contre tous*, 1953; *Off limits*, 1969) croit encore qu'on peut sortir de l'absurde par la lutte sociale. Rien de tel chez **Eugène Ionesco** (1905-1994) : *La Cantatrice chauve* (1950), *La Leçon* (1951), *Les Chaises* (1952), *Rhinocéros* (1959), *Le Roi se meurt* (1962) placent les mots au centre, là où le langage ne dit que lui-même, tourne en rond, incapable de délivrer un quelconque message. Quant à **Samuel Beckett** (1906-1989, prix Nobel 1969), son théâtre met en scène l'épuisement du langage : les mots comblent le vide (*En attendant Godot*, 1952), ne servent qu'à repousser la fin (*Fin de partie*, 1957), se raréfient jusqu'au silence (*Oh les beaux jours*, 1963).

Nathalie Sarraute (1902-1999) et **Marguerite Duras** (1914-1996) creusent une autre voie, celle où le langage révèle son incapacité à créer de la communication : là où Nathalie Sarraute (*Le Silence*, 1963; *Le Mensonge*, 1966; *Pour un oui, pour un non*, 1982) place son dispositif dramaturgique à l'intérieur du langage, Marguerite Duras (*Le Square*, 1965; *L'Amante anglaise*, 1968; *Des journées entières dans les arbres*, 1968) le place, elle, entre les mots, dans les non-dits, les interdits et les silences. Là où les deux auteures dramatiques travaillent la raréfaction, **Valère Novarina** travaille l'excès, le débordement verbal, le carnavalesque dans la langue (*Le Discours aux animaux*, 1986; *Le Drame de la vie*, 1986; *Je suis*, 1991; *L'Origine rouge, 2000*; *L'Espace furieux*, 2006; *L'Acte inconnu*, 2007).

La question du rapport de la vie de l'individu à l'histoire des hommes occupe l'écriture théâtrale à partir des années 1970. **Michel Vinaver** (1927) et son théâtre du réel (*Les Coréens*, 1956; *Par-dessus bord* (1973), **Jean-Claude Grumberg** (1939) (*Dreyfus*, 1973; *L'Atelier*, 1976; *Zone libre,* 1991) et son théâtre du quotidien, et **Armand Gatti** (1924) et son théâtre d'agitation politique (*Le Dernier Maquis*, 1984; *Les Combats du jour et de la nuit à la prison de Fleury-Mérogis*, 1989) mettent en scène des exploités, des gens ordinaires, des exclus aux prises avec le monde réel et à qui le théâtre cherche à rendre un peu de dignité.

Dans ce rapport du théâtre au réel, **Yasmina Réza** (1959) met en place dans ses pièces (*Art*, 1994; *Trois Versions de la vie*, 2001; *Une pièce espagnole*, 2004; *Le Dieu du carnage*, 2006) des dramaturgies dans lesquelles les stéréotypes font éclater les rapports individuels et sociaux. **Bernard-Marie Koltès** (1948-1989) (*Combat de nègres et de chiens*, 1983; *Quai Ouest*, 1985; *Dans la solitude des champs de coton*, 1986; *Retour au désert*, 1988; *Roberto Zucco*, 1991) et **Jean-Luc Lagarce** (1957-1995) (*Music-hall*, 1988; *Juste la fin du monde*, 1990; *J'étais dans la maison et j'attendais que la pluie vienne*, 1994; *Le Pays lointain*, 1995) situent leur théâtre, toujours menacé par l'imminence de la catastrophe, dans le registre de l'intime, de la parole murmurée entre vérité et mensonge.

e. Rendre la dignité aux gens ordinaires : ....

f. Faire éclater les stéréotypes : ....

4   À quels auteurs est associée l'idée de subversion ?

....

5   Le théâtre comme événement de langage : quelles formes peut prendre ce type de théâtre ?

....

....

6   Quels auteurs peut-on classer sous l'appellation théâtre de l'absurde ?

....

....

7   Quels auteurs peut-on rattacher au courant du « théâtre du quotidien » ?

....

....

8   Théâtre du débordement, de l'excès : quels auteurs et quelles œuvres pourrait-on mettre sous cette appellation ?

....

....

9   À quels auteurs et à quelles œuvres vous fait penser l'expression « théâtre de l'intime » ?

....

10   Faites la liste des titres qui :

a. évoquent une expression quotidienne : ....

b. constituent une allusion à l'histoire ou à la religion : ....

c. font allusion à un événement de langage : ....

LE TEMPS DES METTEURS EN SCÈNE

Pour **Roger Planchon**, «La leçon de Brecht, c'est d'avoir déclaré: "une représentation, c'est à la fois une écriture dramatique et une écriture scénique. Mais cette écriture scénique a une responsabilité égale à celle de l'écriture dramatique."»; pour **Antoine Vitez**, il convient de «faire théâtre de tout». On est loin de **Jean Vilar** et de l'aventure du Théâtre national populaire (TNP) et de celle du Festival d'Avignon mais aussi de celle des centres dramatiques régionaux (**Jean Dasté** à La Comédie de Saint-Étienne) dont l'objectif, dans les années 1950, dans la perspective d'une démocratisation de l'accès au théâtre, était d'abord de mettre en contact les spectateurs avec des textes, le metteur en scène comme les comédiens (les jeunes Gérard Philipe, Jeanne Moreau, Philippe Noiret, Michel Bouquet) étant au service du texte.

C'est au début des années 1970 que l'auteur et sa pièce, qui n'est désormais qu'un de ses rouages possibles, va disparaître pendant presque 30 ans derrière le metteur en scène.

Tout part d'abord des spectacles où l'auteur cède la place à la création collective sous la conduite d'un metteur en scène : **Ariane Mnouchkine** crée *1789*, fête théâtrale bientôt suivie par *1793* et *L'Âge d'or*, le tout installé dans une ancienne Cartoucherie dans le Bois de Vincennes ; pour le spectateur, la représentation prend ici des allures d'aventure initiatique. Au même moment, **Jérôme Savary** avec Le Grand Magic Circus ramène, lui, le spectacle (*Zartan, De Moïse à Mao, Goodbye Mister Freud*) sur la piste de cirque où les comédiens rejouent la troupe des comédiens ambulants au service du burlesque et de l'improvisation.

C'est **Roger Planchon** au Théâtre de la Cité, à Lyon, avec ses relectures de *Tartufe, Bérénice, L'Avare, Georges Dandin* et ses lectures de Harold Pinter (*No man's land*) ou Michel Vinaver (*Par-dessus bord*), qui a imposé l'effacement de l'auteur devant la relecture du metteur en scène. Dès lors on va aller voir non plus *Tartufe* de Molière mais «le *Tartufe* de Planchon». À sa suite, on ira voir un spectacle d'**Ariane Mnouchkine**, une mise en scène de **Patrice Chéreau** qui, avec des spectacles de légende (*La Cuisine* d'Arnold Wesker, *1789, L'Âge d'Or, Mephisto* d'après Klaus Mann, *Richard II, La Nuit des Rois* de Shakespeare, *Les Atrides* d'Euripide et Eschyle, pour l'une, *Richard II, Hamlet* de Shakespeare, *Massacre à Paris* de Christopher Marlowe, *La Dispute* de Marivaux, *Lear* d'Edward Bond, *Peer Gynt* d'Ibsen, *Les Paravents* de Jean Genet et *Le Ring* de Richard Wagner à Bayreuth, pour l'autre) ont imposé leur imaginaire.

Dans le même ordre d'idée, les dispositifs créés par **Antoine Vitez** pour *Faust* de Goethe et *Tombeau pour 500 000 soldats* de Pierre Guyotat ainsi que pour *Le Soulier de satin* de Claudel; par **André Engel** pour *Penthésilée* de Kleist, *Le Misanthrope* de Molière, *Légendes de la forêt viennoise* d'Anton von Horwath; par **Jean-Pierre Vincent** pour *Noces chez les petits-bourgeois* de Brecht et *Vichy Fictions*; par **Jean-Claude Pinchenat** pour *David Copperfield et Le Bal*; par **Jorge Lavelli** pour *Le Conte d'hiver* de Shakespeare, par **Georges Lavaudant** pour *Les Céphéides* de J.-C. Bailly, *Les Géants de la montagne* de Pirandello, les masques imaginés par **Alfredo Arias** pour *Peines de cœur pour une chatte anglaise*, l'inscription par **Peter Brook** de toute représentation (Shakespeare, Tchekhov, *Carmen, Le Mahabharata*, Beckett)

1 Quel était l'objectif de Jean Vilar avec le TNP et des centres dramatiques régionaux ?

....

....

2 Quelle rupture, à la suite de Brecht, introduit Roger Planchon ?

....

....

3 Qu'ont en commun les choix d'Ariane Mnouchkine et de Jérôme Savary ?

....

4 Quels sont les metteurs en scène qui sont devenus les stars de la mise en scène ?

....

....

5 Classez les œuvres citées ici mises en scène par Roger Planchon, Ariane Mnouchkine ou Patrice Chéreau.

a. Œuvres du xxᵉ siècle : ....

....

....

b. Répertoire classique : ....

....

....

6 Imaginaire et mise en scène : rapprochez œuvres et metteurs en scène.

a. *Penthésilée :* ....

b. *Tombeau pour cinq cent mille soldats :* ....

c. *Les Céphéides :* ....

d. *Le Mahabharata :* ....

e. *Le Bal :* ....

f. *Vichy Fictions :* ....

dans l'espace du Théâtre des Bouffes du Nord, à Paris, toutes ces images ont largement contribué à associer un imaginaire spécifique à un metteur en scène.

Ce triomphe du metteur en scène n'a pas pour autant conduit à un effacement de l'auteur : pas un metteur en scène qui n'ait installé un rapport privilégié avec un ou des auteurs : **Claude Régy** avec Edward Bond, Peter Handke, Harold Pinter, Gregory Motton ou Botho Strauss ; **Jacques Lassalle** avec Michel Vinaver ; **Philippe Adrien** avec Enzo Corman ; **Georges Lavaudant** avec Jean-Christophe Bailly ; **Ariane Mnouchkine** avec Helène Cixous ; **Jean-Pierre Vincent** avec Michel Deutsch et Bernard Chartreux ; **Marcel Maréchal** avec Jean Vauthier ou Louis Guilloux. Mais la relation la plus spectaculaire est celle qui a lié **Bernard-Marie Koltès** et **Patrice Chéreau** autour d'une œuvre en train de se faire, dans un lieu (le Théâtre des Amandiers à Nanterre, haut lieu de la création européenne dans les années 1980) avec des comédiens prestigieux venus d'horizons très divers (Michel Piccoli, Maria Casarès, Jacqueline Maillan, Philippe Léotard) qui n'hésiteront pas à prendre part à cette aventure ; Patrice Chéreau créera quatre pièces de B.-M Koltès : *Combat de nègres et de chiens, Dans la solitude des champs de coton, Retour au désert* et *Quai Ouest*. Enfin un cas d'exception, **Valère Novarina** : ce maître du verbe, avec la complicité passionnée d'une dizaine de comédiens (d'André Marcon à Dominique Pinon) se fera le metteur en scène de son œuvre hors normes qui aujourd'hui du Festival d'Avignon à la Comédie-Française a rencontré son public.

■ **TNP : Théâtre national populaire ou l'aventure du théâtre accessible à tous**

Fondé en 1920 par Firmin Gémier – qui invente déjà en 1911 un théâtre national ambulant –, le Théâtre national populaire est logé dans le Palais du Trocadéro à Paris. En 1951, **Jean Vilar** est nommé à la tête du TNP, où il conçoit son théâtre comme « un service public ». Tout en établissant de solides relations avec les spectateurs (horaires, prix des places, gratuité des services), il multiplie dans l'immense salle, de saison en saison, les créations avec des classiques français ou étrangers peu connus qu'il met en scène dans une esthétique dépouillée (Corneille, Kleist, Brecht…). Il met en œuvre une politique culturelle originale et transforme le TNP en véritable « entreprise » théâtrale : faire venir à Chaillot un public populaire, au moins 2 500 personnes chaque soir, à des prix peu élevés, tel est l'objectif visé. Mais pour attirer le public, il faut d'abord aller à sa rencontre. D'où le réseau de communications établi avec les associations, les comités d'entreprise, les étudiants, les clubs. Une association est créée, les Amis du Théâtre populaire. La revue *Bref* est fondée. De novembre 1951 à juillet 1963, le TNP donne plus de trois mille représentations, pour plus de cinq millions de spectateurs. Il parcourt la France ainsi que vingt-neuf autres pays. En même temps, Vilar a réussi à associer au théâtre les notions de fête, de cérémonie et de service public. Il parvient à rassembler un vaste public recueilli et enthousiaste, pour lequel l'art dramatique devient un moment privilégié autant qu'une nécessité. En 1963, Jean Vilar décide de se retirer. **Georges Wilson** lui succède.

À la fin de mars 1972, le Théâtre national populaire est transféré au Théâtre de la Cité à Villeurbanne, qui est ainsi autorisé à porter le sigle créé par Jacno, en 1951. La direction est confiée à **Patrice Chéreau, Robert Gilbert** et **Roger Planchon**. En 1986, **Georges Lavaudant** succède à Patrice Chéreau aux côtés de Roger Planchon et en janvier 2002, **Christian Schiaretti**, précédemment directeur de la Comédie de Reims, succède à Roger Planchon à la direction du Théâtre national populaire. Les spectacles produits et joués par le TNP comptent parmi les plus importants du théâtre français. On se souvient des spectacles de Roger Planchon, *Le Tartuffe, Le Cochon noir, Gilles de Rais, Ionesco, George Dandin, L'Avare…* ; de Patrice Chéreau, *Le Massacre à Paris, La Dispute, Lear, Peer Gynt…* ; de Georges Lavaudant, *Baal* et *Dans la jungle des villes, Platonov, Terra Incognita, Un chapeau de paille d'Italie…* Christian Schiaretti avec *L'Opéra de quat'sous*, Coriolan, Par-dessus bord… poursuit l'aventure d'un grand théâtre public de qualité. Depuis 35 ans, avec plus de 90 créations, 160 metteurs en scène invités, 400 spectacles accueillis et près de 2 millions de spectateurs, le TNP participe à faire découvrir tous les genres de textes et d'esthétiques théâtraux français et étrangers.

7 Quel metteur en scène est associé à chacun de ces auteurs ?

a. Bernard-Marie Koltès : ....

b. Hélène Cixous : ....

c. Enzo Corman : ....

d. Jean-Christophe Bailly : ....

e. Michel Vinaver : ....

f. Valère Novarina : ....

8 Faites une fiche d'identité du TNP. Aidez-vous de l'encadré ci-contre.

Création : ....

Directeurs successifs : ....

Adresses : ....

Capacité de la salle : ....

Créateur du logo : ....

Nombre de spectateurs accueillis depuis 1951 : ....

Nombre de pays visités : ....

Nombre de spectacles accueillis : ....

Richard II, *mis en scène par Ariane Mnouchkine.*

15

LA DANSE

■ LA TRADITION CLASSIQUE

Pas de querelle des anciens et des modernes mais cohabitent ensemble le ballet classique et la danse contemporaine: chacun a ses lieux (l'Opéra de Paris pour le ballet classique, le Théâtre de la Ville à Paris et les CND (centre national de la danse) en régions pour la danse contemporaine, ses festivals (Montpellier, Lyon avec la Biennale de la danse, Bagnolet et ses journées pour la danse contemporaine), ses stars (les danseurs et danseuses étoiles pour le ballet classique; les chorégraphes pour le ballet contemporain) et son public avec cependant des passerelles qui s'appellent Maguy Marin, Angelin Preljocaj, Montalvo-Hervieux et Philippe Decouflé, chorégraphes dont les grandes formes rassemblent un vaste public, ou Sylvie Guillem, *prima ballerina assoluta*, qui entraîne son public du ballet classique vers les formes contemporaines.

Le **Ballet devenu Ballet de l'Opéra national de Paris** a été fondé en 1669, en même temps que l'Académie royale de musique, aujourd'hui l'Opéra national de Paris. Il est installé au Palais Garnier. Au départ, une troupe nombreuse, exclusivement masculine jusqu'en 1681, danse dans les divertissements et les intermèdes d'opéras. En 1776, **Jean-Georges Noverre** impose de nouvelles règles qui vont profondément modifier les techniques de danse. Peu à peu le ballet s'affranchit de l'opéra et au début du XIXe siècle, en même temps que la danse se codifie grâce à l'apport des maîtres italiens, se constitue un répertoire d'œuvres chorégraphiques qui triomphent avec le ballet romantique. C'est là que sont créées les plus grandes œuvres classiques, comme *La Sylphide* (1832), *Giselle* (1841), *Paquita* (1846), *Le Corsaire* (1865) ou *Coppélia* (1870). Ils imposent la prééminence de la danseuse légère, éthérée et aérienne.

À la fin du XIXe siècle, le centre européen de la danse n'est plus Paris mais il s'est déplacé à Saint-Pétersbourg, sous la houlette de **Marius Petipa**. La plupart des grandes danseuses de l'Opéra de Paris ont gagné la Russie. Le répertoire s'enrichit des chorégraphies de légende et surtout notées de Marius Petipa qui sont toujours la base de celles qui sont données aujourd'hui: *La Bayadère* (1877), *La Belle au bois dormant* (1890), *Casse-Noisette* (1892), *Cendrillon* (1893) et *Le Lac des cygnes* (1877).

Au XXe siècle, le renouveau est amorcé par les **Ballets russes** de **Serge de Diaghilev** qui présentent à partir de 1909 six de leurs saisons à l'Opéra de Paris. **Serge Lifar** amplifie le mouvement de rénovation, auquel contribuent **George Balanchine** et **George Skibine**. C'est à cette époque que sont créées les grandes pièces de Stravinsky: *L'Oiseau de feu* (1910), *Petrouchka* (1911), *Le Sacre du printemps* (1913).

Sylvie Guillem dans Le Lac des cygnes.

1   Faites coïncider dates et événements.

a. 1669 : ....

b. 1776 : ....

c. XIXe siècle : ....

d. 1909 : ....

e. 1970 : ....

f. 1983-1989 : ....

g. 1995 : ....

2   Retrouvez les dates des grandes créations.

a. 1832 : ....

b. 1841 : ....

c. 1846 : ....

d. 1865 : ....

e. 1870 : ....

3   Quelles chorégraphies doit-on à Marius Petipa ?

....

....

4   Quels ont été les grands rénovateurs du ballet pendant la première moitié du XXe siècle ?

....

....

5   Quels sont les trois grands ballets qui ont été créés d'après des partitions de Stravinsky ?

....

....

6   Quel a été l'apport de Rudolf Noureev au Ballet de l'Opéra de Paris ?

....

7   Qui est Claude Bessy et quel a été son apport au Ballet de l'Opéra de Paris ?

....

....

À partir des années 1970, le Ballet se donne une double vocation: maintien de la tradition et ouverture à la modernité. C'est ainsi que, à côté de reconstitutions d'œuvres du XVIIIᵉ siècle et de pièces du répertoire romantique (Petipa et Nijinski revisités par Noureev), le Ballet aborde le répertoire contemporain en invitant des chorégraphes comme **Carolyn Carlson, Merce Cunningham, Maguy Marin, Angelin Preljocaj, Dominique Bagouet ou Pina Bausch**.

Tout au long des années 1980, l'histoire de la troupe est marquée par la figure de **Rudolf Noureev**, qui occupe de 1983 à 1989 le poste de directeur de la danse. Noureev a pu constituer un répertoire de ballets classiques qui forme encore aujourd'hui le cœur du répertoire de la troupe. Depuis 1995, la troupe est dirigée par Brigitte Lefèvre.

On ne dira jamais assez ici le rôle capital qu'a joué l'École nationale de la danse sous la conduite et l'autorité de **Claude Bessy**, directrice de 1972 à 2004, danseuse étoile et chorégraphe, qui a repensé la formation des danseurs, remis le Ballet de l'Opéra a la première place et sorti une génération d'étoiles: **Patrick Dupond, Marie-Claude Pietragalla, Sylvie Guillem, Manuel Legris, Nicolas Le Riche, Éric Vu Han, Amélie Dupont, Agnès Letestu ou Monique Lourdière**.

Corps de ballet de l'Opéra national de Paris.

■ **Les mots de la danse**

Le français et la langue universelle de la danse : quelques expressions de ce langage très codé.

Assemblé : l'assemblé est un saut qui part d'un pied et arrive sur deux. On part de la cinquième ou troisième position, on effectue un dégagé (en avant, de côté ou en arrière) et on saute. Pendant le saut, les deux jambes se rejoignent à la verticale. On termine le saut sur un plié en cinquième.

Balancé : changement de jambe d'appui par le balancement du corps de gauche à droite (ou de droite à gauche) ou d'avant en arrière (ou d'arrière en avant).

Battement : on part de la cinquième ou troisième position et on lance la jambe à l'avant, sur le côté ou à l'arrière. Le battement se termine par la cinquième position des jambes. À la différence du grand battement, le battement simple ou petit battement est plus léger, il ne monte pas aussi haut que le grand battement.

Brisé : le brisé consiste à lancer une jambe à 15 cm du sol (ex. : jambe droite) et à sauter avec l'autre jambe en croisant les 2 jambes en l'air (d'abord droite devant puis gauche devant en l'air) et en retombant en cinquième position comme au départ (droite derrière).

Chat (pas de) : Le danseur part d'un plié. Au cours de sa phase d'ascension, il plie et étend rapidement chacun de ses genoux en portant ses hanches vers l'extérieur du corps. À un moment donné, ses deux pieds se trouveront en l'air, l'un au-dessus de l'autre, au même moment. Le danseur paraît suspendu dans les airs. Le contact avec le sol doit être parfaitement programmé en raison des risques de blessure. Le/la danseur/danseuse plie les genoux et touche le sol sur la pointe des pieds. Il déroule alors son extrémité en direction du talon.

Jeté (grand) : le grand jeté est un saut vers l'avant en faisant le grand écart. En prenant de l'élan (quelques pas chassés ou glissades quatrième), on fait le grand écart, mais au milieu du saut.

Piqué : déplacement qui part d'une position pieds à plat pour arriver à une position sur pointes.

Pirouette : la pirouette consiste en un tour relevé qui, à partir d'une position sur les deux pieds, se fait sur un seul pied élevé sur demi-pointes ou sur pointes. On parle de pirouette lorsque la rotation est de 360 degrés.

Position : placements des pieds des danseurs (première, seconde, troisième, quatrième, cinquième).

Révérence : dégagé plié devant ou sur le côté avec port de bras à la seconde. Pas de salut. Il existe bien d'autres révérences.

Rond de jambe : le rond de jambe (ou rond-de-jambe) à terre part d'une position fixe, les 2 pieds au sol, puis il suffit de pointer devant soi et de « dessiner » un demi-cercle vers l'extérieur en passant bien par une seconde en arrière. En l'air, soit on fait pareil qu'au sol en levant la jambe, soit on développe la seconde puis on fait des cercles (plutôt aplatis) avec la jambe, dans un sens ou dans l'autre.

8 Le langage très codé de la danse fait aussi partie de la langue quotidienne et entre dans de nombreuses expressions. Complétez ces expressions à l'aide de la liste des mots de la danse.

a. Il l'a trahi : il a .... son nom.

b. Impossible de savoir : il joue au .... et à la souris.

c. C'est un escroc, il a .... dans la caisse.

d. Il était très enthousiaste sur ce projet, elle a .... son élan.

e. Pour ne pas révéler ce qu'elle savait, elle s'en est tirée par une ....

f. Il n'était pas d'accord, il a tiré sa ....

g. C'est un flatteur, il n'arrête pas de faire des ....

LA DANSE CONTEMPORAINE

C'est au tournant des années 1980 que se produit ce qu'il est convenu d'appeler le «boum» de la danse contemporaine en France.

Une génération de chorégraphes s'invente un présent qui ne veut rien devoir au passé: **Bagouet, Bouvier et Obadia, Chopinot, Gallotta, Marin, Saporta, Verret** constituent cette génération presque spontanée qui à Béjart, l'héritier de la tradition classique, l'homme du mouvement, préfère Merce Cunningham, l'inventeur de geste: une génération qui a en commun d'avoir une bonne formation technique, classique ou contemporaine; une génération plus préoccupée par le corps que par les questions de forme ou de composition qui viendront après. Une génération qui regarde aussi vers **Carolyn Carlson** au Groupe de recherches théâtrales de l'Opéra de Paris (GRTOP), qui a comme personne le sens de l'improvisation, vers Mary Wigman et l'expressionnisme allemand et, bien sûr, vers **Pina Bausch**.

Pourtant, dès l'origine, chacun a sa manière de danser, immédiatement identifiable: **Gallotta** raconte les tribulations d'Ulysse, désir d'aventures; **Bouvier et Obadia** inventent la chute et l'amour fou; **Maguy Marin** danse la mort et l'exil; **Karine Saporta** entend parler d'abord du corps féminin. Et tout de suite d'autres les suivent, non des moindres: **Angelin Preljocaj** et **Mathilde Monnier**. Dès 1985, **Dominique Bagouet** chorégraphie pour le Ballet de l'Opéra de Paris. Le passé n'est plus tabou. William Forsythe, disciple de Balanchine, n'y est pas pour rien avec son magnifique style classique cassé. En France, Preljocaj incarne l'emblème de ce mouvement qui intègre le passé au contemporain.

Les ballets d'opéras en régions innovent à leur tour: la réussite du Ballet de l'Opéra national de Lyon est exemplaire, celle du Ballet du Rhin ou de Marseille aussi. L'histoire du classique, qu'on croyait éteinte, redémarre. On assiste à des «relectures» contemporaines des ballets du répertoire. La mémoire est au cœur de la pensée.

Et puis une autre culture bourrée d'énergie arrive des banlieues, celle du **mouvement hip hop** nourri en France des cultures arabes, africaines et latines. **Black Blanc Beur** est la compagnie historique de ce courant. Boogi Saï, Aktuel Force, MBDT, **Käfig**, disent le dynamisme de ce courant dont le duo de chorégraphes **Montalvo-Hervieu** récupère l'énergie, allant jusqu'à le mêler à la gestuelle baroque.

Les années 1990 sont celles du **métissage** avec le théâtre, la littérature, l'architecture, les arts plastiques ou le cirque. Ici, parmi les chorégraphes, deux figures emblématiques: **Philippe Decouflé** et **Josef Nadj**. Decouflé est passé par le cirque et le mime, Nadj par les arts martiaux, l'expression corporelle, le théâtre et le mime et leurs spectacles en portent la marque.

Au-delà du métissage s'invente un mouvement chorégraphique de danse contemporaine né au milieu des années 1990: **la non-danse**. Il revendique une création scénique transdisciplinaire qui s'écarte du mouvement dansé traditionnel pour intégrer, voire substituer à la danse, qui est plus ou moins mise en retrait, les autres arts de scène (théâtre, vidéo, film, projections, lecture, arts plastiques, musique). Les représentations s'apparentent alors à des performances. Les principaux chorégraphes associés au mouvement de la non-danse sont **Boris Charmatz, Jérôme Bel, Hervé Robbe, Alain Buffard, Benoît Lachambre**, mais aussi Josef Nadj et Maguy Marin (dans ses pièces récentes).

Angelin Preljocaj, Les Quatre Saisons.

1 Dites ce qui caractérise la nouvelle génération de chorégraphes qui apparaît au début des années 1980.

....

....

2 Associez ces thèmes à l'un ou l'autre des chorégraphes.

a. L'amour fou ....

b. L'exil : ....

c. L'aventure : ....

d. Le corps féminin : ....

3 Quels sont les chorégraphes qui assurent le passage de la danse classique à la danse contemporaine ?

....

4 Qu'est-ce qui caractérise le mouvement hip hop ?

....

....

5 Quels chorégraphes utilisent le hip hop dans leurs créations ?

....

....

6 Donnez deux exemples de pratique du métissage par des chorégraphes.

....

....

....

7 Qu'est-ce qui caractérise la non-danse ?

....

....

....

16 LE CIRQUE CONTEMPORAIN ET LES ARTS DE LA RUE

Cirque Plume : sortir du cadre du cirque.

• Le cirque contemporain de création

Le **cirque contemporain ou cirque de création** est porté par l'ouverture d'écoles de cirque agréées par la Fédération française des écoles de cirque. Le cirque s'ouvre et combine désormais plusieurs genres artistiques parmi lesquels se trouvent la jonglerie, le trapèze, le théâtre, la musique… Il s'agit moins de *présenter* des numéros incroyables que de *représenter* des réalisations artistiques poussées où plusieurs arts se mêlent en harmonie. Le *nouveau cirque* appartient au mouvement du spectacle vivant qui se développe alors en France dans les années 1970, employant les aspects théâtraux du cirque pour raconter une histoire et dramatisant les numéros d'acrobatie.

Ce genre de spectacle fortement théâtralisé (comme **Archaos, Cirque Baroque, Cirque Plume, Zingaro, Volière Dromesko, Arts-sauts**) a remis en question les conventions du cirque, dit désormais *cirque traditionnel,* qui demeure cependant bien vivant, assimilant certaines des innovations du *nouveau cirque*. Les spectacles d'**Arlette Gruss**, par exemple, adoptent des costumes et des musiques proches de celles des Québécois du **Cirque du Soleil**, tout

en continuant à présenter des numéros des disciplines traditionnelles, en particulier des exercices de dressage.

La rupture la plus évidente est la disparition des numéros d'animaux sauvages. Dans les premiers spectacles du **Cirque Aligre**, d'Igor et **Bartabas**, aucun discours ne vient justifier l'absence de fauves ou d'éléphants. En revanche, lorsqu'en 1992, le **Cirque plume** crée *No animo mas anima*, dans lequel est présentée une parodie de numéro de dressage, le rôle du félin étant interprété par un homme et celui du dompteur par une vamp habillée de cuir, la rupture s'est faite «manifeste»: l'absence d'animaux est revendiquée comme fondatrice d'un nouveau cirque. Cependant les numéros équestres ont été épargnés: des compagnies nouvelles, comme **Zingaro,** ont remis le cheval à l'honneur.

Le nouveau cirque abandonne les espaces traditionnels de la piste et/ou du chapiteau. Des architectures originales ont été expérimentées mais la plupart des nouveaux cirques continuent néanmoins de tourner sous des tentes, parfois aux formes inédites (les voûtes orientalisantes de la **Volière Dromesko** ou des **Colporteurs**, le chapiteau de cordes d'**Archaos**, la bulle des **Arts-sauts**). On peut donc faire du cirque n'importe où.

Mais la rupture la plus fondamentale est l'abandon de l'écriture dramatique du cirque traditionnel. L'une des expériences du nouveau cirque va justement consister à inventer des formes plus «logiques» de continuité: c'est surtout l'invention du personnage et la notion de collectif artistique, permanence des mêmes personnages sur scène, qui résolvent la question des enchaînements. Dans le cirque

1   Qu'appelle-t-on cirque contemporain ?

....

....

2   En quoi le spectacle du Cirque Plume *No animo mas anima* constitue-t-il une rupture ?

....

3   Associez ces espaces aux troupes qui les ont choisis.

a. Chapiteau de cordes : ....

b. Bulle : ....

c. Voûtes orientalisantes : ....

4   Retrouvez quels choix esthétiques correspondent à chacune de ces compagnies.

a. Archaos : ....

b. Cirque Plume : ....

c. Christophe Huisman et Gérard Fasoli : ....

d. Compagnie Hendrick Vann Der Zee : ....

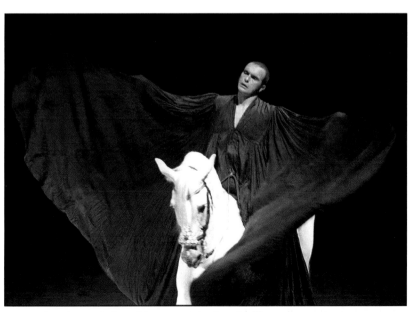

Bartabas a remis le cheval à l'honneur.

contemporain, les numéros peuvent ne pas comprendre de point culminant ou en comprendre plusieurs, l'échec est assumé. C'est ici l'être humain concret qui est représenté, dans sa variété et avec ses limites.

Le nouveau cirque se caractérise donc par l'invention d'une multitude d'esthétiques qui intègrent aussi bien l'absurde, l'ironie ou le kitsch… Dominent cependant le poétique, l'absurde, la provocation et l'humour.

L'esthétique poétique accorde une place prépondérante au féerique: fumigènes, écrans, panneaux, jeux lumineux sont autant de moyens de faire apparaître puis disparaître, comme par magie, des tableaux oniriques, des images furtives, des «toiles» pour reprendre le titre d'un spectacle du **Cirque Plume**.

À l'opposé de ces univers plastiques, où le visuel est roi, un nombre croissant d'artistes explorent la voie d'un cirque de l'absurde. On tire alors parti de la gratuité absolue, de l'utilité de la prouesse acrobatique, pour la mettre au service d'un discours sur la condition humaine de ce siècle; ainsi les personnages d'«Espèces» de **Christophe Huysman** et **Gérard Fasoli** se démènent dans des situations totalement absurdes et nous disent combien il est difficile d'appartenir à l'espèce humaine.

Archaos développe une esthétique différente. Forme spectaculaire de contestation sociale, de provocation et d'édification morale, Archaos ne met pas en scène un homme rêveur ou aliéné mais un citoyen en révolte. Pour *Métal Clown*, Archaos a fait appel à des Brésiliens et particulièrement à un enfant des rues, qui loge dans un carton d'emballage. Les cabrioles de ce carton animé disent à la fois l'inhumanité de la misère et la vitalité de ceux qui n'ont rien à perdre. Les spectacles de **Guy Alloucherie** (**Compagnie Hendrick Vann Der Zee**), ont cette même énergie du désespoir.

Mais le nouveau cirque, c'est d'abord et surtout l'humour, trait commun à pratiquement tous les spectacles. Il s'agit, pour les circassiens, de surmonter par le rire une condition sociale plus dure.

• Le théâtre de rue

Spectacle ou représentation théâtrale, dans le **théâtre de rue**, les artistes jouent avec la rue, l'utilisent comme décor et incluent dans leur prestation les impulsions venant de l'extérieur. La plupart du temps, les spectacles de rue sont gratuits pour le public. Le lieu de leur représentation peut se trouver dans tout espace public, y compris des centres commerciaux, parkings, etc.

Les acteurs du théâtre de rue vont des simples bateleurs aux compagnies de théâtre, de danse, de musique constituées. La logistique du théâtre de rue impose généralement des costumes et décors simples, et peu ou pas de matériel d'amplification du son.

Cependant, certaines troupes (telles que la **Compagnie off**, la **Compagnie Oposito, Royal de Luxe** ou **Generik Vapeur**) ont développé des formes de spectacle complexes, techniquement exigeantes, et se sont équipées en conséquence ou demandent aux organisateurs de leur fournir le matériel nécessaire.

Royal de Luxe, créé par Jean-Luc Courcoult (1979), est la compagnie la plus emblématique du théâtre de rue: elle a promené son *Roman-photo: tournage* (1990), sa *Véritable Histoire de France* (1992), son *Géant tombé du ciel* (1993), son *Peplum pharaonique, théâtral et parodique* (1994), ses *Petits Contes nègres, titre provisoire* (1999), son *Éléphant et la petite géante* (2006) et sa *Géante du Titanic et le scaphandrie*r (2009) dans le monde entier.

Sans recourir à cette complexité technique, d'autres compagnies (telles que les **26 000 Couverts** ou le **Théâtre de l'Unité**) requièrent quant à elles une adaptation spécifique du lieu, de l'organisation et/ou du public à leur propos particulier. D'un point de vue général, le théâtre de rue s'est singularisé par le fait que le «quatrième mur», bien connu dans le théâtre traditionnel, n'y existe pas.

Il existe de nombreuses troupes et des dizaines de festivals spécialisés dans ce type d'art. Les plus importants en France sont «**Chalon dans la rue**» à Chalon-sur-Saône en juillet et le **Festival d'Aurillac** en août.

5 Donnez une définition du théâtre de rue.

....

....

....

6 Dégagez à travers ses spectacles les sources d'inspiration de la Compagnie « Royal de Luxe ».

....

....

....

Royal de Luxe : L'Éléphant et la Petite Géante.

17 LA MUSIQUE CLASSIQUE

LE « SON FRANÇAIS » : DE DEBUSSY À DARIUS MILHAUD

À partir de 1880 commence une glorieuse époque pour la musique française. Grâce à la création de la Société nationale de musique (1871) et des sociétés de concerts, Lamoureux, Pasdeloup et Colonne, on prend la mesure d'auteurs tels que Saint-Saëns (1835-1921), Édouard Lalo (1823-1892), Emmanuel Chabrier (1841-1894), ou encore César Franck (1822-1890) dont les ouvrages comme la *Symphonie en ré mineur* (1888) ou le *Prélude, choral et fugue* (1884) exercent une profonde influence sur de nombreux disciples, parmi lesquels Ernest Chausson (1855-1899).

Jules Massenet (1842-1912) avec *Werther* (1892) s'affirme comme le principal auteur lyrique français de sa génération.

Tous ces compositeurs ont préparé ce qui va constituer la période la plus brillante de la musique française avec **Claude Debussy** (1862-1918), **Gabriel Fauré** (1845-1924), **Albert Roussel** (1869-1937), **Edgar Varèse** (1883-1965), **Paul Dukas** (1865-1935), **Maurice Ravel** (1875-1937), **Éric Satie** (1866-1925), **Francis Poulenc** (1899-1963) et **Darius Milhaud** (1892-1974).

Musique vocale, musique sacrée, musique d'opéra, musique de chambre et musique symphonique, pas un domaine qui n'ait pas produit un ou plusieurs chefs-d'œuvre ayant marqué l'histoire de la musique.

Dans le domaine de la mélodie, les Baudelaire, Verlaine et, avec eux, tous les poètes parnassiens et symbolistes vont fournir la matière à

Pelléas et Mélisande *de Debussy. Stéphane Degaut et Nathalie Dessay, mise en scène de Laurent Pelly.*

1   Associez trois événements musicaux à ces dates.

a. 1871 : ....

b. 1888 : ....

c. 1892 : ....

2   Attribuez ces cycles de mélodies à leur compositeur.

a. *Les Chansons madécasses* : ....

b. *La Bonne Chanson* : ....

c. *Les Chansons de Bilitis* : ....

3   Retrouvez les opéras auxquels sont attribuées les caractéristiques suivantes :

a. fantaisie : ....

b. naturel : ....

c. somptueux : ....

4   Quels titres d'œuvres de musique de chambre évoquent :

a. un moment de la vie : ....

b. un conte : ....

c. une condition physique : ....

5   Classez les titres des œuvres symphoniques suivant qu'elles évoquent :

a. une danse : ....

b. une référence à l'Antiquité : ....

c. un animal : ....

d. un pays : ....

de nombreux cycles : subtil et délicat de *La Bonne Chanson* (1892-1894) de Gabriel Fauré ; irréel, mystérieux des *Fêtes galantes* (1892-1904) et des *Chansons de Bilitis* (1898) de Claude Debussy ; merveilleux ou drôle de *Shéhérazade* (1903), des *Histoires naturelles* (1906) ou des *Chansons madécasses* (1925-1926) de Maurice Ravel.

La musique sacrée retient le théâtral *Martyre de Saint-Sébastien* (1911) de Claude Debussy, la simplicité du *Stabat Mater* (1950) et du *Gloria* (1959) de Francis Poulenc.

La musique d'opéra connaît son chef-d'œuvre avec *Pelléas et Mélisande* (1902) de Claude Debussy, qui se distingue par sa recherche de naturel, de sobriété et surtout la nouveauté de ses sonorités. Mais il ne saurait faire oublier la magie orchestrale de *L'Heure espagnole* (1907) et la fantaisie de *L'Enfant et les sortilèges* (1925) de Maurice Ravel. La grande forme d'*Ariane et Barbe-Bleue* (1907) de Paul Dukas ou le somptueux opéra-ballet d'Albert Roussel, que l'on redécouvre aujourd'hui, *Padmâvati* (1914-1918), illustrent eux aussi la diversité et la productivité de la musique française dans ce domaine.

La musique de chambre rayonne avec les pages de Fauré et l'harmonie tout en mouvement de ses quatuors et sonates ; les recherches de Debussy, de sa suite pour piano *Children's Corner* (1908) aux *Études pour piano* (1915) ; les œuvres inattendues de Satie, les *Gymnopédies* (1888) et *Gnossiennes* (1891) ; le défi pianistique de Ravel, *Gaspard de la Nuit* (1908).

Enfin **la musique symphonique** donne parmi quelques-unes des pages les plus célèbres du répertoire universel. Ici Ravel domine par le raffinement de son orches-tration et sa rythmique héritée de la musique espagnole : *Rhapsodie espagnole* (1907), *Ma Mère l'Oye* (1908-1911), *Daphnis et Chloé* (1911), *La Valse* (1919) et le *Boléro* (1928) ; mais il ne fait pas oublier non plus les grands poèmes de Debussy, les rêveries de *Prélude à l'après-midi d'un faune* (1902) ou le tableau symphonique de *La Mer* (1905). *L'Apprenti sorcier* (1897) garantit à Paul Dukas l'immortalité, *Le Bœuf sur le Toit* (1919) et *Saudades do Brazil* (1921) de Darius Milhaud séduisent par leurs liens avec des formes de musique populaire et *Amériques* (1918-1921) fait du Franco-Américain Edgar Varèse un précurseur.

Ravel : L'enfant et les sortilèges.

6 **De quelle œuvre symphonique dit-on qu'elle est :**

a. un tableau : ....

b. une rêverie : ....

c. une musique populaire : ....

7 **Faites une recherche sur « Pelléas et Mélisande », l'opéra de Claude Debussy.**

a. Racontez l'histoire.

....

....

....

....

b. Retrouvez les éléments de la biographie de Maurice Maeterlinck.

....

....

....

....

c. Faites la liste des personnages.

....

....

....

....

d. Recherchez les noms des interprètes (chanteurs et chanteuses, chefs d'orchestre) qui ont marqué l'œuvre.

....

....

....

....

LA MUSIQUE CONTEMPORAINE : DE MESSIAEN À BOULEZ

La volonté de rupture, l'expérimentation, les remises en question marquent le paysage musical de la seconde moitié du XXᵉ siècle. Il est dominé en France par quelques figures dont un précurseur capital, Olivier Messiaen, un chef de file, Pierre Boulez, et un explorateur, Pierre Schaeffer. Ils sont à l'origine d'une recherche active qui va révéler de nombreux talents.

Olivier Messiaen (1908-1992), le fondateur avec les compositeurs André Jolivet et Daniel Lesur du groupe «Jeune France», l'organiste des grandes orgues de la Trinité à Paris, le professeur à la *Schola Cantorum* et le titulaire du célèbre cours d'esthétique et d'analyse musicale du Conservatoire de Paris, le membre de la société ornithologique qui se passionne pour les variations de rythme du chant des oiseaux exerce une influence décisive sur ce qui deviendra, autour de Boulez et Stockhausen, la seconde avant-garde. L'œuvre de Messiaen est d'abord imprégnée par une grande spiritualité qui culmine avec le *Quatuor pour la fin du temps* (1941), la *Turangalîlâ Symphonie* (1946-1948) ; elle joue ensuite un rôle décisif dans l'invention de la modernité avec *Quatre Études de rythme pour piano* (1950) ; elle tend aussi à faire se rejoindre nature et spiritualité dont témoignent les pages symphoniques de *Des Canyons aux étoiles* (1970-1974) et son unique opéra, *Saint François d'Assise* (1983), vaste oratorio qui synthétise nombre de recherches d'Olivier Messiaen.

Pierre Schaeffer (1910-1995) va contribuer de manière décisive à l'exploration d'un nouveau paysage sonore en créant en 1948 le groupe de recherches musicales (GRM) ; il travaille sur des sons enregistrés comme matière d'une musique concrète dont porte trace sa *Symphonie pour un homme seul* (1950). Le GRM est l'ancêtre de l'Ircam (Institut de recherche et

Pierre Boulez, compositeur et chef d'orchestre.

1 Quels sont les musiciens qui font partie du groupe « Jeune France » ?

....

2 Qui désigne-t-on par :

a. première avant-garde : ....

b. seconde avant-garde : ....

3 À quoi correspondent les sigles suivants et quelles sont les activités qui leur sont associées ?

a. GRM : ....

b. Ircam : ....

4 À propos de Pierre Boulez, retrouvez les informations qui décrivent ses activités de :

a. chef d'orchestre : ....

b. animateur de la vie musicale : ....

5 Plusieurs œuvres de Pierre Boulez comportent plusieurs dates de composition : dites lesquelles et quelles conclusions vous en tirez.

....

....

6 Associez courants musicaux et musiciens.

a. musique spectrale : ....

b. polyrythmie et polytonalité : ....

c. musique aléatoire : ....

d. musique électro-acoustique : ....

de coordination acoustique/musique) créé en 1974 à l'initiative de Pierre Boulez à côté du Centre Pompidou et lié à l'idée de pluridisciplinarité du Centre.

Pierre Boulez (1925), mathématicien de formation, disciple d'Olivier Messiaen et d'Igor Stravinsky, passé chez Pierre Schaeffer, héritier de la première avant-garde viennoise (Schoenberg, Berg, Webern), est considéré comme l'un des compositeurs majeurs du XXe siècle : ses *Sonates pour piano* (1946-1947), son *Livre pour cordes* (1949-1968) et la grande forme *Le Marteau sans maître* (1955) témoignent du premier Boulez, post-sérialiste. Avec *Pli selon Pli* (1957-1990), Boulez oriente sa composition vers des recherches sur l'œuvre ouverte susceptible de développements infinis dans laquelle il intègre les apports de dispositifs électroniques : *Éclat/Multiples* (1966), *Domaines* (1968) et surtout *Répons* (1981) témoignent de ces recherches. Son travail récent porte sur la reprise de sa recherche sur l'organisation rationnelle des paramètres du monde sonore qui le conduit aujourd'hui à orchestrer ses *Douze Notations pour piano* (1945-1985-20…).

Mais Pierre Boulez a aussi joué un rôle capital dans la diffusion de la musique du XXe siècle : il fonde à cet effet le Domaine musical (1955) puis l'Ensemble Intercontemporain (1975) ; il devient aussi chef d'orchestre pour diriger cette musique, un chef d'orchestre mondialement connu à qui l'on doit des interprétations de légende de Stravinsky à Berg et Webern en passant par Debussy, Ravel et Mahler. Il a aussi marqué la scène lyrique avec sa direction de *Woyzeck* de Berg, *Parsifal* et du *Ring* de Wagner, et en a permis la création mondiale de l'intégrale de *Lulu* de Berg.

La notoriété internationale, la place institutionnelle, le rôle d'animateur au travers des institutions qu'il crée ou dirige, son activité de pédagogue, son goût pour l'écriture ont eu tendance à faire de Boulez l'arbre qui cache la forêt musicale française, éclatée en de nombreuses directions de recherches et de composition.

Iannis Xenakis (1922-2001), Grec d'origine et Français d'adoption, ingénieur de formation, travaille sur la probabilité comme élément constructif de la composition dont rend compte *Métastasis* (1953-1954).

La musique électro-acoustique et acousmatique, héritière de Pierre Schaeffer, travaille sur la matière même du son : **Pierre Henry** (1927), **François Bayle** (1932), **François-Bernard Mâche** (1935) représentent ce courant.

La musique spectrale s'intéresse à la nature du timbre et à la décomposition spectrale du son : **Tristan Murail** (1947), **Gérard Grisey** (1946-1998), **Michaël Levinas** (1949), **Hugues Dufour** (1943) animent ce courant dont le centre de recherches L'Itinéraire (1973) s'est donné pour objectif l'exploration d'un nouveau monde sonore.

Henri Dutilleux (1916) occupe une place à part par ses recherches sur la polyrythmie et la polytonalité qui débouchent dans ses œuvres sur un enchaînement de métamorphoses. Elle bénéficie aujourd'hui d'une attention toute particulière de la part des musiciens et du public : *Métaboles* (1962-1964), *Tout un monde lointain* (1980), *Mystère de l'instant* (1990), *Shadows of Time* (1997), *Le Temps l'horloge* (2007) séduisent des artistes aussi différents que le violoncelliste Mstislav Rostropovitch, la violoniste Anne-Sophie Mutter, la soprano Renée Flemming ou le chef d'orchestre Seiji Ozawa.

La musique d'opéra n'en est pas pour autant abandonnée : *Dialogue des Carmélites* (1963) de Francis Poulenc, *Saint François d'Assise* (1983) d'Olivier Messiaen, *Les Nègres* (2005) de Michael Levinas, *Roméo et Juliette* (1989), *Medeamaterial* (1991), *Faustus The Last Night* (2006) de **Pascal Dusapin** (1955) témoignent de la pérennité du genre.

7 Retrouvez les titres d'œuvres symphoniques ou de musique de chambre et leur compositeur qui ont un sens :

a. religieux : ....

b. spatial : ....

c. temporel : ....

8 Parmi les opéras cités, quels sont ceux qui font référence à :

a. une réalité religieuse : ....

b. la mythologie : ....

c. des œuvres théâtrales : ....

Francis Poulenc : Dialogue des Carmélites.

18 LA CHANSON

LA TRADITION DE LA CHANSON D'AUTEUR

De Paris à Marseille, on a beaucoup chanté entre 1939 et 1945. Les stars de l'époque, **Édith Piaf**, **Charles Trenet**, **Maurice Chevalier** poursuivent leur carrière avec succès en France pendant que d'autres (Jean Sablon, Henri Salvador) s'exilent aux États-Unis, en Suisse ou en Amérique du Sud. *L'Accordéoniste* (Piaf) *Que reste-t-il de nos amours* (Trenet), *Seule ce soir* (Léo Marjane), la chanson a la couleur spleen, brumeuse, nostalgique de l'époque. De l'autre côté de la Manche, la résistance se donne un hymne popularisé par la BBC, *Le Chant des partisans*, écrit par Joseph Kessel et Maurice Druon.

À partir de 1945, le décor musical change. La chanson passe de la rive droite de la Seine, là où sont les grands music-halls, à la rive gauche où s'ouvrent les cabarets, les boîtes de jazz. Une nouvelle génération, celle de l'après-guerre, s'invente une nouvelle vie avec son quartier général: Saint-Germain-des-Prés, son prêt-à-penser, l'existentialisme, son artiste multicartes (il joue de la trompette, compose des chansons, chante, écrit des romans), **Boris Vian**, et sur-

Brel, Ferré, Brassens.

*Juliette Gréco,
la muse de Saint-Germain-des-Prés.*

tout sa nouvelle génération d'auteurs et d'interprètes qui vont donner sa couleur à la chanson française et créer une nouvelle figure, celle de l'auteur-compositeur-interprète. C'est l'époque où **Charles Aznavour** connaît en 1950 sa première reconnaissance avec *Je hais les dimanches*, où **Juliette Gréco** chante Queneau (*Si tu t'imagines*), Desnos (*La Fourmi*) et Sartre (*Rue des Blancs-Manteaux*), où Boris Vian impose l'humour grinçant de *Je suis snob*, *La Java des bombes atomiques* ou, sur un rythme rock, *Fais-moi mal Johnny* immortalisé par Magali Noël, future muse de Fellini.

Saint-Germain des Prés impose une nouvelle manière d'être en scène: tenue minimaliste où le noir domine tant pour les hommes que pour les femmes, remplaçant les paillettes et les habits de lumière du music-hall.

C'est dans ces cabarets que s'impose le talent des Brel, Brassens, Ferré, Gainsbourg… Le cabaret avec ses 50 et 60 places, s'il ne présente aucune prise de risques économique – l'interprète est de toute façon payé à la recette – autorise toutes les audaces artistiques.

1 Citez trois chansons à succès de la période 1939-1945.

....

....

2 À quel hymne sont associés les noms de Kessel et de Druon ?

....

3 À quoi est associé le nom de Saint-Germain-des-Prés ?

....

4 Attribuez ces chansons à leurs interprètes.

a. *Si tu t'imagines* : ....

b. *Je hais les dimanches* : ....

c. *Fais-moi mal Johnny* : ....

d. *Je suis snob* : ....

e. *Rue des Blancs-Manteaux* : ....

5 À qui pense-t-on quand on parle d'auteur-compositeur-interprète ?

....

6 De qui parle-t-on quand on parle chez lui :

a. d'inspiration à la fois réaliste et intimiste : ....

b. d'odeur de soufre : ....

c. d'amours malheureuses : ....

d. de goût pour la musique populaire : ....

e. de l'art de dire les petits riens : ....

7 Pour qui Serge Gainsbourg a-t-il écrit :

a. *Bonnie and Clyde* : ....

b. *Les P'tits Papiers* : ....

c. *La Javanaise* : ....

d. *Ex-fan des sixties* : ....

e. *Tandem* : ....

Léo Ferré investit ainsi toutes les formes de la musique populaire (jazz, tango, valse), n'hésite pas à casser l'alternance couplet-refrain et s'imposera définitivement avec *Paris Canaille*, à côté d'autres titres plus militants.

Charles Aznavour est déjà un parolier à succès (Piaf) quand il s'impose sur scène en 1955; son inspiration en fait le chanteur des amours difficiles (*Après l'amour*, *Trousse-chemise*, *Bon anniversaire*, *Il faut savoir*, *Comme ils disent*) qu'il imposera sur les scènes du monde entier. En 1950, débarque du Québec, **Félix Leclerc**, qui, avec sa seule guitare, sa manière de dire, raconte les petits riens de la vie, va imposer le «modèle» de l'auteur-compositeur-interprète: *Moi mes souliers*, *Le P'tit Bonheur* font partie de ces succès qui lui vaudront Le Grand Prix du disque dès 1951.

C'est l'époque où débutent également ceux que l'on va appeler «les trois B» de la chanson française: Brel, Brassens, Béart.

Jacques Brel arrive de Bruxelles en 1953; mélodiste qui puise aussi bien dans la chanson réaliste, le bal populaire que dans la chanson intimiste, il va s'imposer par ses textes qui mêlent l'élégie (*Le Plat Pays*), la satire sociale (*Les Flamandes*, *Les Bourgeois*) ou le drame amoureux (*Ne me quitte pas*; *Quand on a que l'amour*).

Georges Brassens a construit sa réputation à partir des cabarets; son inspiration donne un ton sulfureux à ses chansons (*Gare au gorille*, *La Mauvaise Réputation*) mais aussi tendre (*Le Parapluie*) ou anarchisant (*Mourir pour des idées*) qui vont lui valoir une reconnaissance comme poète à part entière.

Guy Béart s'est fait une renommée par son art de la brièveté, de la simplicité et par la poésie qui se dégage de ses textes: *Bal chez Temporel*, *Qu'on est bien*, *L'Eau vive* sont parmi ses plus grands succès.

Serge Gainsbourg, qui débute comme pianiste de cabaret à l'aube des années 1950, va traverser musicalement le demi-siècle. Commencée sur le tempo jazzy du *Poinçonneur des Lilas*, sa musique croise le reggae, le rock, le funk quand ses textes évoluent vers le minimalisme. Ses chansons seront servies par de nombreux interprètes de Juliette Gréco (*La Javanaise*) à Régine (*Les P'tits Papiers*), la *blank generation* de Vanessa Paradis (*Tandem*) à Charlotte Gainsbourg en passant par ses deux muses, Jane Birkin (*Ex-fan des sixties*, *Baby Alone in Babylone*) et Brigitte Bardot (*Harley Davidson*, *Bonnie and Clyde*). Il a influencé durablement la nouvelle génération, celle de Bashung d'abord, d'Étienne Daho ensuite et aujourd'hui celle de Benjamin Biolay.

Gainsbourg-Birkin, couple de légende.

8 Quels sont les interprètes qui se réclament aujourd'hui de Serge Gainsbourg ?

....

....

....

....

....

8 Retrouvez à qui correspondent ces informations.

a. 80 millions de disques : ....

b. Triomphe des espagnolades : ....

c. Acteur franco-américain : ....

d. *Avec le temps* : ....

9 Faites une recherche et écrivez une présentation de la carrière de :

a. Charles Trenet : ....

....

b. Yves Montand : ....

....

c. Édith Piaf : ....

....

■ **Succès éternels et succès oubliés**

Charles Trenet, Edith Piaf, Yves Montand sont les interprètes de quelques-uns des succès planétaires de la chanson française de cette époque: *La Mer, L'Hymne à l'amour, La Vie en rose, Milord* et *Les Feuilles mortes*.
La consommation musicale intérieure fait un triomphe à *Cigarettes, whisky et p'tites pépés* chanté par l'acteur franco-américain Eddie Constantine, *Cerisiers roses et pommiers blancs* par André Claveau, *Les Lavandières du Portugal* par Jacqueline François. Luis Mariano est le dernier chanteur de la tradition d'opérette qui fait triompher les espagnolades de *La Belle de Cadix* et du *Chanteur de Mexico* avec la complicité de Bourvil et d'Annie Cordy. Dalida, avec ses 80 millions de disques vendus, passe en trente ans de carrière au succès ininterrompu du registre méditerranéen (*Bambino, Gigi l'amoroso*) au twist (*Le Petit Gonzales*) et au disco (*Laissez-moi danser*). Sa voix lui donne aussi accès au registre mélodramatique (*Il venait d'avoir 18 ans*), dramatique dont la reprise d'*Avec le temps* de Ferré est un des plus beaux témoignages.

LES NOUVELLES SCÈNES

À partir de 1958, comme partout ailleurs dans le monde occidental, les adolescents vont imposer leur musique, leurs héros, leur manière d'être et leurs valeurs.

• Le temps des yéyés

Le rock arrive en France *via* les jeunes un peu marginaux qu'on appelle les «blousons noirs». Il a son lieu culte, le Golf Drouot, et il aura dès 1960 son héros hexagonal inoxydable, **Johnny Hallyday**, qui enregistre en 1960 ses premiers succès, *T'aimer follement* et *Laisse les filles*. C'est là que se produisent **Les Chaussettes noires**, **Les Chats sauvages**, où encore **El Toro**, d'où sortiront respectivement **Eddy Mitchell**, **Dick Rivers** et **Jacques Dutronc**. Le rock en France impose durablement la musique à deux temps et la guitare électrique mais restera toujours un genre marginal; ce sont ses versions soft, twist, madison, jerk, surf qui s'imposeront – et que le sociologue Edgar Morin baptisera «la musique yéyé» en référence au *yeah!* qui ponctue souvent les chansons. Les chansons ont pour titre *Viens danser le twist*, *Twist à Saint-Tropez*, *Biche oh ma biche*, *C'est ma première surprise party*... C'est le temps des idoles des jeunes: éphémères (**Frank Alamo**), générationnelles (**Sheila**) ou durables (**Claude François**, **Sylvie Vartan**, **Françoise Hardy**, **France Gall**). Une émission de radio donne son tempo à l'époque, **Salut les copains**. C'est le «Temps des copains», le temps du naturel, des amourettes et des bonheurs simples. Les chansons à succès de **Françoise Hardy** disent l'amitié, la nostalgie ou la mélancolie. Edgar Morin peut écrire que «la nouvelle classe adolescente apporte à cette civilisation sa valeur propre: la jeunesse». Au même moment quelques chanteurs de charme font le pont entre les générations: **Adamo**, **Michel Delpech**, **Alain Barrière**... et **Enrico Macias** au départ icône musicale des Français d'Algérie.

Le temps des yéyés.

• Le temps de la dérision et de la contestation

Nino Ferrer (*Oh! hé! hein! bon!*), **Jacques Dutronc** (*Les Cactus*), **Michel Polnaref** (*L'Amour avec toi*), **Hugues Aufray**, qui fait découvrir le folk de Bob Dylan, et **Graeme Allwright**, qui adapte le *protest song* de Leonard Cohen, **Antoine** et ses *Élucubrations* beatniks, la forte influence de la musique anglo-saxonne annoncent mai 1968 et le vent de liberté qui va souffler sur l'Europe: les cheveux longs, la minijupe et l'accès à la contraception en sont les premières manifestations.

Dans le même temps renaît une chanson identitaire régionaliste qui s'appuie sur les rythmes folks et prend pour modèle la chanson québécoise identitaire de **Robert Charlebois**, **Gilles Vigneault** ou **Diane Dufresne**: **Gilles Servat**, **Tri Yann**, **Alan Stivell** en sont les durables représentants.

Mai 1968 donne également naissance à de nouvelles formes de chansons protestataires qui puisent leur influence dans le jazz comme **Colette Magny**, le free-jazz aussi bien que la musique berbère chez le duo **Brigitte Fontaine et Areski**. mais aussi chez Aristide Bruant pour **François Béranger** (*Tranche de vie*) ou **Jean-Roger Caussimon** (*Les Cœurs purs*); les interprètes **Hélène Martin**, **Monique Morelli**,

1   Quels événements sont associés à ces dates ?

a. 1960 : ....

b. 1968 : ....

c. 1970 : ....

d. 1971 : ....

e. 1974 : ....

2   À qui doit-on l'expression « yéyé », en référence à quoi ?

....

3   Qui sont les chanteurs associés aux groupes suivants :

a. El Toro : ....

b. Les Chats sauvages : ....

c. Les Chaussettes noires : ....

4   Attribuez ces titres.

a. *Les Cactus* : ....

b. *Élucubrations* : ....

c. *Oh ! hé ! hein ! bon !* : ....

d. *L'Amour avec toi* : ....

5   Qu'ont en commun Robert Charlebois, Gilles Vigneault et Diane Dufresne ?

....

....

Renaud.

6   La chanson engagée. Regroupez :

a. les compositeurs : ....

....

b. les interprètes : ....

....

7   Qui a composé pour qui ?

a. Charles Aznavour : ....

b. Jean-Loup Dabadie : ....

Francesca Solleville, Isabelle Aubret chantent des textes engagés d'Aragon, Genet, Ferré ou Ferrat. **Serge Reggiani** ajoute à sa brillante carrière d'acteur au cinéma et au théâtre une carrière d'interprète de la chanson avec des textes de Jean-Loup Dabadie mais aussi des reprises de Boris Vian. **Renaud** est incontestablement l'héritier de cette tradition avec ses chansons tour à tour engagées (*Miss Maggie*), drôles (*Mon Beauf*) ou tendres (*Mistral gagnant*). Parallèlement le mouvement hippy plante son drapeau étendard avec *Hair* qui révélera **Julien Clerc**, inspire le modèle communautaire du Big Bazar de **Michel Fugain**, les revendications de l'amour libre (*Une fille et trois garçons* de **Pierre Vassiliu**).

• Le succès des compositeurs-auteurs-interprètes

Brassens, Brel, Ferré, Aznavour réunissent toutes les générations et poursuivent brillamment leur carrière. Aznavour fait le pont entre les générations : il écrit deux de leurs plus grands succès à Johnny Halliday (*Retiens la nuit*) et Sylvie Vartan (*La Plus Belle pour aller danser*). Trois chanteurs vont connaître la consécration pendant cette période : Jean Ferrat, Claude Nougaro et Barbara. **Jean Ferrat** puise son inspiration de l'histoire récente (*Nuit et Brouillard*), la solidarité avec ceux qui travaillent (*Ma France*), la terre où il habite (*La Montagne*). **Claude Nougaro**, nourri de culture jazzistique, s'impose avec des chansons à l'écriture très cinématographique (*Une petite fille*, *Le Cinéma*, *Les Dom Juan*). **Barbara**, longtemps interprète de Brel notamment, tire de son piano noir avec lequel elle fait corps des chansons très intimes (*Nantes*, *Dis quand reviendras-tu*, *Göttingen*) qui vont connaître un immense succès et faire d'elle, jusqu'à sa mort, une icône transgénérationnelle.

Barbara, icône de toutes les générations.

À côté d'eux émerge au début des années 1970 une nouvelle génération qui va connaître le succès auprès d'un public de plus en plus jeune et majoritairement lycéen : **Jacques Higelin** (*Alertez les bébés*), **Bernard Lavilliers** (*Bats-toi*), **Véronique Sanson** (*Besoin de personne*), **Michel Berger** et **France Gall** (*La Groupie du pianiste*, *Il jouait du piano debout*).

• Le triomphe de la variété

La télévision triomphante amène un nouveau mode de consommation de la chanson. C'est l'âge d'or de la chanson de variétés dont la reine absolue est **Dalida**. Autour d'elle connaîtront des succès saisonniers **Mireille Mathieu** (création télévisuelle), **Nana Mouskouri**, **Joe Dassin**, **Marie Laforêt**, **Marie-Paule Belle**, **Nicoletta** mais aussi des chanteurs à accent comme **Julio Iglesias**, **Rika Zaraï** ou **Mike Brant**.

• Le label « nouvelle chanson française »

Il a fallu en 1974 une chanson signée **Alain Souchon-Laurent Voulzy** pour que l'on rassemble sous cette étiquette « nouvelle chanson française » un certain nombre de chanteurs qui ont digéré les influences de la chanson anglo-saxonne et proposent non plus une musique au service d'un texte mais une écriture qui est musique et inversement. Appartiennent à cette mouvance **Yves Simon** (*Au pays des merveilles de Juliette*), **Michel Jonasz** (*Supernana*), **Louis Chedid** (*T'as beau pas être beau*), **Francis Lalanne** (*La Maison du bonheur*), **Francis Cabrel** (*Petite Marie*), **Yves Duteil** (*La Maman d'Amandine*) et **Julien Clerc** (de *La Cavalerie* à *Ma Préférence*).

Inclassable et surprenant, **Serge Gainsbourg** donne en 1971, histoire de prendre date, *Histoire de Melody Nelson*.

8 Associez à Ferrat, Nougaro, Barbara, l'une de ces qualités.

a. Écriture cinématographique : ....

b. Intimisme : ....

c. Solidarité : ....

9 Regroupez les chansons de ces interprètes suivant qu'elles évoquent :

a. un lieu : ....

b. une interrogation : ....

c. un moment : ....

d. un genre : ....

10 Qu'appelle-t-on « nouvelle chanson française » ?

....

Alain Souchon et Laurent Voulzy.

LE TEMPS DE « LA FÊTE DE LA MUSIQUE »

21 juin 1982: première «fête de la musique», première fête de toutes les musiques. Finis les temps d'exclusion, la séquence qui commence en 1981 et qui va jusqu'à aujourd'hui se caractérise par la cohabitation, coexistence de toutes les musiques, que ces musiques aient chacune leur espace bien à elles, qu'elles donnent lieu parfois à d'étonnants métissages

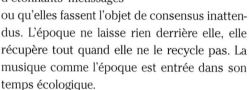

ou qu'elles fassent l'objet de consensus inattendus. L'époque ne laisse rien derrière elle, elle récupère tout quand elle ne le recycle pas. La musique comme l'époque est entrée dans son temps écologique.

• Elle court, elle court la banlieue…

Cette fois, ce n'est pas rive droite-rive gauche que se joue l'alternance musicale, mais au-delà du périphérique. Autrement dit, la réalité «black blanc beur» s'invite dans la chanson d'expression française.

La chanson d'origine maghrébine amène le **raï** qu'elle marie au rock et à la dance music. Elle invente aussi une langue qui marie l'arabe et le français et qu'elle appelle le «rhorho»…
Carte de séjour et **Rachid Taha** s'approprient *Douce France* de Charles Trenet, qui devient un succés dans sa version raï; ces rythmes sont acclimatés sur les instruments occidentaux comme dans les chansons de **Khaled** (*Aïcha*) ou **Faudel** (*Tellement je t'aime*).

La communauté antillaise fait découvrir **Compagnie créole** (*C'est bon pour le moral*), **Kassav**, **Zouk machine** et **Les Native** qui marient les rythmes et les couleurs de la musi-

que créole à d'autres influences, parfois venues de la soul américaine ou de Prince.

Le reggae a son ambassadeur avec **Tonton David** (*Peuples du monde, sûr et certain*) qui le marie avec le rap et le raggamuffin.

Le **rap** va devenir le moyen d'expression privilégiée de toutes les communautés et de toutes les banlieues: jeux sur les mots, improvisations, c'est le règne de la «tchache» qui donne lieu à de véritables joutes verbales. Et c'est paradoxalement le retour à une certaine forme de chanson à texte. Le rap aura son dandy, **MC Solar** (*Caroline*) et ses mauvais garçons, **NTM** (*Paris sous les bombes, Laisse pas traîner ton fils*), **Doc Gynéco** (*Classez-moi dans la variét'*), **IAM** (*Je danse le Mia*).

En raison de son passé colonial, Paris est devenue une des capitales des musiques du monde: s'y échangent rythmes, mélodies et instruments: *San Francisco* devient par le kabyle **Idir**, *Tizi Ouzou*; le groupe **Manau** chante en rap, un air celte, *La Tribu de Dana*…; les **Zebda** (*Tomber la chemise, Le Bruit et l'Odeur*) revendiquent une double culture «beur» et «gasconne»; **La Mano Negra** avec **Manu Chao** chante tantôt en français, tantôt en espagnol mais aussi en anglais et en arabe…

• Les enfants du rock

Chanter le rock en français n'est plus tabou: Jacques Higelin a ouvert la voie, d'autres vont s'y engouffrer comme **Alain Bashung** (*Vertiges de l'amour*), le Belge **Arno** (*Les Yeux de ma mère*), le suisse **Stefan Eicher** (*Déjeuner en paix*).

1 Donnez des exemples de métissages qui traversent la chanson d'expression française.

....

2 Associez titres et chanteurs.

a. *Aïcha* : ....

b. *C'est bon pour le moral* : ....

c. *Douce France* : ....

d. *Tellement je t'aime* : ....

e. *Peuples du monde* : ....

3 Caractérisez le rap.

....

....

4 À quoi entend-on que Paris est devenu une des capitales des musiques du monde ?

....

5 Qu'ont en commun Bashung, Arno, Stefan Eicher et Jacques Higelin ?

....

Mano negra.

6 Quelles influences retrouve-t-on chez :

a. Étienne Daho : ....

b. Jean-Louis Murat : ....

c. Les Têtes raides : ....

d. Indochine : ....

e. Louise Attaque : ....

7 Qui chante quoi ?

a. Patricia Kaas : ....

b. Garou : ....

c. Patrick Fiori : ....

d. Céline Dion : ....

e. Patrick Bruel : ....

Par ailleurs, un courant rock alternatif incluant d'autres influences (ska, reggae, salsa, raï, rap, flamenco) ne s'interdit pas le répertoire de la chanson française, y compris réaliste comme **Les Garçons Bouchers** (*Dans la salle du bar-tabac de la rue des Martyrs*), **Manu Chao** (*Pas assez de toi*), **Les Négresses vertes** (*Famille nombreuse*).

La *new wave* anglaise et les musiques électroniques se retrouvent chez **Étienne Daho** (*Sortir ce soir*) et **Jean-Louis Murat** (*Si je devais manquer de toi*) quand le groupe **Indochine** (*L'Aventurier*) revendique sa filiation avec Dépêche Mode ou The Cure.

Même l'accordéon trouve sa place au milieu d'influences punk-rock et rock. Bref le rock est partout : chez **Les Têtes raides** qui marient rock et chanson réaliste, **Louise Attaque**, rock et violon, et jusque chez **La Grande Sophie** et ses bricolages de « kitchen miousic ».

Existe même une tendance minimaliste : minimalisme dépouillé sans effets de voix ni d'arrangements de **Dominique A** et de **Miossec** ; minimalisme ludique de **Mathieu Boogaerts**, **M** et **Yann Tiersen** (à qui l'on doit la musique du film *Le Fabuleux Destin d'Amélie Poulain*).

• La tradition des chanteurs à voix

La voix reste un mystérieux facteur d'attraction : **Patrick Bruel** (*Casser la voix*), **Daniel Balavoine** (*Le Chanteur*), **Jean-Jacques Goldmann** (*Quand la musique est bonne*), **Florent Pagny** (*Savoir aimer*), **Pascal Obispo** (*Lucie*), **Garou** (*Le Temps des cathédrales*), **Patrick Fiori** (*Belle*),

Patricia Kaas :
Mademoiselle chante le blues.

pour les hommes, **Patricia Kaas** (*La Fille de l'Est*), la Québécoise **Céline Dion** (*On ne change pas*), la Belgo-Canadienne **Lara Fabian** (*Je suis malade*), pour les femmes bénéficient de ce phénomène qui compte pour beaucoup dans leur succès.

• Nouveaux talents

Retour à la case départ : les bars des grandes villes, les caves, les clubs, les petits festivals de passionnés à l'oreille curieuse et attentive. Ici une nouvelle génération d'auteurs-compositeurs-interprètes à la culture musicale éclectique, qui se réclame autant de Françoise Hardy que de Gainsbourg ou de Souchon, invente la chanson française de demain. Ils s'appellent **Thomas Fersen** avec son univers à la Doisneau-Prévert et ses musiques un peu jazzy, un peu tsiganes ; **Vincent Delerm** (*Fanny Ardant et moi*, *Le Baiser Modiano*) qui puise, lui, chez Perec et renoue sur scène avec la formule piano-voix ; **Keren Ann**, style folk pour elle-même et bossa-nova quand elle compose le miraculeux *Chambre avec vue* pour Henri Salvador (son grand-père dans la chanson !) ; **Benjamin Biolay**, surdoué héritier de Gainsbourg ; **Bénabar** (*Bon anniversaire*) qui renoue avec la chanson narrative à la Brel ; **Raphaël** (*Caravane*) croise les influences d'Iggy Pop, David Bowie et Léo Ferré ; **Corneille**, d'origine rwandaise, dépose la soul dans la corbeille de ses chansons mélancoliques ; **Carla Bruni** (*Quelqu'un m'a dit*) revendique l'héritage de Françoise Hardy et **Sanseverino**, avec ses textes humoristiques (*Les Embouteillages*), le swing à la Django Reinhardt.

Garou joue Quasimodo dans Notre-Dame de Paris.

ACTIVITÉS

8 Attribuez ces influences.

a. Perec : ....
....

b. Doisneau-Prévert : ....
....

c. Gainsbourg : ....
....

d. Brel : ....
....

e. Françoise Hardy : ....
....

f. Django Reinhardt : ....
....

Vincent Delerm.

■ Diffusion musicale

La diffusion musicale connaît une mutation importante. Les chanteurs connaissent une exposition permanente sur les chaînes de télévision par les clips qui accompagnent chacun de leurs titres vedettes. Le support audio connaît une mutation radicale avec l'apparition en 1998 du format MP3 qui, en permettant le téléchargement infini sur Internet, prive les artistes de rémunération importante du fait de la baisse de la vente de disques.

Le spectacle vivant devient un enjeu capital pour la rémunération des artistes qui multiplient les formats de leurs spectacles et les modalités de rencontres avec leur public : stades, hypersalles comme le Palais des Sports à Paris, ou les Zéniths, le Palais des Congrès ; salles de capacité moyenne pour des concerts de proximité (Olympia, Folies-Bergère, Grand Rex) ; salles plus intimes pour les concerts acoustiques.

Les festivals sont aussi des lieux stratégiques de diffusion : Printemps de Bourges ; Francofolies de La Rochelle ; Les Vieilles Charrues en Bretagne ; Le festival de Barjac ; Les Eurockéennes de Belfort ; Les Chorus des Hauts-de-Seine.

9 Lisez l'encadré. Si je veux écouter…

a. de la chanson francophone, je vais ....
....

b. du rock, je vais ....
....

c. de la musique celte, je vais ....
....

Têtes Raides.

Crédits photographiques

p. 6 ht g: LEEMAGE/Angelo; ht d: ANDIA PRESSE/Aldo Liverani; m g: © Hergé/Moulinsart 2010; m d: REA/Ludovic; bas d: TCD/BOUTEILLER/Cargo Films/Constellation/DR; bas g: Didier Saulnier – p. 7 ht g: TCD/BOUTEILLER/Haut et Court/DR; ht d: PHOTONONSTOP/A. Le Bot; m d: HEMIS/Ch. Lepetit; m g: 1,2,3 Soleils/DR; bd: SIGNATURES/R. Kluba – p. 9: BRIDGEMAN - GIRAUDON/ADAGP, Paris 2010 – p. 10: LEEMAGE/Angelo – p. 13: LEEMAGE – p. 14: FOUGEIROL Benoît – p. 17: EYEDEA/Keystone – p. 18: GETTY IMAGES France/Time Life Pictures – p. 21: REA/Mario Fourmi – p. 24: CIT IMAGES/D. Joubert – p. 25: URBA IMAGES/C. Paris – p. 26: JBV News/J. P Amet – p. 28: LEEMAGE/Farabola – p. 29: BRIDGEMAN - GIRAUDON/Archives Charmet – p. 30: Journal France Soir – p. 32 g: DOCUMENTATION FRANCAISE/Jean Marie Marcel; m: DOCUMENTATION FRANCAISE/François Pagès/Paris-Match; d: DOCUMENTATION FRANCAISE/Jacque-Henri Lartigue – p. 33: ABACA PRESS/A. Paydin – p. 34 g: DOCUMENTATION FRANCAISE/Gisèle Freund; m: DOCUMENTATION FRANCAISE/Bettina Rheims; d: DOCUMENTATION FRANCAISE/Philippe Warrin – p. 37: SIPA PRESS/Ph. Sautier – p. 40: SIPA PRESS/Catuffe – p. 41: TCD/BOUTEILLER/Haut et Court/DR – p. 42: CIT IMAGES/Jean Marmeisse – p. 44: FRANCEDIAS.COM/J. M. Lecomte – p. 45: GETTY IMAGES France – p. 47: REA/P. Gleizes – p. 48: REA/Ludovic – p. 49: Planning familial – p. 52: TCD/BOUTEILLER/Port Royal Films/DR – p. 53: TCD/BOUTEILLER/Tessalit/DR – p. 54: Le Nouvel Observateur/SOS Racisme – p. 56 ht: L'Ecologie, les Verts; g: Parti Socialiste/DR; md: Le Parti communiste français; bd: UMP, Le mouvement populaire – p. 59 g: Droits Réservés; ht d: Droits Réservés; m bg: Droits Réservés; bas m: Droits Réservés; bas g: Droits Réservés – p. 61: CGT/DR – p. 62: REA/A. Galabart – p. 64: Cyrille Lips – p. 65: GODONG/F. de Noyelle – p. 66 g: GODONG/Ph. Lissac; d: CIRIC/Corinne Simon – p. 67: REA/J. Hanning – p. 69: REA/Didier Maillac – p. 70: REA/Hamilton – p. 72: REA/P. Sittler – p. 73 g: REA/Gilles Rolle; d: REA/P. Allard – p. 75: HEMIS/J. Sierpinsky – p. 76: Didier Saulnier – p. 79: REA/Hamilton – p. 80: REA/P. Bessard – p. 82: AFP – p. 84: AFP/Ph. Clément – p. 86: AFP/Ph. Venance – p. 90: REA/F. Perri – p. 92: ROGER-VIOLLET/Colette masson – p. 94: Journées du patrimoine/Ministère de la Culture – p. 95: Fête de la Musique 2009/Ministère de la Culture – p. 96: PxP Gallery/R. Mazin, ADAGP, Paris 2010 – p. 97: URBA IMAGES/G. Engel – p. 98: URBA IMAGES/Pattacini – p. 100: ANDIA PRESSE/Aldo Liverani – p. 102: SIGNATURES/R. Kluba – p. 104: Scène d'Ebène/Centre culturel français de Yaoundé – p. 105: FASTIMAGE/Pierre Florat – p. 107: CORBIS/Sygma/R. Melloul – p. 108 bas g: ROGER-VIOLLET/Boyer; ht d: ROGER-VIOLLET – p. 110 ht g: RMN/M. Bellot © BRASSAI Estate; bas: RUE DES ARCHIVES/AGIP – p. 112: RUE DES ARCHIVES/PVDE – p. 114: MAGNUM/Martine Franck – p. 116 ht g: RUE DES ARCHIVES/Collect; bas d: RUE DES ARCHIVES/René Saint Paul – p. 118: REA/Tavernier – p. 119: ROGER-VIOLLET/Boyer – p. 120: CORBIS/Psihoyos – p. 121: CHRISTOPHE L/Tati – p. 122: Les Nouvelles littéraires, 1976/DR – p. 124: LEEMAGE/Selva – p. 126: BIS/Ph. X © Archives Larbor – p. 128: ROGER-VIOLLET/A. Adler – p. 130: TCD/BOUTEILLER/Transcontinental/DR – p. 133 ht: PHOTO12.COM/DR; bas: TCD/BOUTEILLER/ Corniglion/Molinier/Malraux/DR – p. 134: LEEMAGE/Dondero/Ed de minuit – p. 136: TCD/BOUTEILLER/Argus Films/Dr – p. 137: TCD/BOUTEILLER/Renn Productions/DR – p. 139: CHRISTOPHE L/DR – p. 141: TCD/BOUTEILLER/Zoulou Lambart – p. 143: Jean Gourmelin/DR – p. 145: EYEDEA/Keystone – p. 146: SIGNATURES/B. Amsellem – p. 147: © Hervé Guibert – p. 148: CHRISTOPHE L/Dr – p. 151: © Tardi/Casterman – p. 152: Albert Weinberg/DR; ht g: LEEMAGE/Gusman; m g: © Hergé/Moulinsart 2010; bas g: Droits Réservés/DUPUIS Editions/IMPS – p. 153 bas g: Droits Réservés/Pif Editions; ht d: Droits Réservés – p. 154 ht: Droits Réservés; bas: Hara-Kiri/Reiser/DR – p. 155 ht: Festival de la bande dessinée d'Angoulême/DR; bas: Editions du Soleil/DR – p. 156: RUE DES ARCHIVES/AGIP – p. 157: THE PICTURE DESK/Kobal Collection/Su Ma Fa/Orca/Nef – p. 158: EYEDEA/Gamma/N. Jallot – p. 160: HEMIS/Ch. Lepetit – p. 162: BRIDGEMAN - GIRAUDON/ADAGP, Paris 2010 – p. 164: ROGER-VIOLLET – p. 165: RMN/Collection Centre Pompidou/DR – p. 166: CHRISTOPHE L/DR – p. 171: CHRISTOPHE L/DR – p. 172: TCD/BOUTEILLER/Cargo Films/Constellation/DR – p. 174: TCD/BOUTEILLER/Bac Films/DR – p. 175: TCD/BOUTEILLER/Gaumont/DR – p. 176: TCD/BOUTEILLER/Why not production/DR – p. 180: AKG/ADAGP, Paris 2010 – p. 181: HEMIS/L. Maisant/ADAGP, Paris 2010 – p. 182: BRIDGEMAN - GIRAUDON/ADAGP, Paris 2010 – p. 183: Nicolas de Staël, Le Concert (Le Grand Concert; L'Orchestre), mars 1955, Huile sur toile, 350 x 600 cm, Musée Picasso, Antibes, PMA 1986,1.1. © imageArt, photo Claude Germain/ADAGP, Paris 2010 – p. 184: ENGUERAND/BERNAND/M. Enguerand – p. 188: Marcel Jacno pour le TNP/DR – p. 191: ENGUERAND/BERNAND – p. 192: ROGER-VIOLLET/Colette Masson – p. 194: ARTCOMART/V. Tonelli – p. 196: ENGUERAND/BERNAND/Tristan Jeaune Vales – p. 198: FEDEPHOTO/POUPENEY Agathe – p. 199: AFP/B. Horvat – p. 201: PHOTONONSTOP/A. Le Bot – p. 202: CORBIS/EPA/Neubauer – p. 204: WIKISPECTACLE/B. Fanton – p. 206: VISUAL PRESS AGENCY – p. 209: ENGUERAND/BERNAND – p. 210 ht: LELOIR Jean-Pierre; bas: EYEDEA/Robert Doisneau – p. 212: EYEDEA/Gamma/G. Botti – p. 214: PHOTO12.COM/J. M. Périer – p. 215: CORBIS/Kipa/J. Loew – p. 216: EYEDEA/Gamma/M. Artault – p. 217: EYEDEA/Gamma/M. Benainous – p. 218 ht: Droits Réservés; bas: 1,2,3 Soleils/DR – p. 219: CORBIS/Kipa/Steff – p. 220 bas: JERRYCOM/Patrick Carpentier; ht: SIPA PRESS/E. Pol – p. 221 ht: CIT IMAGES/Cit en Scène/C. Osieux; bas: AFP/A. Jocard.

Malgré tous nos efforts, il nous a été impossible de joindre certains ayants droit, mais nous avons réservé en notre comptabilité les droits usuels.

N° d'éditeur : 10176455 - Dépôt légal : Janvier 2011
Imprimé en France par I.M.E. - 25110 Baume-les-Dames